시험 전에 꼭 풀어봐야 할 문제

프로그래밍
언어론

Preface

'정보사회', '제3의 물결'이라는 단어가 낯설지 않은 오늘날, 과학기술의 중요성이 날로 증대되고 있습니다. 이러한 사회적 분위기는 기업뿐 아니라 정부에도 나타나 기술직 공무원 채용이 증대되고 있습니다. 기술직에 대한 관심이 높아져 기술직공무원 임용시험이 일반직 못지않게 높은 경쟁률을 보이는 지금, 시험 전에 꼭 풀어봐야 할 문제 기술직공무원 시리즈는 기술직공무원 임용시험에 도전하려는 수험생들에게 도움이 되고자 발행되었습니다.

본서는 그동안 치러진 기출문제를 분석하여 출제가 예상되는 문제만을 엄선하여 단원별로 수록하였으며, 자신의 실력을 최종적으로 평가해 볼 수 있는 실력평가모의고사, 최신 출제 경향을 파악할 수 있는 최근기출문제분석으로 구성되어 있습니다.

신념을 가지고 도전하는 사람은 반드시 그 꿈을 이룰 수 있습니다. 서원각이 수험생 여러분의 꿈을 응원합니다.

Structure

출제예상문제

프로그래밍언어론 전반에 대해 체계적으로 편장을 구분한 후 해당 단원에서 필수적으로 알아야 할 내용을 문제로 구성하여 수록하였습니다. 매 문제 상세한 해설을 달아 문제풀이만으로도 개념학습이 가능하도록 하였습니다.

실력평가모의고사

자신의 실력을 최종적으로 평가해 볼 수 있도록 실제 시험 유형과 유사한 실력평가모의고사 5회를 수록하였습니다. 스톱워치 등을 활용하여 실전에 충분히 대비하시기 바랍니다.

최근기출문제분석

최근 시행된 기출문제를 상세한 해설과 함께 구성하였습니다. 최근시험출제경향을 파악하여 시험에 완벽하게 대비하실 수 있습니다.

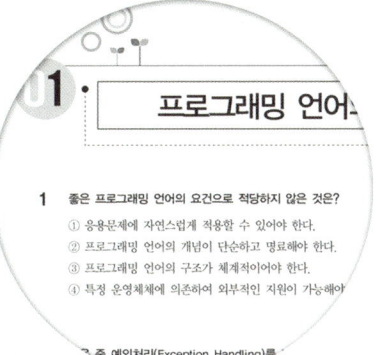

출제예상문제

각 단원별로 다양한 난도와 유형의 문제를 수록하였습니다.

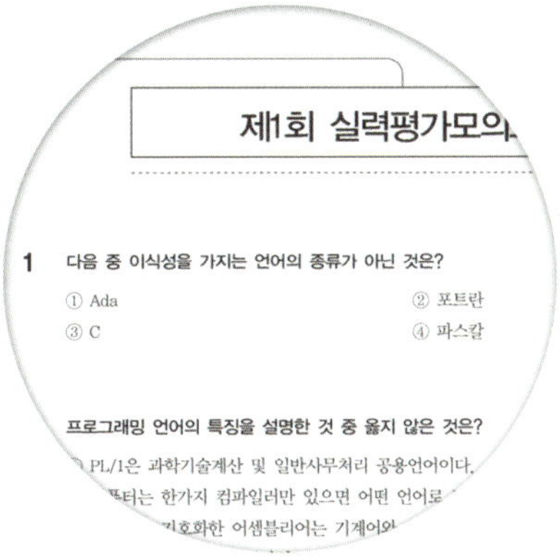

실력평가모의고사

실력평가모의고사를 통해 부족한 부분을 채우고 실력을 점검할 수 있습니다.

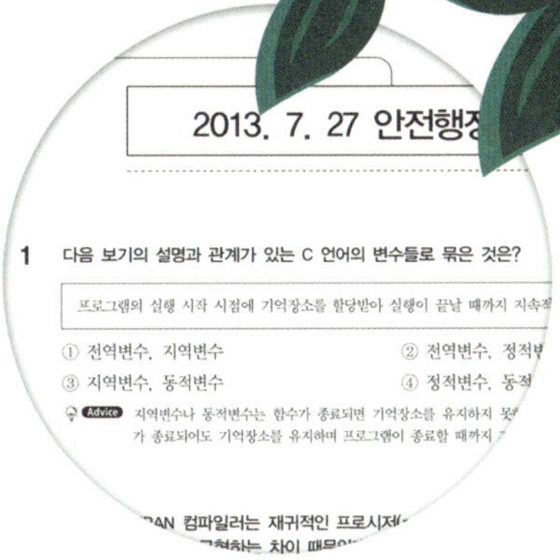

최근기출문제분석

시험 경향 파악을 위해 최근 시행된 기출문제를 해설과 함께 수록하였습니다.

Contents

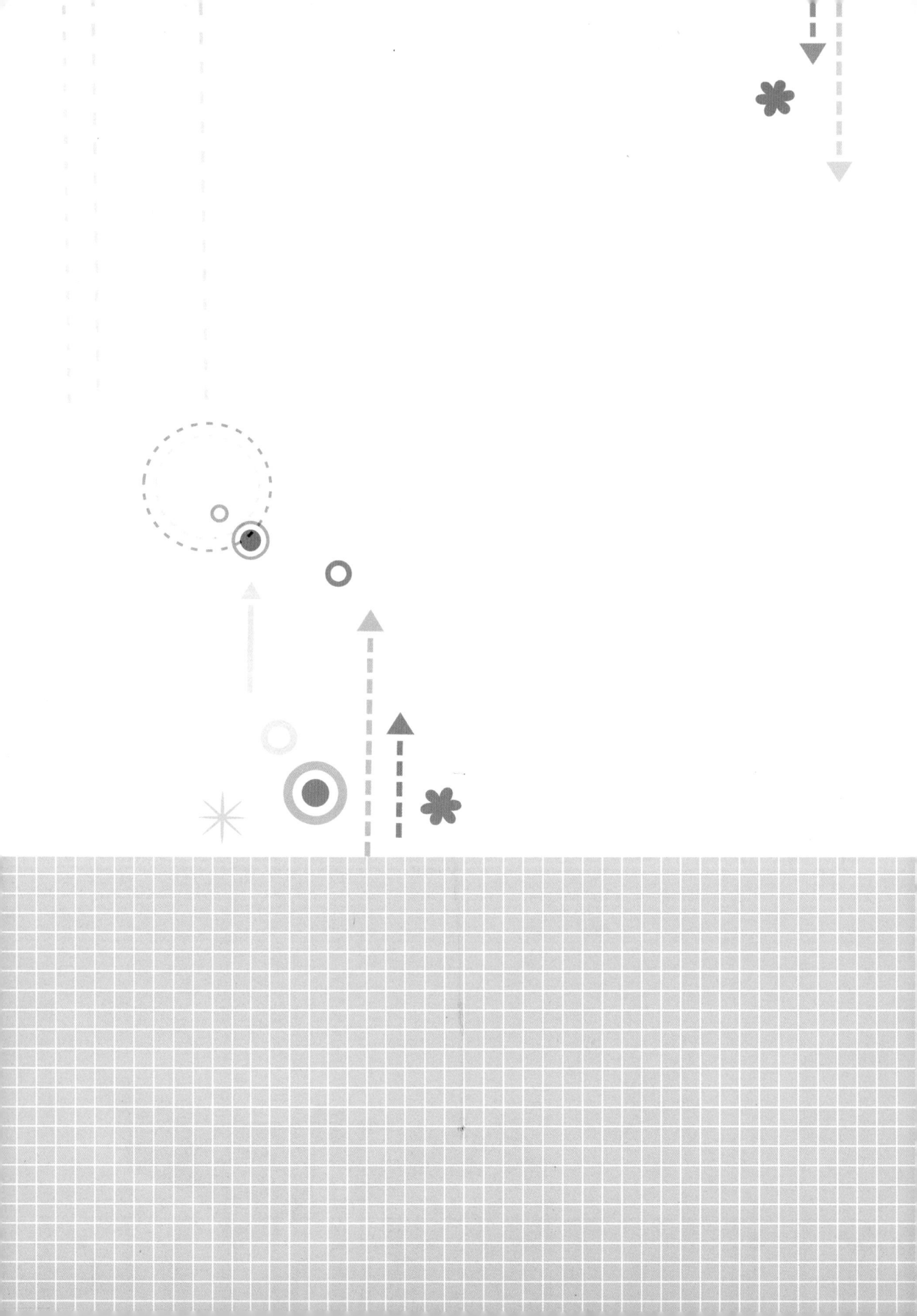

01

프로그래밍 언어론

01 프로그래밍 언어의 개요

1 좋은 프로그래밍 언어의 요건으로 적당하지 않은 것은?

① 응용문제에 자연스럽게 적용할 수 있어야 한다.

② 프로그래밍 언어의 개념이 단순하고 명료해야 한다.

③ 프로그래밍 언어의 구조가 체계적이어야 한다.

④ 특정 운영체체에 의존하여 외부적인 지원이 가능해야 한다.

2 다음 중 예외처리(Exception Handling)를 지원하는 언어들로만 되어 있는 것은?

① Pascal, C#   ② C, Java

③ C, Pascal   ④ Java, C#

3 다음 중 기계어에 내한 설명으로 옳지 않은 것은?

① 컴퓨터가 직접 이해할 수 있는 언어이다.   ② 다른 기계와의 호환성이 우수하다.

③ 프로그램 작성이 어렵다.   ④ 디버깅이 어렵다.

❋ **answer**

1 ④ 특정 컴퓨터 기종이나 프로그램에 한정되지 않고 광범위하게 사용될 수 있도록 외부적인 지원이 가능해야 한다.

2 예외처리는 실행시간에 일어나는 에러를 언어수준에서 처리하는 것으로 Java, C++, C# 등의 언어에서 지원한다.

3 기계어의 특징
ⓐ 장점 : 기계 자체의 언어이므로 번역이 필요없어 수행 시간이 빠르다.
ⓑ 단점
  • 0과 1을 조합한 기계중심의 언어로 기계코드를 잘 알아야 하므로 프로그래밍하기 어려우며, 에러 발생시 수정이 쉽지 않다.
  • 자기 자신의 고유 컴퓨터에서만 실행 가능하기에 다른 기계와 호환이 어렵다.

🅐-1.④ 2.④ 3.②

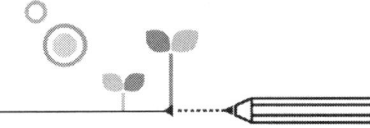

4 다음 중 구조적 프로그램에 대한 설명으로 옳지 않은 것은?

① begin-end 구조를 사용하여 블록화한다.   ② if-then-else를 선택문으로 사용한다.

③ GOTO문의 사용을 억제한다.   ④ 배열의 사용을 억제한다.

5 다음 중 포트란에 대한 설명으로 옳지 않은 것은?

① 컴파일 언어이다.   ② 명령형 언어이다.

③ 사무용 문서작성 언어이다.   ④ 과학계산용 언어이다.

6 다음 중 시스템 프로그래밍 언어로 사용하기 알맞은 것은?

① PASCAL   ② BASIC

③ C   ④ COBOL

4 구조적 프로그램
   ㉠ 프로그램의 불규칙적인 논리 구조상에 GOTO문을 제거한다.
   ㉡ 프로그램의 신뢰도, 이해도, 검증성을 반영시키기 위해 규칙에 따라 프로그램을 작성한다.
   ㉢ 프로그램이 간결하고 수정, 유지, 보수가 용이하도록 구조화한다.
   ㉣ 구조화 프로그램은 프로그램 설계시 각각 하나의 입구(Entry)와 출구(Exit)를 갖게 설계하는 것이다.
   ㉤ 순차, 선택, 반복의 세 가지 구조가 있다.
   ㉥ 기능별로 모듈화하여 설계한다.

5 ③ 사무용 문서작성 언어는 코볼이다.

6 C 언어는 UNIX 시스템 프로그램 개발용 언어로 시스템 프로그래밍에 적합하다.
   ① 교육용, 공학과학 응용 프로그램 언어이다.
   ② 프로그램 교육용 언어이다.
   ④ 사무처리 언어이나.

답 4.④   5.③   6.③

7 C++에서 costructor(생성자)에 대한 설명 중 옳지 않은 것은?

① default costructor는 리턴타입이 없다.

② default costructor는 자동생성이 된다.

③ default costructor는 파라미터를 갖지 않는다.

④ default costructor는 오버로드가 되지 않는다.

8 언어의 특성 중 옳지 않은 것은?

① FORTRAN은 최초의 고급언어로 시스템 프로그램용으로 가장 널리 쓰이고 있다.

② 파스칼은 교육용 언어이다.

③ BASIC은 초급자용 교육언어이다.

④ 코볼은 업무용 언어이다.

9 유닉스 운영체제가 대중화되면서 널리 보급된 언어는?

① PASCAL   ② C

③ Ada   ④ SNOBOL

 answer

7 ④ 디폴트 생성자도 오버로드가 가능하다.

8 포트란은 최초의 고급언어이지만 과학 계산용으로 발명된 것이다.
②③ 파스칼과 베이직은 교육용 언어이다.
④ 코볼은 사무용 언어이다.

9 유닉스와 같은 시스템 프로그래밍 언어로 적합한 것은 C 언어이다.

답—7.④ 8.① 9.②

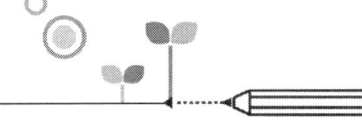

10 프로그래밍 언어의 특성에 대한 설명이 아닌 것은?

① 사람과 사람 사이의 의사와 정보를 전달 가능하게 하는 수단이다.

② 컴퓨터가 수행할 작업을 지시하기 위한 체계적인 표기법이다.

③ 프로그램 언어는 컴퓨터에게 명료해야 한다.

④ 프로그램 언어는 인간에게 명료해야 한다.

11 프로그램 언어설계시 고려할 사항으로 옳지 않은 것은?

① 기계에 대한 비종속성   ② 일반성

③ 프로그램의 길이   ④ 구문의 명료성

⑤ 문제 해결에 대한 적합성

12 다음 중 좋은 프로그래밍 언어가 갖추어야 할 조건으로 옳지 않은 것은?

① 프로그래밍 언어개념이 단순 · 명료하고 통일성을 가져야 한다.

② 광범위한 특성을 갖추어야 한다.

③ 추상성, 이식성, 검증 용이성이 있어야 한다.

④ 프로그래밍 언어구문이 명료해야 한다.

 answer

10 ① 프로그래밍 언어는 컴퓨터와 사람 사이의 의사소통수단이다.

11 ③ 프로그램의 길이는 언어설계시의 고려사항이 아니며, 프로그램 구현시의 고려사항이 될 수 있다.

12 ② 최근의 프로그래밍은 지역적인 모듈화나 컴포넌트화를 통해서 유지보수성을 높이고 있다.

답— 10.① 11.③ 12.②

13 인터넷상에서 가상 세계를 모델링 할 수 있게 하는 언어는?

① VRML
② DHTML
③ XML
④ XTML

14 프로그래밍 언어를 공부하는 목적과 거리가 먼 것은?

① 프로그램을 개발함에 있어서 적절한 언어를 선택할 수 있게 해준다.
② 복잡하고, 남들이 이해하기 힘든 코드를 작성할 수 있다.
③ 한가지 언어를 학습하면 다른 언어도 쉽게 습득할 수 있도록 하는 능력을 배양할 수 있다.
④ 구조적인 사고를 길러준다.
⑤ 표현하고자 하는 문제를 논리적으로 기술하게 도와준다.

15 프로그래밍 언어의 선택조건으로 옳지 않은 것은?

① 고급언어는 컴퓨터가 연산처리하기에 저급언어보다 더 적합하다.
② 호환이 잘되어야 한다.
③ 목적에 맞는 프로그램을 선택한다.
④ 작성이 쉽고, 오류를 최소화한다.
⑤ 이해와 유지보수를 쉽게 한다.

✳ answer

13 VRML(Virtual Reality Modeling Language)은 인터넷에 3차원 공간을 표현하는 그래픽스 데이터의 기술언어이다.

14 ※ 프로그래밍 언어를 공부하는 목적…특정 프로그래밍 기법이 아닌 프로그래밍 언어에 대한 전반적인 지식을 쌓음으로써 문제해결 능력을 키울 수 있다.
② 좋은 프로그래밍 언어는 이해하기 쉽고, 작성하기 쉬워야 한다.

15 ① 연산의 효율성은 저급언어가 고급언어보다 좋다.

답— 13.① 14.② 15.①

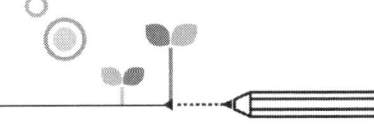

16 다음 중 병렬처리를 위한 프로그램에는 적합하지 않으며, 폰 노이만 병목현상을 보이는 언어로 FORTRAN, COBOL, PASCAL 등이 속하는 것은?

① 명령형 언어   ② 응용 언어

③ 지시 언어   ④ 논리 언어

⑤ 함수 언어

17 프로그램 언어와 그 언어가 해결하기 적합한 문제에 대한 설명 중 옳지 않은 것은?

① LISP 언어는 자료처리용 프로그램에 적합하다.

② C 언어는 시스템 프로그램 작성에 적합하다.

③ COBOL 언어는 사무용 프로그램 작성에 적합하다.

④ SNOBOL 언어는 문자열 처리를 위한 프로그램 작성이 쉽다.

⑤ APL 언어는 과학계산용 프로그램 언어이다.

answer

16 명령형 언어는 폰 노이만식 기계구조를 염두에 두고 설계된 언어들로 FORTRAN, COBOL, PASCAL, C, SMALLTALK, Ada 등의 대부분의 언어가 여기에 속한다.
② 다양한 언어 특징을 응용한 언어이다.
③ 의사 명령을 가진 언어이다.
④ 논리적 흐름과 구조를 지닌 언어이다.
⑤ 수학적인 배경을 가지고 있는 언어로 많은 가정을 바탕으로 만들어졌다. 필요한 모든 계산 과정을 함수로 정의한다.

17 ① LISP 언어는 인공지능 분야에 널리 사용되는 언어이다.

답— 16.① 17.①

18 프로그래밍 설계절차를 바르게 나열한 것은?

> ㉠ 입출력 설계   ㉡ 데이터 입력
> ㉢ 프로그램 작성   ㉣ 순서도 작성
> ㉤ 문제분석

① ㉠ - ㉢ - ㉡ - ㉤ - ㉣   ② ㉤ - ㉣ - ㉠ - ㉢ - ㉡

③ ㉤ - ㉠ - ㉣ - ㉢ - ㉡   ④ ㉠ - ㉡ - ㉢ - ㉣ - ㉤

⑤ ㉡ - ㉠ - ㉤ - ㉣ - ㉢

19 다음 프로그래밍 언어는 무엇인가?

> • 수학적인 개념을 사용하여 효율적인 계산을 수행하는 것을 목적으로 한다.
> • 과학계산용 프로그램에 적합한 언어이다.
> • 배열 자체에 대한 연산을 수행할 수 있다.

① Ada   ② LISP

③ APL   ④ JAVA

⑤ COBOL

20 다음 중 언어의 특징과 종류가 잘못 짝지어진 것은?

① 인공지능 언어 – LISP, PROLOG   ② 데이터베이스 질의어 – JAVA, Smalltalk

③ 병렬처리언어 – Ada   ④ 시뮬레이션 언어 – GPSS

⑤ 사무용 언어 – COBOL

❋ answer

18 요구사항을 분석하고 입출력을 설계한 후 순서도를 작성한다. 이후 프로그램으로 구현하고 데이터를 입력해 테스트한다.

19 과학계산용에 적합하며 배열 자체 연산이 가능한 언어는 APL이다.

20 ② 데이터베이스 질의어로는 SQL 같은 것이 있다. JAVA나 Smalltalk는 객체지향 언어이다.

답 1.③ 2.③ 3.②

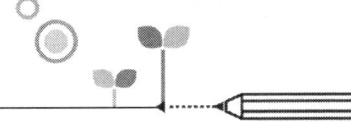

21 다음 중 언어의 패러다임으로 옳지 않은 것은?

① 논리적 구조
② 구조적 프로그래밍
③ 함수연산
④ 객체지향
⑤ 절자척 언어

22 다음 중 언어의 평가기준으로 옳지 않은 것은?

① 신뢰성
② 기록성
③ 특수성
④ 판독성
⑤ 이식성

23 프로그램 작성 절차의 초기단계인 문제분석 과정에서 고려할 사항이 아닌 것은?

① 독창성
② 경제성
③ 효율성
④ 일반성
⑤ 타당성

24 시스템 프로그래밍 언어로 적합한 것은?

① FORTRAN   ② COBOL

③ PASCAL   ④ C

⑤ SNOBOL

25 프로그래밍 언어의 특성으로 옳지 않은 것은?

① 개념이 단순, 명료, 통일성이 있어야 한다.

② 응용문제에 자연스럽게 적용될 수 있어야 한다.

③ 언어의 구조가 체계적이어야 하며, 기계 종속적이어야 한다.

④ 적은 기억장소를 사용하고도 짧은 시간 내에 실행될 수 있어야 한다.

26 다음 중 관련 용어에 대한 설명으로 옳지 않은 것은?

① 프로그램(program) – 컴퓨터가 수행해야 할 일련의 지시를 정해진 언어로 기술한 명령문의 집합

② 프로그래밍(programming) – 프로그램을 실행하는 일련의 과정

③ 프로그래밍 언어(programming language) – 프로그램 작성에 사용하는 언어

④ 프로그래머(programmer) – 프로그램을 작성하는 사람

✳ **answer**

---

24 ① 과학기술계산 언어이다.
   ② 사무용 프로그램이다.
   ③ 교육용, 공학과학 응용 프로그램이다.
   ⑤ 기계 독립적인 매크로를 가진 인터프리터 언어이다.

25 ③ 프로그래밍 언어는 다양한 종류의 운영체제에서 실행될 수 있어야 하며, 기계 독립적이어야 한다.

26 ② 프로그래밍은 프로그램을 작성하는 과정이다. 작성된 프로그램을 실행하는 것은 프로그램을 검증하거나 활용하는 과정이다.

답— 24.④   25.③   26.②

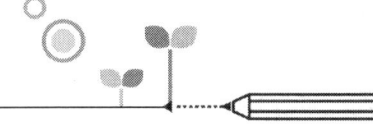

27 최초로 개발된 고급언어는 무엇인가?

① FORTRAN I   ② PL/1
③ ALGOL   ④ LISP
⑤ COBOL

28 프로그래밍 언어를 배우고 학습하는 이유로 옳지 않은 것은?

① 프로그래밍 언어를 선택할 수 있는 능력을 기른다.
② 여러가지 언어를 많이 배우는 것은 언어 특성에 적합한 프로그래밍 능력을 저해한다.
③ 현재 사용하고 있는 언어를 더욱 잘 이해하게 된다.
④ 프로그래머가 새로운 프로그래밍 언어를 설계할 수 있게 된다.

29 다음은 프로그래밍 언어의 어떤 성질에 대한 설명인가?

> • 가능한 조합을 이용하여 언어의 특징을 결합할 수 있도록 한다.
> • 이것을 이용하면 예외와 기억해야 할 만한 특별한 경우가 없기에 프로그램 작성이 쉽다.
> • 이것은 비효율적이라도 컴파일시 오류로 찾아낼 수 없다는 단점을 지니고 있다.

① 이식성   ② 추상성
③ 직교성   ④ 검증 용이성

answer

27 1세대 언어인 FORTRAN I은 최초로 개발된 고급 프로그래밍 언어이다.

28 ② 여러 특성을 가진 프로그래밍 언어를 정확하게 인식하면, 시스템 특성에 맞는 최적의 프로그래밍을 할 수 있다.

29 직교성은 임의의 식이 조건문에서 사용될 수 있을 때를 말하는 것으로 예를 들어 값을 나타내는 식이 있다면 그것은 참·거짓을 판별하는 조건으로 사용될 수 있어야 한다.

답— 27.①   28.②   29.③

30 다음 중 컴파일 언어로만 묶은 것은?

① APL, FORTRAN, COBOL

② APL, LISP, BASIC

③ PASCAL, PL/1, Ada

④ LISP, PASCAL, C

31 프로그램을 응용 분야에 따라 분류한 것으로 옳지 않은 것은?

① 상업용 – COBOL

② 과학용 – FORTRAN

③ 시스템용 – PL/1

④ 인공지능 – C

32 다음 중 프로그래밍 동안 구조형 자료를 만들 수 없는 언어는?

① LISP

② COBOL

③ PL/1

④ SNOBOL 4

33 다음은 어떤 언어에 대한 설명인가?

> • 의사결정 시스템에 활용되는 언어로 되부름(recursion)의 원조이다.
> • garbage collection 방식이 사용되었다

① SNOBOL

② Prolog

③ LISP

④ Ada

✿ answer

30 프로그래밍 언어의 분류

　㉠ 컴파일 언어 : FORTRAN, ALGOL, PL/1, PASCAL, COBOL, C, C++, Ada, Visual Basic 등

　㉡ 인터프리터 언어 : BASIC, Perl, JavaScript, LISP, SNOBOL 4, APL, Prolog 등

31 C 언어는 인공지능보다는 과학용, 시스템용으로 주로 이용된다. 인공지능 언어로는 LISP, SNOBOL, Prolog가 있다.

32 ② 코볼은 정적 기억장소가 할당되므로 실행 동안 자료형을 생성할 수 없다.

33 지문은 LISP(LISt Processor)에 대한 설명으로, 이 언어는 1950년대 후반 MIT에서 John McCarthy에 의해 고안되었으며 Von Neumann식 모델을 탈피한 프로그래밍 언어이다.

정답— 30.③ 31.④ 32.② 33.③

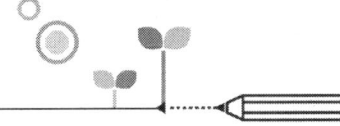

34 다음 주요 프로그래밍 언어의 특징 중 옳지 않은 것은?

① 어셈블리어 – 0과 1로 구성된 기계어를 기호화하여 이해하기 쉽도록 만든 언어이다.

② FORTRAN – 데이터와 문서처리 등 사무처리를 위해 개발되었다.

③ C – 주로 시스템 프로그래밍용으로 개발되었다.

④ BASIC – 간단한 대화형의 명령어로 구성된 언어로 교육용에 적합하다.

35 고급언어에 대한 설명으로 옳지 않은 것은?

① 사람 중심의 언어이다.   ② 자연어와 유사하다.

③ 언어의 종류가 많고 다양하다.   ④ 번역기를 사용하기 때문에 속도가 빠르다.

36 1980년대 초반에 lary wall에 의해 개발된 인터프리트 언어이며, 주로 CGI나 짧고 효율적인 코드를 필요로 하는 프로그래밍 작업에 적합한 언어는?

① HTML   ② Perl

③ JavaScript   ④ VRML

⑤ Java

❋ answer

34 ② FORTRAN은 과학적인 목적의 언어로 수치 계산을 전문적으로 다루는 언어이며, 데이터와 문서처리 등 사무처리를 위해 개발된 언어는 COBOL이다.

35 ④ 번역기를 사용하기 때문에 기계어나 어셈블리 언어에 비해 수행 속도가 느리다.

36 Perl은 텍스트 처리기능이 있기 때문에 CGI를 개발하는 데 많이 사용한다.
　①③ 인터넷 프로그래밍 언어이다.
　④ 3차원을 모델링하는 언어이다.
　⑤ 대표적 객체지향 언어이다.

답—34.② 35.④ 36.②

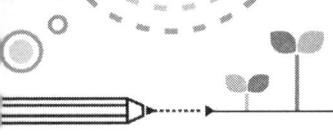

37 다음 중 하드웨어 조작언어는?

① COBOL

② C

③ BASIC

④ PASCAL

38 절차식 언어에 대한 설명으로 옳지 않은 것은?

① 명령을 순차적으로 실행하고, 기억장소 위치를 표현하는 변수와 변수의 값을 변경하기 위한 배정문을 사용한다.

② 계산이 순차적 명령에 의해 실행되는 것은 폰 노이만 병목현상을 유발한다.

③ 컴퓨터 구조에 따라 언어 설계에 영향을 받지 않는다.

④ 많은 자료에 동시에 적용될 수 있는 계산, 비결정적인 계산, 순서에 의존하지 않는 계산을 기술하는 데 매우 비효율적이다.

39 다음에서 설명하고 있는 프로그래밍 언어는?

> • 함수를 기반으로 한 언어로 간단하다.
> • 인공지능과 관련된 처리에 적합하다.
> • 기본 자료구조는 연결리스트이다.
> • 기억장소 경영기법에 garbage collection이 도입되었다.

① ALGOL

② PASCAL

③ LISP

④ Ada

 answer

37 C는 시스템 프로그램에 적합하므로 하드웨어를 조작할 수 있는 강력한 기능을 제공한다.

38 ③ 절차식 언어 또는 명령식 언어는 컴퓨터 구조에 따라 언어 설계에 영향을 받는다.

39 John McCarthy에 의해 개발된 언어인 LISP에 대한 설명이다.

답 37.② 38.③ 39.③

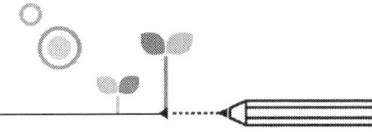

40 다음 구조적 프로그램의 기본적인 구조가 아닌 것은?

① 순차구조
② 제어구조
③ 반복구조
④ 일괄구조

41 프로그래밍 언어의 역사 중 1950년대에 대한 설명으로 옳은 것은?

① 50년대 플로우 다이어그램이 나타났다.

② 50년대 등장한 코볼은 최초의 고급언어이다.

③ 50년대 최초의 프로그래밍 언어가 등장하면서, 고급언어로 작성된 프로그래밍이 널리 활용되었다.

④ 효율적인 기계어 코드 생성이 초기언어 및 컴파일러 디자인의 주요 목적이었다.

42 실행시간 효율성을 강조한 언어가 아닌 것은?

① LISP
② ALGOL
③ FORTRAN
④ PASCAL

answer

---

40 ※ **구조적 프로그래밍**(structure programming) … 프로그램을 피라미드와 같은 구조로 만들고 탑-다운(Top-Down) 의 형태로 제어하는 방식으로, 구조를 이루는 각각의 단위는 순차, 제어(if, select문 등), 반복(for, while 등)의 3 가지 구조로써 이루어진 프로그래밍 방법론이다.
　　④ 일괄처리는 다량의 작업을 한번에 모아서 처리하는 구조이다.

41 ① 1950년대 프로그래밍 언어가 등장하였으나, 실제 프로그래밍은 어셈블리어나 기계어로 대다수 작성되었다.
　　② 최초로 등장한 고급언어는 포트란이다.
　　③ 프로그래밍 구조를 표현하는 다양한 방법은 프로그래밍 언어가 등장하기 전인 30~40년대에 등장하였다.

42 ① 실행시간 효율성을 강조한 언어는 컴파일러형 언어이다. LISP은 인터프리터형 언어에 해당한다.

답— 40.④　41.④　42.①

43 부 프로그램을 순서 제어하는 방법으로서 복사규칙(copy rule)을 기초로 하는 언어는?

① PL / 1

② LISP

③ APL

④ COBOL

44 되부름을 허용하는 언어로 짝지어진 것은?

① 파스칼, LISP

② 베이직, LISP

③ 포트란, 코볼

④ 코볼, 파스칼

45 좋은 프로그래밍 언어의 요건이 아닌 것은?

① 프로그램 언어의 개념이 단순 명료하고 통일성을 가져야 한다.

② 프로그래밍 언어는 외부적인 지원을 받지 않고 해결해야 한다.

③ 언어의 확장이 용이하고 응용 문제에 자연스럽게 적응되어야 한다.

④ 프로그램 언어의 구조가 간단하고 명확해야 한다.

 answer

43 copy rule을 기초로 하는 언어로는 COBOL, FORTRAN이 있다.

44 파스칼, PL/1, LISP는 되부름을 허용한다.

45 ② 언어는 운영체제의 도움을 받을 수 있다.

답— 43.④ 44.① 45.②

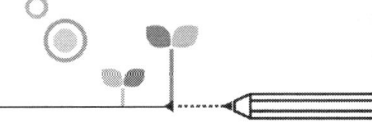

46 다음 프로그램 언어의 설계원칙 중 호환성에 대한 설명으로 옳은 것은?

① 이식성이 낮으면 호환성이 높다.

② 가능한 적은 자원을 사용함으로써 프로그램이 기계에 독립적이 되도록 하는 것이다.

③ 프로그램 언어의 기계 독립성과 관련된 사항이다.

④ Java 언어는 호환성이 낮은 언어 중의 하나이다.

47 시스템 프로그램에 가장 잘 어울리는 프로그램은?

① C   ② C++

③ JAVA   ④ FORTRAN

48 형식 문법을 도입하여 과학 기술언어로 사용되는 언어는?

① COBOL   ② FORTRAN

③ POASCAL   ④ LISP

 **answer**

46 자바는 호환성이 높은 언어에 속하고, 언어의 기계 독립적인 특성으로 이식성이 높은 언어가 호환성이 높다.

47 UNIX의 90%는 C로 제작되어 있다.

48 COBOL은 사무처리용 언어이고 FORTRAN은 과학 기술 언어이다.

답— 46.③ 47.① 48.②

02 컴파일러와 인터프리터

1 다음 중 인터프리터 방식과 컴파일 방식이 혼합된 방식으로 프로그래밍을 생성하는 언어는?

① JAVA

② Ada95

③ C++

④ ML

2 다음 중 Bottom-Up Parser로 옳은 것은?

① Shift Reduce 파서

② Lookahead

③ LL 파서

④ Backtracking

3 IF A > 3 THEN N : = N + 1 ; 문의 토큰의 개수는?

① 7

② 9

③ 11

④ 13

✱ answer

1 ②③ 컴파일 방식 ④ 인터프리터 방식

2 상향식 파싱
ㄱ 개념 : 단말노드에서 루트방향으로 파스트리를 구성한다.
ㄴ 종류
  • LR 파싱 : 입력 스트링을 왼쪽에서 오른쪽으로 읽고, 우측 유도로 트리를 생성한다.
  • Shift-Reduce 파싱 : 스택의 내용과 입력을 참고하여, 다음에 취해야 할 행동을 결정한다.

3 토큰은 문법적으로 의미를 갖는 최소단위로 위의 문은 IF, A, >, 3, THEN, N, :=, N, +, 1, ;의 11개로 구성되어 있다.

답—1.① 2.① 3.③

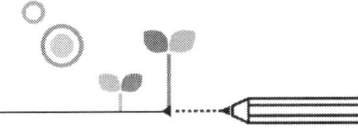

4 다음 중 컴파일러와 인터프리터에 대한 설명으로 옳은 것은?

① 컴파일러는 동적 바인딩을 한다.

② 컴파일러는 목적 프로그램을 기계어로 번역해주는 프로그램이다.

③ 인터프리터는 원시 프로그램을 한 줄씩 해석하여 직접 실행하는 프로그램이다.

④ 인터프리터는 컴파일러의 다른 이름이다.

5 C 언어에서 사용되는 번역기의 가장 마지막 단계로 옳은 것은?

① 컴파일러   ② 링커

③ 로드   ④ 연결

⑤ 최적화

6 다음 중 인터프리터에 대한 설명으로 가장 옳은 것은?

① 어셈블리어로 작성된 원시 프로그램을 기계어로 번역하여 목적 프로그램을 출력한다.

② 프로그램 단위로 번역한다.

③ 연계편집 프로그램이 필요하다.

④ 원시 프로그램을 구성하는 각 명령을 기계어로 번역하여 즉시 실행시킨다.

⑤ 로드 프로그램과 관련이 있다.

7 컴파일러에서 원시 프로그램을 입력받아 일련의 토큰을 출력하는 단계는?

① 어휘분석   ② 구문분석

③ 의미분석   ④ 중간코드 생성

⑤ 코드 최적화

8 다음 중 옳지 않은 것은?

① 프리프로세서는 원시언어가 고급언어이고 목적언어가 기계코드에 가까운 저급언어인 번역기이다.

② 매크로 프로세서는 어셈블러 원시 프로그램에 매크로 명령이 있으면 해당 매크로 명령에 대응하는 원래의 명령들을 매크로 위치에 대치시키는 기능을 가진 소프트웨어이다.

③ 로더는 실행 가능한 프로그램이 실제로 실행될 수 있도록 프로그램이나 자료를 주기억장치 내에 배치 시키는 일을 담당한다.

④ 크로스 어셈블러는 작성된 원시 프로그램을 사용하고자 하는 특정 컴퓨터의 기계어로 번역해 주는 기능을 가진 어셈블러를 의미한다.

⑤ 크로스 컴파일러는 원시 프로그램을 현재 자신이 수행하는 기계와는 다른 기계의 목적 프로그램으로 번역하는 컴파일러이다.

9 다음 중 어휘분석 과정에서 토큰으로 분류될 수 없는 것은?

① 예약어   ② 상수

③ 식별자   ④ 주석에 포함된 기호

⑤ 구두점 기호

※ answer

7   소스 프로그램을 입력받아, 어휘분석기를 통해 토큰을 분리해 내는 과정은 어휘분석 단계이다.

8   ① 프리프로세서는 원시 프로그램을 번역하기 전에 미리 언어의 기능을 확장한 원시 프로그램을 생성시키는 시스템 프로그램이다.

9   ④ 주석은 어휘분석 과정에서 제외된다. 주석은 프로그램에 대한 설명으로 번역되지 않는 부분이다. 언어마다 특수한 주석기호를 사용해 주석부분을 표시한다.

답—7.① 8.① 9.④

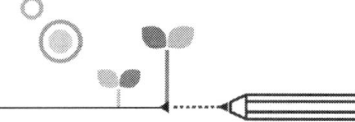

10 나머지 셋과 성질이 다른 하나는?

① 컴파일러 언어   ② 자연어

③ 비절차적 언어   ④ 사용자중심 언어

⑤ 객체지향 언어

11 다음 중 컴파일러 방식과 인터프리터 방식에 대한 설명으로 옳지 않은 것은?

① 컴파일러는 실행시 원시 프로그램이 필요 없지만 인터프리터는 필요하다.

② 컴파일러는 목적 프로그램을 생성하지 않지만, 인터프리터는 생성한다.

③ 작업실행 속도는 컴파일러보다 인터프리터가 느리다.

④ 컴파일러는 번역 단위가 프로그램 전체이지만 인터프리터는 줄 단위이다.

12 다음 중 C 언어의 기능이라고 할 수 있는 것으로 원시파일을 컴파일하기 이전에 그 원시파일에 대해 매크로의 확장 등의 작업을 행하는 것은?

① 인터프리터   ② 컴파일러

③ 어셈블러   ④ 링크

⑤ 프리프로세서

answer

10 컴파일러 언어는 기계를 위한 언어이고 나머지는 프로그래머의 편의를 돕는 언어의 종류로 자연어에 가까울수록 이해하기 쉽다.

11 ② 컴파일러는 목적 프로그램을 생성하지만 인터프리터는 바로 수행 가능하므로 목적 프로그램을 생성하지 않는다.

12 프리프로세서는 원시 프로그램을 번역하기 전에 미리 주석문의 삭제, 매크로의 확장 등 컴파일 전에 처리한다.

답— 10.① 11.② 12.⑤

13 목적 프로그램을 로드모듈을 수행하기 위해 메모리에 적재하는 것은?

① 어셈블러 　　　　　　　　　② 로더

③ 링커 　　　　　　　　　　　④ 인터프리터

⑤ 매크로

14 다음 중 파싱에 대한 설명으로 옳지 않은 것은?

① 파싱은 실행코드를 만드는 과정이다.

② 파싱은 상향식과 하향식으로 구분된다.

③ 입력 문자열에 대한 파싱결과 에러가 있으면 파스트리를 생성하지 않는다.

④ 동일한 문자열에 대하여 다수의 파스트리가 생길 수 있다.

15 다음 중 컴파일러가 필요없는 언어는?

① PL/1 　　　　　　　　　　② APL

③ PASCAL 　　　　　　　　　④ Ada

⑤ COBOL

answer

13 ① 어셈블리 언어 프로그램을 기계어로 번역한다.
　③ 컴파일 후 소스코드를 필요한 오브젝트 파일과 연결하여 실행 가능한 파일을 만든다.
　④ 고급·중간 언어의 실행결과를 직접 출력한다.
　⑤ 반복 사용되는 부분을 약자로 따로 정의하여, 반복적으로 사용되는 자리에 그 약자로 사용한다.

14 파싱은 실행코드를 만드는 과정이 아니라 일련의 토큰을 받아 들여 구문분석을 통해 오류가 있는지를 찾아내거나 파스트리를 만드는 과정이다. 에러가 있으면 파스트리를 생성하지 않고 에러 메세지를 출력한다.

15 APL은 인터프리터 방식의 언어로 컴파일 과정이 필요없다.

답— 13.② 14.① 15.②

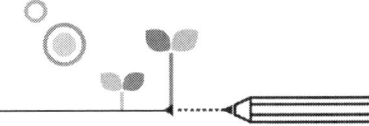

16 컴파일해서 기계어로 된 것을 무엇이라고 하는가?

① data program　　　　　　　② object program

③ source program　　　　　　④ application program

⑤ system program

17 다음은 무엇에 대한 설명인가?

> 토큰을 입력으로 받아 원시 프로그램의 문법 오류를 검사한다.

① 형태소분석기　　　　　　　② 구문분석기

③ 프리프로세서　　　　　　　④ 중간코드 생성기

⑤ 의미분석기

18 (　　)안에 들어갈 알맞은 말은?

> (　　)(이)란 토큰 스트링을 하나의 문법규칙에 의해 생성될 수 있는가를 결정하는 과정이다. 토큰을 입력 받아 트리구조를 형성하는데 이러한 과정을 (　　)(이)라 한다.

① root　　　　　　　　　　　② scanning

③ lexycal analyzer　　　　　④ parsing

⑤ code optimization

�֎ **answer**

16 컴파일 단계가 끝나면 기계어에 해당하는 목적 프로그램(코드)이 생성된다.

17 문법의 오류를 찾는 구문분석 단계를 설명한 것으로 구문분석기를 통해 구문분석을 시도한다.

18 구문분석 과정에 대한 설명이다. 구문분석을 파싱(parsing)이라고 하며 구문분석기를 파서(parser)라고 한다.
　② 어휘분석을 위해 프로그램을 읽어들이는 과정을 나타낸다.
　③ 어휘분석기이다.
　⑤ 코드 최적화 과정으로 같은 의미를 유지하면서 코드를 더 효율적으로 만든다.

답— 16.② 17.② 18.④

19 컴파일러의 번역단계가 순서대로 바르게 나열된 것은?

선행처리단계 - ( ) - 구문분석단계

① 중간코드 생성단계　　　　　　② 어휘분석단계

③ 실행코드 생성단계　　　　　　④ 코드 최적화 단계

⑤ 의미분석단계

20 인터프리터 방식과 컴파일 방식에 대한 설명으로 옳지 않은 것은?

① 인터프리터 방식은 별도의 기억장소가 필요하다.

② 컴파일 방식은 프로그램 전체를 기계어로 번역하는 것이다.

③ 인터프리터 방식은 대화식의 프로그래밍에 유리하다.

④ 컴파일 방식은 오브젝트 파일을 생성한다.

21 컴파일러의 효율이 인터프리터보다 유리한 경우는?

① 프로그램이 차지하는 기억장소가 작다.　　② 번역시간이 짧다.

③ 프로그램 중 순환이 많다.　　④ 프로그램이 작다.

answer

19 컴파일러는 선행처리 - 어휘분석 - 구문분석 - 의미분석 - 중간코드 생성 - 코드 최적화 - 목적코드 생성의 순서로 진행된다.

20 인터프리터 방식은 한번에 한줄씩을 읽어들여 실행하는 번역기로 바로바로 수행할 수 있는 장점이 있다. 줄 단위 수행이므로 별다른 기억장소를 필요로 하지 않는다.

21 컴파일러와 인터프리터의 장점
　㉠ 컴파일러 : 수행시 속도가 빠르며, 프로그램이 클 경우에는 컴파일에 시간이 많이 걸리지만, 반복적인 실행이 많을 경우는 한번의 컴파일로 계속 프로그램을 돌릴 수 있으므로 유리하다.
　㉡ 인터프리터 : 줄 단위 실행이므로 기억장소를 많이 필요하지 않고 번역시간이 짧은 장점이 있다.

답— 19.② 20.① 21.③

22 다음 중 옳은 것은?

① 어셈블리어는 기계어와 1 : 1로 대응되는 저급언어로 기계어보다 사용하기 어렵다.

② 기계어와 어셈블리어는 번역과정을 거치지 않는다.

③ 컴파일러는 원시 프로그램을 완전히 번역한 뒤 실행한다.

④ 인터프리터는 목적 프로그램을 생성한다.

⑤ 컴퓨터가 이해할 수 있는 가장 기초적인 언어는 0과 1의 구성인 어셈블리어이다.

23 인터프리터가 컴파일러에 비해 많이 사용되는 곳은?

① 코딩시   ② 반복이 많을 때

③ 대규모의 계산   ④ 대화식 프로그램

24 컴파일의 과정을 순서대로 나열한 것은?

① 구문분석 – 어휘분석 – 의미분석 – 중간코드 생성 – 목적코드 생성 – 코드 최적화

② 어휘분석 – 구문분석 – 의미분석 – 중간코드 생성 – 코드 최적화 – 목적코드 생성

③ 어휘분석 – 의미분석 – 구문분석 – 중간코드 생성 – 코드 최적화 – 목적코드 생성

④ 의미분석 – 구문분석 – 어휘분석 – 중간코드 생성 – 코드 최적화 – 목적코드 생성

 answer

22 ①②⑤ 어셈블리어는 0과 1로 구성된 기계어를 좀더 쉽게 사용하고자 만들어진 것으로 번역 과정이 필요하다.
④ 인터프리터는 목적 프로그램을 만들지 않는다.

23 인터프리터는 한번에 하나씩의 명령을 주고 받는 대화식 프로그램에 적합하다.

24 컴파일러는 전단부에서 어휘분석, 구문분석, 의미분석을 통해 중간코드를 생성하고 후단부에서 코드 최적화와
목적코드 생성을 하게 된다.

답 – 22.③ 23.④ 24.②

25 어휘분석기를 무엇이라고 하는가?

① parser   ② scanner

③ interpreter   ④ generator

26 Type 0 언어를 인식하는 오토마타는?

① Finite Automata   ② Turing Automata

③ Linear Bounded Automata   ④ Push Down Automata

27 구조적 프로그램의 장점으로 거리가 먼 것은?

① 프로그램을 읽기가 쉽다.   ② 프로그램의 속도가 빠르다.

③ 개발 및 유지보수의 효율이 높다.   ④ 신뢰성이 향상된다.

28 인터프리터에 대한 설명으로 옳지 않은 것은?

① 줄 단위로 실행한다.

② 대화식 프로그래밍에 유리하다.

③ 효율성이 높다.

④ 프로그램의 내용이 일부 수정되면 전체를 다시 번역해야 한다.

✳ answer

25 프로그램을 입력받아 토큰으로 출력하는 어휘분석과정은 lexical analyzer 또는 scanner가 담당한다.

26 Type 0 언어는 $\alpha \rightarrow \beta$의 무제한 대치 허용으로 튜링기계에서 인식된다.

27 구조적 프로그램은 프로그램의 가독성이 높아서 개발 및 유지보수의 신뢰성이 향상되지만 시스템적인 구조로 인하여 프로그램의 실행속도는 빠르지 않다.

28 ④ 줄 단위의 번역이기 때문에 일부가 변하더라도 컴파일러처럼 전체를 다시 번역할 필요는 없다.

답— 25.② 26.② 27.② 28.④

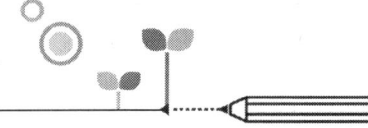

29 전처리기의 역할이 아닌 것은?

① 오류를 수정한다.　　　　　　　② 언어처리기의 일종이다.

③ 특정 언어의 컴파일이 없을 때 유용하다.　　④ 특정 고급언어를 다른 고급언어로 바꾼다.

30 다음은 무엇에 관한 설명인가?

> • 고급언어를 다른 고급언어로 번역한다.
> • 원시언어와 목적언어가 모두 고급언어라는 점에서 일반언어 처리기와 다르다.

① 인터프리터　　　　　　　　② 컴파일러

③ 어셈블러　　　　　　　　　④ 프리프로세서

31 주어진 문장이 정의된 문법구조에 맞게 토큰들을 분석하는 작업을 수행하는 단계는?

① 어휘분석 단계　　　　　　② 구문분석 단계

③ 의미분석 단계　　　　　　④ 코드 최적화 단계

answer

29 ① 오류를 수정하는 것은 컴파일러 수행 도중 일어나는 일이다.
　　※ 전처리기(Preprocessor) … 주석문을 없애고 매크로를 확장하는 기능으로 컴파일 전에 프로그램을 확장한다.

30 제시된 지문은 프리프로세서에 대한 설명이다. 프리프로세서는 언어의 기능을 확장한 원시 프로그램을 생성시키는 시스템 프로그램으로 매크로 체제이다.

31 토큰을 분류해 내는 단계는 컴파일 단계 중 가장 먼저 수행되는 어휘분석 단계이다.

답— 29.① 30.④ 31.①

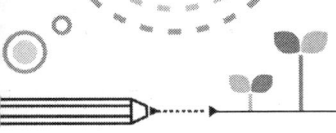

32 컴파일러를 자동적으로 제작하는 도구를 칭하는 말이 아닌 것은?

① 컴파일러 컴파일러   ② 컴파일러 제네레이터

③ 작성 시스템   ④ 크로스 컴파일러

33 프로그램 언어에 유용한 기능을 추가하여 언어를 확장시키는 역할을 하는 것은?

① 컴파일러   ② 전처리기

③ 프로세서   ④ 로더

⑤ 인터프리터

34 COMPILER-COMPILER에 대한 설명으로 옳은 것은?

① 메타언어를 입력으로 받아 각 단계가 사용하게 될 테이블을 출력한다.

② 고급언어의 중간코드를 만들어 내는 것을 의미한다.

③ 고급언어로 작성된 처리 프로그램을 생성해 내는 것을 의미한다.

④ 컴파일러의 기능 중 일부 또는 전부를 생성해 내는 것을 의미한다.

 answer

32 ④ 다른 기계에서 번역 가능한 기계어로 만드는 컴파일러이다.

33 전처리기는 컴파일 전에 소스코드를 확장시키는 역할을 한다.

34 compiler-compiler는 자동화 도구로 compiler의 일부 또는 전체를 생성하는 프로그램이다.

답— 32.④   33.②   34.④

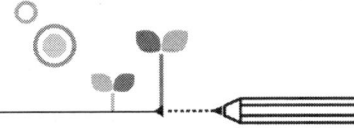

35 기호와 식들에 의미 또는 해석을 부여하는 것은?

① formula

② semantics

③ axiom

④ syntax

36 다음 중 프로그램 번역시간에 결정되는 것이 아닌 것은?

① 변수 데이터형과 차지하는 기억장소의 크기가 결정된다.

② 변수의 초기화에 의해 변수가 가지고 있는 실제값이 결정된다.

③ 연산자의 수행내용이 결정된다.

④ 기억장소에서 지역변수의 위치가 결정된다.

37 다음 중 토큰에 관한 설명으로 옳지 않은 것은?

① 토큰은 유한 오토마타에 의해 인식될 수 있다.

② 토큰의 형태는 프로그래밍 언어에 관계없이 동일하다.

③ 토큰의 일반 형태는 식별자(identifier), 상수(constant) 등이 있다.

④ 토큰의 특수 형태는 지정어(keyword), 연산자 기호(operator symbol), 구분자 등이다.

 **answer**

35 시맨틱스(semantics, 의미) … 프로그램이 무엇을 어떻게 수행할지를 나타내 주는 것으로, 시맨틱스의 공식적 정의에 대한 접근방법에는 실행적 방법, 함수적 또는 표시적 방법, 공리적 방법이 있다.

36 ④ 기억장소에서의 변수위치는 실행시간에 결정된다.

37 토큰 … 문법적 의미를 갖는 최소 단위로 프로그램은 토큰의 열로서 구성되어 있으며, 언어마다 서로 다른 토큰을 가지고 있다.

답— 35.② 36.④ 37.②

1 동적 바인딩에 대한 설명으로 옳은 것은?

① 융통성이 없다.
② 전역변수에 해당된다.
③ 실행 중에 일어난다.
④ FORTRAN, COBOL에 사용되는 모든 변수에 해당된다.

2 다음 중 BNF에 대한 설명으로 옳지 않은 것은?

① 프로그래밍 언어의 구문정의를 위한 표기법이다.
② 구문도표(Syntaxdiagranm)로 나타낼 수 있다.
③ 파스칼 언어로만 작성할 수 있다.
④ 생성규칙이 있어야 한다.

answer

1 동적 바인딩은 실행시간에, 정적 바인딩은 번역시간에 일어난다.

2 ③ 파스칼은 BNF를 적용한 언어이긴 하지만 파스칼만이 BNF를 표현할 수 있는 것은 아니다.
   ※ BNF
     ㉠ 프로그래밍 언어를 정의하기 위한 최초의 메타언어로 구문정의를 위해 사용한다.
     ㉡ BNF의 표기법은 Context free 형식문법의 생성규칙에 해당한다.

답—1.③ 2.③

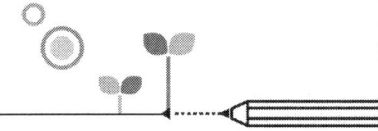

3 다음 중 정규문법을 효과적으로 받아들이는 오토마타로 옳은 것은?

① 유한 오토마타   ② 푸시다운 오토마타

③ 선형제한 오토마타   ④ 튜링머신

4 다음 중 변수와 상수를 비교한 것으로 옳은 것은?

① 상수의 자료형은 필요에 따라 변한다.

② 상수는 프로그램 실행도중 값이 변한다.

③ 변수는 프로그램 실행도중 값을 변경할 수 있다.

④ 변수는 프로그램 실행도중 변경할 수 없다.

5 L_1과 L_2가 정규 언어일 때 다음 중 정규 언어가 될 수 없는 것은?

① $L_1 \cap L_2$ ② $L_1 \cup L_2$

③ $L_1 \cdot L_2$ ④ L_1*

answer

3 ② 문맥자유문법
   ③ 문맥의존문법
   ④ 무제한문법

4 상수는 고정된 하나의 값만을 가지며 변수는 실행도중 값을 변경할 수 있다.

5 L_1과 L_2가 정규 언어일 경우 $L_1 \cup L_2$, $L_1 \cdot L_2$, L_1*은 정규 언어가 될 수 있지만, $L_1 \cap L_2$는 정규 언어가 아니다.

답 3.①   4.③   5.①

6 서로 다른 변수들이 동일한 기억장소를 공유하여, 한 변수 값이 바뀌면 다른 변수 값도 바뀌는 현상은?

① 에러
② 부작용
③ 커플링
④ rule effect
⑤ 별칭

7 다음 중 언어구문의 형식을 정의하는 기법인 BNF를 최초로 사용한 언어로 옳은 것은?

① ALGOL
② FORTRAN
③ C
④ LISP
⑤ COBOL

8 프로그램 언어설계시 바인딩의 중요성을 설명한 것 중 가장 관계가 적은 것은?

① 프로그램 번역시간의 바인딩을 위주로 하는 프로그램은 수행이 비교적 빠르게 이루어질 수 있고 유연성도 좋다.
② 프로그램의 효율적 실행을 목표로 하는 프로그램 언어는 바인딩이 주로 번역시간에 발생한다.
③ 바인딩이 발생하는 시간에 따라 프로그램 언어는 다양한 특징을 가질 수 있다.
④ 유연성을 목표로 하는 프로그램 언어는 바인딩이 주로 프로그램 실행시간에 발생하도록 한다.
⑤ 프로그램 언어에서 나타날 수 있는 대상물과 그것의 실제 속성이 연결되어 결정되는 것을 바인딩이라 한다.

❋ answer

6 동일한 기억장소를 함께 사용하고 있는 다른 이름을 별칭(aliasing)이라 한다.
　② 피호출 함수의 값이 호출 함수에 적용되는 것이다.
　③ 프로그램의 서로 다른 부분들이 결합하는 현상이다.

7 ALGOL은 BNF를 적용한 최초의 언어이다.

8 ① 번역시간 바인딩은 효율성을 높이고, 유연성을 높이는 것은 실행시간 바인딩이다.

답 6.⑤ 7.① 8.①

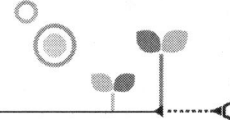

9 다음 설명 중 옳지 않은 것은?

① 정적 바인딩은 변수의 수형, 기억공간, 크기, 자료구조 등을 결정한다.

② 동적 바인딩은 정적 바인딩에 비해 융통성은 떨어지지만 효율성이 좋다.

③ C, PL/1 언어에서 사용되는 자동변수는 동적 바인딩이다.

④ 포트란, 코볼 언어에서 사용되는 모든 변수는 정적 바인딩에 속한다.

⑤ 동적 바인딩은 프로그램이 실제로 실행되는 중에 일어난다.

10 BNF는 어느 문법에 해당하는가?

① 무제한문법   ② 문맥제한문법

③ 문맥자유문법   ④ 우선형 정규문법

⑤ 좌선형 정규문법

11 다음 중 동적 바인딩에 대한 설명이 아닌 것은?

① 유연성이 증가한다.

② 전역변수에 해당된다.

③ 프로그램 실행 중에 일어난다.

④ C, PL/1 언어에 사용되는 자동변수가 속한다.

✳ **answer**

9 ② 동적 바인딩은 유연성이 증가하며, 효율성이 좋은 것은 정적 바인딩이다.

10 ③ BNF는 촘스키의 언어 분류 중 TYPE 2에 해당하는 문맥자유문법에 해당한다.

11 동적 바인딩
ㄱ 프로그램 실행시간에 발생되는 바인딩으로 동적 바인딩(Dynamic binding)이라고도 한다.
ㄴ 변수값 배정, 변수, 자료구조의 기억장소 할당 : 모듈 프로그램의 시작시간에 발생하는 바인딩이다.
ㄷ 형식매개변수와 실매개변수의 바인딩 : 프로그램 실행시간의 사용시점에 수시로 발생하는 바인딩이다.
ㄹ 배정문을 통해 변수값을 바인딩한다.

답— 9.② 10.③ 11.②

12 형식문법의 종류가 아닌 것은?

① 문맥의존문법　　　　　　② 문맥자유문법

③ 정규문법　　　　　　　　④ 생성문법

13 다음 프로그램에서의 문제점은?

```
main (int *a, *b)
new a = malloc(int *b)
b = a ;
free(a)
*b = 1 ;
```

① 허상참조　　　　　　　　② data area

③ call by value　　　　　　④ 허상투플

⑤ data authority

14 다음 중 바인딩에 대한 설명으로 옳지 않은 것은?

① 변수의 자료구조형을 결정한다.　　② 변수에 대한 기억장소를 할당한다.

③ 변수의 형을 결정한다.　　　　　④ 변수의 이름을 변경한다.

⑤ 정적 바인딩과 동적 바인딩이 있다.

❋ **answer**

12 촘스키의 문법

　㉠ TYPE 0 : 무제한 문법으로 튜링머신이 있다.

　㉡ TYPE 1 : 문맥감지문법으로 선형제한 오토마타가 있다.

　㉢ TYPE 2 : 문맥자유문법으로 푸시다운 오토마타가 있다.

　㉣ TYPE 3 : 정규문법으로 유한 오토마타가 있다.

13 위의 프로그램에서 a는 없어졌으나 b를 통해 a의 주소를 참조할 수 있는 문제가 발생한다. 이것을 허상참조라고 한다.

14 변수의 형과 자료구조를 변경할 수는 있지만 이름을 변경하지는 않는다.

답— 12.④　13.①　14.④

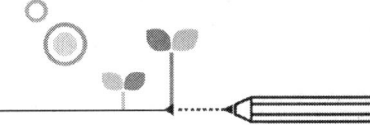

15 다음 중 동적 바인딩에 대한 설명으로 옳지 않은 것은?

① 바인딩이 실행시간에 일어난다.
② 바인딩이 프로그램 실행과정에서 변경될 수 있다.
③ 일반적으로 인터프리터 언어는 동적 바인딩이다.
④ PL/1의 AUTOMATIC 변수는 동적 바인딩에 속한다.
⑤ PL/1의 전역변수가 동적 바인딩에 속한다.

16 변수의 바인딩에 대한 설명으로 옳지 않은 것은?

① 동적 바인딩은 모든 언어에서 사용되는 대입문에서 특정변수에 새로운 값을 대입하는 경우에 해당된다.
② 정적 바인딩은 실행 효율성을 좋게 한다.
③ 정적 바인딩은 실행 중에 별도의 기억장소관리가 필요하다.
④ 바인딩은 번역할 때와 프로그램 실행 중에 일어난다.
⑤ 컴파일 시간은 컴파일 언어의 원시 프로그램에 사용된 변수의 형을 정한다.

17 LL문법에 대한 설명으로 옳은 것은?

① LR문법에 대한 구문분석기와는 입력을 받아들이는 순서가 다르다.
② 우측 우선 도출하는 구문분석기에 의해 해설될 수 있는 문법이다.
③ 입력은 우측에서 좌측 순으로 받아들인다.
④ 하향분석기에 의해 해설될 수 있다.

❋ **answer**

15 ⑤ PL/1의 AUTOMATIC 변수는 동적 바인딩에 속하지만 전역변수는 속하지 않는다.

16 ③ 정적 바인딩은 번역시간에 바인딩이 이루어진 것으로 실행시간에 별도의 관리가 필요없다.

17 LL문법은 Top-Down(하향식) 구문분석을 사용하며, 입력스트링을 왼쪽에서 오른쪽으로 읽어가며 좌파스를 생성한다.

<답>— 15.⑤ 16.③ 17.④

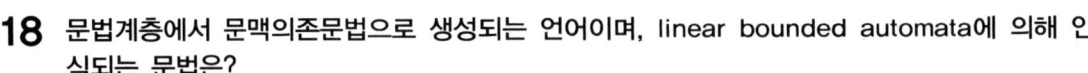

18 문법계층에서 문맥의존문법으로 생성되는 언어이며, linear bounded automata에 의해 인식되는 문법은?

① type 0   ② type 1

③ type 2   ④ type 3

19 다음 중 바인딩을 발생하는 시간에 따라 분류할 때 옳지 않은 것은?

① 언어정의시간   ② 언어번역

③ 구현시간   ④ 테스트시간

⑤ 실행시간

20 다음 중 BNF 문법에서 '정의'를 나타내는 기호는?

① ∷＝   ② |

③ < >   ④ − >

⑤ < −

❋ **answer**

18 문맥의존문법은 촘스키 1형에 해당한다.

19 바인딩의 종류는 언어정의시간, 언어구현시간, 번역시간, 실행시간에 따라 구분된다.

20 ∷＝는 배정할 때 사용하는 정의기호로 좌측이 우측으로 정의된다는 의미이다. '|'는 선택, '< >'는 비종결자를 의미한다.

답— 18.②   19.④   20.①

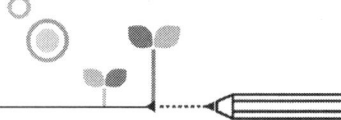

21 프로그램에서 정적 바인딩이 되는 곳은?

```
#include <stdio.h>
static int i ;  ························································· ㉠
int aaa(int a, double b, int c)
{
int temp ;
temp = (a < b)? a : b ;
return ((temp < c)? temp : c) ;  ····················· ㉡
}
void main(   )
{
int a ;  ································································· ㉢
int b = 5, c = 2 ;
a = 10 ;
double b = 9 ;  ···················································· ㉣
printf("%d\n", aaa(a, b, c)) ;
}
```

① ㉠   ② ㉡

③ ㉢   ④ ㉣

22 다음 중 BNF에 대한 설명으로 옳지 않은 것은?

① Backus Naur Form의 약자이다.   ② 구문의 정의를 위해서 사용된다.
③ 표현언어는 반드시 파스칼이다.   ④ production으로 표시하는 방법이다.

answer

21 정적 바인딩은 번역시간에 나타나는 바인딩으로 static으로 선언한 ㉠문이다.

22 BNF를 적용한 언어에 파스칼이 포함되지만 파스칼만이 BNF를 표현할 수 있는 것은 아니다.

답— 21.① 22.③

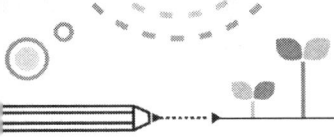

23 다음 중 정규표현 $X = \alpha X + \beta$의 해는?

① $X = \alpha^* \beta$
② $X = \alpha + \beta^*$
③ $X = \beta^* \alpha$
④ $X = \beta + {}^* \alpha$

24 다음 중 정규표현을 받아들이기 효율적인 오토마타는?

① 유한 오토마타
② 푸시다운 오토마타
③ 튜링머신
④ 파서

25 앨리어싱(aliasing)의 설명으로 옳지 않은 것은?

① 두 개 이상의 변수가 한 블럭안에서 기억장소를 공유할 경우를 말한다.
② 하나의 기억장소에 서로 다른 이름이 바인딩될 때 생긴다.
③ 실행시간에는 영향을 주지 않는다.
④ 판독시간을 저해한다.

 answer

23 $X = \alpha X + \beta = \alpha(\alpha^* \beta) + \beta = \alpha^* \beta + \beta = (\alpha^* + \epsilon)\beta = \alpha^* \beta$

24 정규표현, 정규문법, 유한 오토마타는 서로 동치관계에 있으며 서로 변환 가능하다.

25 ③ 앨리어싱은 판독시간을 떨어뜨리는 등의 프로그램 실행시간에 부작용을 발생할 수 있다.

답— 23.① 24.① 25.③

26 프로그램을 구성하는 함수에서 전역변수를 사용하여 함수의 결과를 반환하는 경우, 함수에 전달되는 입력 파라미터의 값이 같아도 전역변수의 상태에 따라 함수에서 변환되는 값이 달라질 수 있는 현상은?

① aliasing
② dangling reference
③ recursive
④ side effect

27 다음 중 실체의 속성에 값을 정해주는 행위는?

① parsing
② relocation
③ binding
④ recursive

28 다음 문장은 몇 개의 토큰으로 분리될 수 있는가?

```
k = 4 + c ;
```

① 2
② 3
③ 4
④ 5
⑤ 6

answer

26 ① 동일한 기억장소를 같은 이름으로 사용하는 것이다.
② 변수가 소멸되었는데도 여전히 참조 가능상태임을 나타낸다.
③ 자기자신을 다시 호출하는 것을 말한다.

27 바인딩은 프로그램의 요소에 지정 가능한 속성 값을 저장하는 것이다.

28 k, =, 4, +, c, ;의 6개로 분리 가능하다.

답 – 26.④ 27.③ 28.⑤

29 바인딩시간의 종류가 아닌 것은?

① 언어구현시간　　　　　　　　② 번역시간

③ 실행시간　　　　　　　　　　④ 대기시간

30 다음 중 번역시간에 이루어지는 것이 아닌 것은?

① 변수값의 배정　　　　　　　　② 변수의 형

③ 자료구조의 형　　　　　　　　④ 레코드 항목의 형

31 다음 명칭에 관한 구문 중 생성 불가능한 것은?

$$\langle identifier \rangle ::= \langle letter \rangle \mid \langle identifier \rangle \langle letter \rangle \mid \langle identifier \rangle \langle digit \rangle$$

① S323　　　　　　　　　　　　② 3CAT

③ GOOD　　　　　　　　　　　④ D12H34

32 다음 중 LR 파싱이 아닌 것은?

① LALR　　　　　　　　　　　② RLR

③ SLR　　　　　　　　　　　　④ CLR

✳ answer

29 바인딩은 다양한 종류가 있다. 언어정의시간, 구현시간, 번역시간, 실행시간, 적재시간 등으로 구분이 가능하다.

30 ① 변수의 값을 배정하는 것은 실행시간에 발생하는 바인딩이다.

31 첫번째는 문자만 가능한데 3CAT은 첫번째에 숫자가 존재하므로 생성 불가능하다.

32 LR은 파싱 테이블을 구성하는 방법에 따라 Simple LR(SLR), Canonical LR(CLR), Look Ahead LR(LALR) 방법으로 나눌 수 있다.

답— 29.④　30.①　31.②　32.②

33 다음 형식문법으로 생성할 수 있는 것은?

N = {A, B, S}   T = {a, b, c}
P = {S → Abc
    Ab → aAbB
    Bb → bB
    Bc → bcc
    A → a}

① $a^n b^n c^n (n \geq 1)$

② $a^n c^n b^n (n \geq 1)$

③ $a^n b^m c^m (n \geq 1, \ m \geq 0)$

④ $a^n c^m b^m (n \geq 0, \ m \geq 1)$

34 X := P + F(Y, Z) − Q에서 Y, Z가 변화되었을 때 발생될 수 있는 항목은?

① reference

② aliasing

③ features

④ side effects

35 다음과 같은 문법에서 생성될 수 없는 언어의 문장은?

S → AbBa
A → Aa | a
B → bB | b

① abba

② aabba

③ aabaa

④ aabbba

⑤ abbba

✳ answer

33 순서는 a, b, c로 구성되며, 개수도 서로 같아야 하고 최소 하나 이상이어야 한다.

34 전역변수의 값이 바뀌면 side effect(부작용)가 발생할 수 있다.

35 S→AbBa에서 마지막 심볼은 a로 끝난다는 것을 알 수 있으며, 시작도 a로 시작한다. 그리고 마지막 a 이전 것은 b이어야 한다. 종료가 aa로 종료하는 것은 불가능하다.

📋 33.① 34.④ 35.③

36 문법의 체계에 있어서 type 1과 type 2에 대한 설명으로 옳은 것은?

① type 1은 CFG라고 한다.

② type 2는 CSG라고 한다.

③ type 1은 생성규칙에 아무런 제한이 없는 경우이다.

④ type 2는 생성규칙의 왼쪽이 하나의 비종단기호로 제한된다.

37 촘스키 계층에서 다른 계층에 속하는 것은?

① BNF

② 정규문법

③ 푸시다운 오토마다

④ 문맥자유문법

38 BNF 심벌과 그 의미가 옳지 않은 것은?

① < >은 nonterminal 기호이다.

② |은 선택을 의미한다.

③ 예약어는 terminal이다.

④ 문자열은 nonterminal이다.

⑤ ::=은 '정의한다' 를 뜻한다.

36 ① type 1은 CSG(문맥의존형)문법이다.
　　② type 2는 CFG(문맥자유형)문법이다.
　　③ 생성규칙에 아무런 제한이 없는 문법은 type 0이다.

37 정규문법은 Type 3에 해당한다.
　　①③④ Type 2에 속하는 문법이다.

38 ④ 문자열은 terminal에 속한다.

답─ 36.④ 37.② 38.④

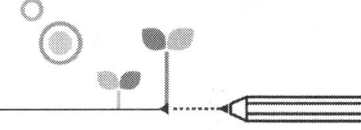

39 특정 문법에 의해 생성되는 문장이 모호성을 갖는 이유는?

① 문법이 정규언어가 아니기 때문이다.　② 모호한 것은 언어의 속성이다.
③ 파스트리가 여러 개 만들어질 수 있다.　④ 문법적 오류가 있기 때문이다.

40 변수가 정정 영역 규율을 따른 언어는?

① PASCAL
② C
③ PL/1
④ LISP

41 유한 오토마타를 구성하는 5가지 항목에 속하지 않는 것은?

① 입력기호의 유한집합
② 잠재상태의 유한집합
③ 최종결과
④ 다음상태 함수
⑤ 종료상태

42 shift－reduce parser에서 주요 행동(action)이 아닌 것은?

① shift
② reduce
③ error
④ expand

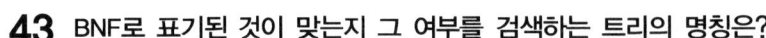

43 BNF로 표기된 것이 맞는지 그 여부를 검색하는 트리의 명칭은?

① parse tree   ② binary tree

③ binary search tree   ④ skewed tree

44 다음과 같은 유도트리가 나타내는 문장은?

① id + (−id)

② (id + id)−

③ −(id + id)

④ −(id) + id

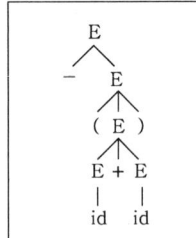

45 side effect에 대한 설명으로 옳지 않은 것은?

① call by copy를 사용하면 side−effect를 줄일 수 있다.

② 코볼에서 COMMON 변수를 많이 사용할 경우 발생 가능성이 커진다.

③ 지역변수를 많이 사용할 경우 발생 가능성이 커진다.

④ Aliases와 많은 관계가 있다.

❋ answer

43 언어문법 구조를 나타내는 트리는 parse tree이다. 이진트리와 이진검색트리는 자료구조를 나타내는 트리에 해당한다.

44 하단부에서부터 종단 노드를 좌측에서 우측으로 해석한다.

45 ③ 부작용은 전역변수를 사용할 때 발생하며, 지역변수를 사용하여 줄일 수 있다.

답— 43.① 44.④ 45.③

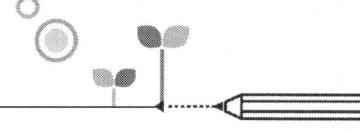

46 다음 중 푸시다운 오토마타(PDA)로 식별되는 언어는?

① 무제한문법   ② 문맥의존문법
③ 문맥자유문법   ④ 정규문법

47 다음 EBNF 구문도표의 표기식을 표현한 것으로 옳은 것은?

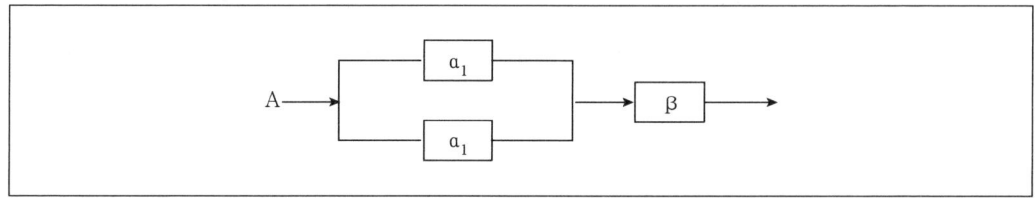

① $A::=a_1a_2\beta$ ② $A::=(a_1|a_2)\beta$
③ $A::=(a_1^*a_2)\beta$ ④ $A::=a_1\beta a_2$

48 0 주소모드(Address Mode) 컴퓨터에서 수식연산에 필요한 것은?

① Queue   ② Operator 1
③ Acc   ④ Stack

※ **answer**

46 ① 튜링머신으로 식별한다.
　　② 선형제한 오토마타로 식별한다.
　　④ 유한 오토마타로 식별한다.

47 사각형은 비단말 노드를 표시하고, 서로 선택을 의미하는 표기 기호는 '|'이다. a_1 이나 a_2 를 선택하고 β 로 간다.

48 0 주소모드(Address Mode)는 지정할 장소가 없기에 Stack에 최종 결과가 지정이 된다.

답— 46.③ 47.② 48.④

49 다음 상태표로 만들어질 수 있는 것은? (단, 시작은 q0이고 끝은 q1이다)

현상태	입력알파벳	다음상태
q0	a	q1
q0	b	q0
q1	a	q1
q1	b	q0

① aabbaa　　② ababab
③ babbab　　④ bbaabb

50 다음 중 BNF에서 사용하는 기호가 아닌 것은?

① ::=　　② < >
③ &　　④ |

51 다음 명칭에 관한 구문에 의해 생성될 수 없는 것은?

<identifier>=<letter> | <identifier><letter> | <identifier><digit>

① LIKE　　② K12
③ 11Spring　　④ AAA123

answer

49 끝날 때는 q1의 상태로 종결해야 한다. ababab, bbaabb, babbab는 종결상태를 만족하지 못한다.

50 < >는 비종결자, ::=는 정의, |는 선택을 의미하는 기호이다.

51 처음은 문자로만 시작해야 한다.

답 — 49.① 50.③ 51.③

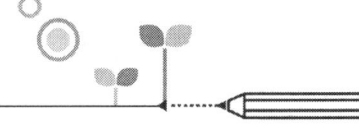

52 다음 구문(syntax)에 대한 설명 중 옳지 않은 것은?

① 구문은 프로그래밍 언어의 문법으로 구문의 뜻은 하나여야 한다.

② 문법적 단위의 구조뿐만 아니라 그 의미까지도 나타내 준다.

③ 프로그램을 읽기 쉽고, 작성하기 쉽도록 해 주어야 한다.

④ 컴파일러와 정보교환을 할 수 있는 것으로 컴파일러 구성을 쉽게한다.

53 다음 중 프로그램 언어 구현시간 바인딩에 대한 설명으로 옳은 것은?

① 프로그램 언어에서 사용되는 자료의 구조가 결정된다.

② 프로그램 언어가 실제 컴퓨터에 대해서 구현될 때 결정되는 사항에 관한 내용이다.

③ 프로그램이 컴파일러에 의해 번역될 때 결정되는 사항에 관한 내용이다.

④ 프로그램이 실행되는 도중에 결정되는 사항에 관한 내용이다.

54 다음 중 프로그램 번역시간에 결정되는 내용이 아닌 것은?

① 변수의 데이터형과 차지하는 기억장소의 크기가 결정된다.

② 연산자의 수행내용이 결정된다.

③ 기억장소에서 지역변수의 위치가 결정된다.

④ 변수의 초기화에 의해서 변수가 가지고 있는 실제 값이 결정된다.

✳ answer

52 ② 구문은 구조만 보여줄 뿐 의미는 보여주지 않는다. 의미를 나타내는 것은 semantic이다.

53 구현시간 바인딩은 컴파일러 자체를 개발할 때 결정되는 사항에 관한 내용이다.
   ① 언어 정의시간 바인딩
   ③ 번역시간 바인딩
   ④ 실행시간 바인딩

54 ③ 기억장소에서 지역변수의 위치가 결정되는 것은 실행시간에 운영체제에 의해서이나.

답— 52.② 53.② 54.③

55 문장에서의 순서제어에 대한 설명으로 옳은 것은?

① 병렬실행은 프로그램에서 각 문장의 실행순서를 기술된 순서로 실행하는 것을 말한다.
② 일반적인 프로그래밍 언어에서는 현재의 위치에서 임의의 문장으로 직접 이동을 허용하지 않는다.
③ 병렬적으로 처리된 부분은 문장의 순서를 바꾸더라도 영향이 없다.
④ 묵시적 순서제어는 문장을 그룹화하여 시행한다.

56 문장의 순서제어의 한 형태인 GOTO문(레이블)에 대한 설명으로 옳지 않은 것은?

① 현재의 위치에서 임의의 문장으로 직접 이동할 수 있다.
② 프로그램에서 각 문장의 실행순서에는 변함이 없다.
③ 원하는 문장으로의 이동을 쉽게 할 수 있다.
④ 프로그램의 실행을 효율적으로 할 수 있다.

57 LR 파싱 과정과 관계없는 것은?

① 구문
② 스택
③ Look ahead
④ 입력 스트링

❄ answer

55 병렬실행은 각 문장을 그룹화하여 병렬로 실행하는 것으로 여러 개를 동시에 수행하는 것이므로 순서가 중요하지 않다. 반면 묵시적 순서제어는 각 문장의 실행순서를 각 문장이 쓰여지는 순서대로 실행한다.

56 ② GOTO문은 제어를 옮기는 명령으로 순차적인 실행에서 순서를 바꾸어 주는 기능을 한다.

57 LR 파서의 구성은 입출력 스트링, 파싱 테이블, 스택, 드라이버 프로그램과 액션으로 구성된다.

답— 55.③ 56.② 57.①

자료형

1 프로그램의 기본적인 문장으로 실행시간에 의미를 갖지 않는 것은?

① 선언문(Declaration Statement)　　② 분기문(Branch Statement)
③ 반복문(Iteration Statement)　　④ 배정문(Assignment Statement)

2 다음 중 C++ 언어에서 virtual 함수에 대한 설명으로 옳지 않은 것은?

① virtual로 선언된 멤버함수와 같은 이름의 하위클래스의 함수는 모두 virtual 함수가 된다.
② virtual 함수는 static 함수가 될 수 없다.
③ virtual 함수는 반드시 정의되어 있어야 한다.
④ virtual 함수는 상위클래스와 리턴값이 달라도 된다.

3 다음 중 자기 자신을 호출하는 것은?

① 매크로　　　　　　　　　　② 서브루틴
③ 코루틴　　　　　　　　　　④ 재귀적 호출

※ answer

1 선언문 … 실행시 사용될 자료속성(자료형, 크기, 이름, 생성시기, 소멸시기, 참조하기 위한 첨자 등)을 언어번역기에게 알려주는 프로그램 문장이다.

2 ④ virtual 함수는 상위클래스와 인자의 종류와 개수, 리턴값이 일치해야 한다.1. ① 2. ④

3 ① 컴파일 전에 프로그램에 나타난 곳마다 직접 대입되어 코드를 만든다.
② 매개변수로 값을 반환한다.
③ 실행도중 제어를 타 프로시저에게 넘겨주었다가 다시 제어를 넘겨받아 넘겨준 부분부터 실행한다.

—1.① 2.④ 3.④

4 값의 영역이 참과 거짓으로 구성되는 자료는?

① Integer   ② Double

③ Boolean   ④ Character

5 다음 중 프로그램 실행시 자료의 속성을 언어 번역기에게 알려주는 문은?

① 호출문   ② 배정문

③ 선언문   ④ 제어문

6 다음 프로그램의 C값을 출력하면?

```
int a, b, c ;
a = 25, b = 36 ;
c = (a > b) ? a-- : --b ;
printf("%d", c) ;
```

① 0   ② 24

③ 35   ④ 36

answer

4 논리형(Boolean) … 값의 영역이 두 개의 객체인 참(T)과 거짓(F)으로 구성된 것으로, and, or, not, imp, equiv 등의 연산이 있다.

5 선언문(Declarations) … 실행시 사용될 자료속성(자료형, 크기, 이름, 생성시기, 소멸시기, 참조하기 위한 첨자 등)을 언어 번역기에게 알려주는 프로그램 문장이다.

6 a > b의 조건이 거짓이므로 --b를 실행하는 삼항 연산자이다. 그러므로 b값은 36에서 35가 된다.

답- 4.③ 5.③ 6.③

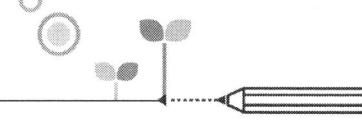

7 다음에서 설명하는 개념으로 옳은 것은?

> • 여러 개의 메소드가 존재하고 각각의 메소드에 들어가는 값에 따라 다르게 동작한다.
> • 함수 호출은 같은 함수의 이름을 사용한다.

① 다형성 　　　　　　　　　② 상속
③ 캡슐화 　　　　　　　　　④ 추상화

8 추상화 문제에 대한 설명으로 옳은 것은?

① 내부 객체를 알고 있으므로, 프로그래밍이 용이하다.
② 변경에 따른 영향을 가시적으로 알 수 있다.
③ 개괄적인 구조를 먼저 설계하고 상세적인 걸 나중에 설계한다.
④ 정보를 공개한다.

9 다음 식이 끝났을 때의 출력값은?

```
int hap = 0, i = 0 ;
while(i <= 10)
{
        i = i + 1 ;
        hap = hap + i ;
}
printf("%d", hap) ;
```

① 55 　　　　　　　　　　　② 60
③ 65 　　　　　　　　　　　④ 66

✳ **answer**

7 하나의 메소드 이름으로 다양한 종류의 메소드를 시그네춰에 따라 골라서 사용할 수 있는 개념이다.

8 추상화는 정보를 은닉하기 위한 개념으로 내부의 구현에 대해서 알 수 없다. 그러므로 개괄적인 내용을 가지고 설계를 한다.

9 1부터 11까지의 합을 구하는 프로그램이다.

> 답 — 7.① 8.③ 9.④

10 A = 36, B = −25, C = 0일 때 다음 식 중 결과값이 다른 것은?

① A&&B||C

② !(A==B)

③ !A&&B

④ !C

11 C++ 언어에서 멤버함수가 실행되고 있는 객체 포인터를 무엇이라고 하는가?

① isa

② that

③ this

④ ptr

⑤ obj

12 호출된 프로그램의 수행이 끝나기 전에 제어가 호출 프로그램으로 되돌아가는 서브 프로그램은?

① 단순 부 프로그램

② 되부름 부 프로그램

③ 이중 부 프로그램

④ 매크로

⑤ 코루틴

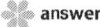 answer

10 !, ==, &&, ||의 순서로 연산자 우선순위를 가진다.
①②④ 참
③ 거짓

11 this는 클래스 내에서 맴버변수나 맴버함수를 호출할 때 사용하지만 실제로는 그 변수나 함수를 호출하는 객체의 포인터이다.

12 호출된 프로그램의 수행이 완전히 끝나기 전에 타 프로시저(호출 프로시저 포함)로 제어를 넘겼다가 재개 (resume)할 수 있는 프로시저는 코루틴이다.

답— 10.③ 11.③ 12.⑤

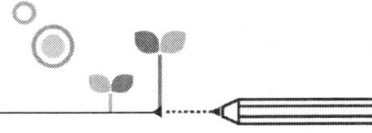

13 다음 중 옳지 않은 것은?

① 모든 언어에서는 기본 자료형을 제공하는데 이 기본 자료형을 이용해서 더 복잡한 자료형을 만들 수 있다.
② 시스템 정의자료에는 스택, 버퍼가 있다.
③ 자료형이란 객체와 객체들의 인스턴스들을 생성, 소명 수정, 분해하는 등의 연산집합이다.
④ 프로그래머가 자료의 크기나 구조를 정하는 과정을 참조환경이라고 부른다.
⑤ 프로그램의 자료구조는 크게 프로그래머 정의자료와 시스템 정의자료로 나누어진다.

14 다음 중 성질이 다른 하나는?

① 비주얼 베이직의 string
② C 언어의 char형 포인터
③ 자바의 string
④ C++의 char 클래스
⑤ 파스칼의 char형 packed array

15 다음 구조화 된 프로그램에서의 순서제어 중 성격이 다른 것은?

① CASE
② DO
③ WHILE
④ FOR
⑤ PERFORM

✳ **answer**

13 ④ 프로그래머가 정의자료의 크기나 구조를 명세하는 것을 형 선언이라고 한다.

14 ④ 문자 자료형의 종류가 아닌 객체 클래스이다.

15 ① 선택문
②③④ 반복문
⑤ 코볼의 반복문

답—13.④ 14.④ 15.①

16 다음 중 기본 자료형에 대한 설명으로 옳지 않은 것은?

① A OR B = if A then TRUE else B

② A AND B = if A then B else FALSE

③ NOT A = if A then FALSE else TRUE

④ A IMP B = if A then B else FALSE

⑤ A EQV B = if A then B else NOT B

17 다음 중 시스템에서 제공하는 자료가 아닌 것은?

① 배열 ② 실행시간 자료참조
③ 참조환경 ④ 버퍼
⑤ 스택

18 다음 중 옳지 않은 것은?

① 포인터가 필요하게 된 이유는 프로그램이 실행되면서 생성하게 된 미정의 변수를 처리하기 위해서이다.

② 형 변환은 컴파일러가 담당하기 때문에 변환시간은 많이 들지만 프로그램의 실행시간에는 효율을 높일 수 있다.

③ 혼합형 연산을 사용하면 형에 대한 제약없이 형을 사용할 수 있기때문에 프로그래머의 프로그램 작성이 쉽다.

④ 포인터는 다양한 처리능력을 제공하지만 프로그램의 이해와 유지보수를 어렵게 한다.

⑤ 기계마다 기계어 표현이 다를 수 있지만, 프로그램의 이식에는 어려움이 없다.

🌸 answer

16 ④ 논리적 내포로 A 조건에 따라 참·거짓이 정해진다.
 ※ A IMP B
  ㉠ A가 참이면 B값이 결과이다.
  ㉡ A가 거짓이면 B값에 관계없이 참이다.

17 ① 배열은 사용자가 정의하는 자료형에 속한다.

18 ⑤ 기계어의 표현이 다르면 다른 기계에서 동작이 불가능하며, 이식호환성이 없게 된다.

답 - 16.④ 17.① 18.⑤

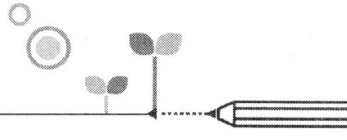

19 C 언어에서 함수 호출시 변수 전달방법은?

① call by result ② call by value

③ call by name ④ call by reference

⑤ call by sequence

20 다음과 같은 객체지향 언어의 특징은?

> 클래스간 계층 관계에 근거하고 클래스간의 속성과 연산을 공유한다.

① 다형성 ② 캡슐화

③ 객체 ④ 클래스

⑤ 상속

21 선언문을 사용하는 목적에 대한 설명 중 옳지 않은 것은?

① 실행속도를 향상시키기 위해서이다.

② 정적 형 검사를 가능하게 하기 위해서이다.

③ 주기억장치 접근 방법의 효율성 제고를 위해서이다.

④ 주기억장치 관리 효율성을 높이기 위해서이다.

⑤ 주기억장치 사용 효율을 높이기 위해서이다.

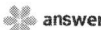 **answer**

19 C 언어의 전달방식은 call by value에 해당한다.

20 객체지향 언어는 상속을 통해 연산과 속성을 공유한다.

21 ① 프로그램의 선언문은 주기억장치 접근과 관리를 효율적으로 하고 사용을 편리하게 하며 정적 형 검사를 실행하기 위해서 사용한다. 실행속노를 향상시키는 기능은 없다.

답— 19.② 20.⑤ 21.①

22 다음 중 객체지향 언어에 속하지 않는 것은?

① C++   ② Eiffel
③ Java   ④ Pascal
⑤ Smalltalk

23 다음 중 GOTO문에 대한 설명으로 옳지 않은 것은?

① 프로그램이 빈약하게 디자인된다.   ② 디버깅이 쉬운 편이다.
③ 프로그램의 유지보수가 어렵다.   ④ 프로그램을 이해하기 힘들다.

24 다음 중 부 프로그램간의 자료공유 방법인 별칭에 대한 설명으로 옳지 않은 것은?

① 하나의 기억장소에 서로 다른 두 이름이 바인딩될 때 발생한다.
② 포트란의 EQUIVALENCE문은 별칭의 예이다.
③ 매개변수 전달기법에서 call by value일 때 별칭이 발생한다.
④ 한 변수의 값을 변화시키면 그 변수와 같은 기억장소를 참조하는 다른 변수들의 값도 같이
  변하게 된다.

25 다음 중 부 프로그램에 대한 설명으로 옳지 않은 것은?

① 함수와 프로시저를 구분하지 않고 프로시저라는 용어로 표현한다.
② 부 프로그램 단독으로 업무를 수행할 수 없다.
③ 프로그램 작성시간을 절약할 수 있으나, 기억장소를 절약하지는 못한다.
④ 반복되는 과정의 중복을 피할 수 있어 프로그램이 간단하다.

❊ answer

22 객체지향 언어로는 C++, Smalltalk, Eiffel, Java, C#이 있다.

23 GOTO문은 프로그램시에 이해와 유지보수를 힘들게 하는 것으로 최근 프로그램 언어에서는 배제되고 있다.

24 ③ call by value는 실매개변수를 복사하기 때문에 변수의 값은 변동이 없다. 그러므로 별칭이 생기지 못한다.

25 ③ 호출시 실행되기 위해 메모리에 적재되므로 기억장소를 절약할 수 있다.

                                                    답— 22.④ 23.② 24.③ 25.③

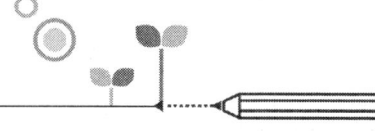

26 구조적 프로그래밍에 대한 설명으로 옳지 않은 것은?

① 하향식 기법만 사용 　　　　② GOTO문의 사용자제
③ 상향식 · 하향식 모두 사용 　　④ 순차 · 선택 · 반복 구조 사용

27 다음 중 부 프로그램과 매크로의 차이점으로 옳지 않은 것은?

① 매크로 내용은 매크로 명이 있는 모든 곳에 존재한다.
② 매크로는 소스코드의 길이를 짧게 한다.
③ 매크로는 실행시에 주기억장치를 많이 차지한다.
④ 부 프로그램은 호출에 필요한 시간이 절약된다.
⑤ 부 프로그램은 내용이 특정한 곳에만 존재한다.

28 매개변수 전달방식 중 값을 전달하여도 부작용이 발생하지 않는 것은?

① call by reference 　　　　② call by value
③ call by name 　　　　　　④ call by result
⑤ call by sequence

✽ answer

26 ③ 구조적 프로그래밍의 제어구조는 하향식이다.

27 ④ 부 프로그램은 실행 프로그램을 저장하거나 종료한 후에 부 프로그램이 위치하는 곳으로 이동하여 실행되는 것으로 시간 효율성은 떨어진다.

28 call by value … 실매개변수의 r−value를 구하여 형식매개변수에 복사하는 방법으로 실매개변수의 값이 불변하는 특징이 있으며 결합도를 작게하고 부작용이 없는 강점이 있다.

답 — 26.③ 27.④ 28.②

29 다음 중 객체지향 언어가 상속을 통해 얻을 수 있는 장점으로 옳지 않은 것은?

① 프로그램의 재활용성이 높아진다.
② 코드의 생산성이 높아진다.
③ 판독성이 낮아진다.
④ 코드의 수정이 쉬워진다.
⑤ 프로그램의 크기를 줄일 수 있다.

30 함수에서 자기 자신을 호출하는 것을 무엇이라고 하는가?

① 재귀적 호출
② 자신 호출
③ 코루틴
④ 단순 호출
⑤ 앨리어싱

31 변수에 대한 성격과 관련이 없는 것은?

① 변수의 이동
② 변수의 형
③ 변수에 대한 기억공간 크기
④ 변수의 자료구조

32 다음 중 객체에 대한 설명으로 옳은 것은?

① 객체는 다른 객체에 의존적이다.
② 객체는 자료와 행위가 결합된 형태를 가지고 있다.
③ 객체는 자료의 집합만으로 구성된 형태를 가지고 있다.
④ 객체는 자료에 취해질 연산의 집합만으로 구성된 형태를 가지고 있다.

answer

29 ③ 상속은 객체지향 언어의 대표적 특징으로 판독성을 떨어뜨리는 기능은 없다.

30 자기 자신을 호출하는 것을 재귀적 호출(recursion)이라고 한다.

31 변수는 메모리 셀의 이름, 위치(address), 값(value), 자료형(type), 크기(size)를 나타낸다.

32 객체는 데이터(자료)와 메소드(연산)가 결합된 형이다.

답 — 29.③ 30.① 31.① 32.②

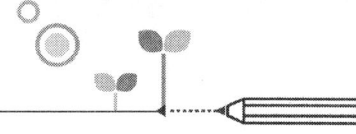

33 다음 중 구조적 프로그램 기법을 사용하여 프로그램할 때 얻을 수 있는 장점으로 옳지 않은 것은?

① 신뢰성을 높일 수 있다.

② 프로그램을 추상화하여 코드의 재사용성을 높여 준다.

③ 프로그램 판독성을 높여 준다.

④ 프로그램을 유지보수하기 쉬워진다.

⑤ 디버깅이 용이한 프로그램을 작성할 수 있다.

34 다음 중 배열과 레코드에 대한 설명으로 옳지 않은 것은?

① 배열은 행 우선 순서와 열 우선 순서 2가지가 있다.

② 배열은 <인덱스, 값>의 쌍으로 구성된 집합이다.

③ 레코드 구조는 주기억장치 내에서 하나의 필드로 구성된다.

④ 레코드는 이형(heterogeneous)의 자료집합이다.

⑤ 주기억장소는 1차원 배열이기 때문에 기억장소에 연속적으로 사상된다.

35 다음 중 객체지향 언어와 관련이 적은 것은?

① 상속성   ② 추상화

③ 캡슐화   ④ 공유화

⑤ 절차적

 answer

33 ② 추상화를 통해 재사용성을 높이는 것은 객체지향 프로그래밍의 특징이다.

34 ③ 레코드는 주기억장치에서 블록단위로 이루어진다.

35 절차적 언어의 한계를 극복하고자 객체지향 패러다임이 발생하였다. 명령형, 함수형 프로그램은 절차적인 성질을 지닌다.

답— 33.② 34.③ 35.⑤

36 다음 중 빈칸에 들어갈 말은 무엇인가?

> 자료형의 (　　　　)을(를) 구성하는 것은 객체, 원소, 값이다.

① domain
② element
③ member
④ value
⑤ object

37 다음 중 객체지향 언어의 캡슐화에 대한 설명으로 옳지 않은 것은?

① 객체의 외부와 내부를 분리시킨다.
② 객체의 행위는 외부에서 추상적인 내용만을 알린다.
③ 객체 내부에서 필요로 하는 정보를 외부로부터 은닉시킨다.
④ 객체의 외부에서 객체의 속성을 변경시키려면 객체가 내부에서 제공하는 인터페이스를 통해서 가능하다.
⑤ 내부적인 사항을 외부에서 알 수 없다.

38 다음 중 다형성을 이용해서 정의될 수 있는 함수의 프로토타입인 것은?

① int A(int b); long A(long b);
② int A(int b); float A(long b);
③ long A(int b); long A(long b);
④ float A(int b); long A(int b);
⑤ int A(int b); float A(int b);

✳ **answer**

36 전체영역을 뜻하는 도메인이 알맞다.

37 ④ 인터페이스를 통해 내부 속성을 사용할 수 있으나 변경할 수는 없다.

38 다형성은 오버로딩을 통해 구현할 수 있으며, 오버로딩은 형과 이름이 같은 것을 선택하고 아규먼트의 형은 서로 달라야 한다.

📖답— 36.① 37.④ 38.③

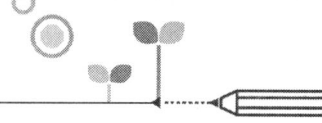

39 다음 지문이 설명하는 것은?

> • 객체 내에서 같은 이름을 갖는 여러 개의 함수를 정의할 수 있도록 하는 것을 말한다.
> • 함수의 반환 값 타입이 다르다고 같은 이름의 함수를 선언할 수는 없다.
> • 함수의 매개변수의 개수, 타입이 달라야 한다.

① 추상화 ② 지역성
③ 상속성 ④ 캡슐화
⑤ 다형성

40 프로그램 언어의 추상화 지원에 대한 설명으로 옳지 않은 것은?

① 프로그램을 추상화하면 프로그램 코드의 재사용성이 증가한다.
② 프로그램을 추상화하면 프로그램의 확장성이 증가한다.
③ 자바 언어는 추상화를 지원하지 않는다.
④ Smalltalk 언어는 추상화를 지원한다.

41 다음 중 변수와 상수에 대한 설명으로 옳은 것은?

① 변수, 상수 모두 왼쪽에 위치 가능하다.
② 변수와 상수는 문자와 숫자의 조합으로 구성되어 있다.
③ l-value는 상수를 가질 수 없다.
④ r-value는 상수를 가질 수 없다.

 answer

39 이름은 같고 형과 매개변수 개수가 다른 특성은 다형성이다.

40 ③ 자바는 객체지향 언어로 추상화를 지원한다.

41 l-value는 상수를 가질 수 없고, r-value는 상수를 가질 수 있다. 변수와 상수는 오른쪽에 위치하며, 상수는 숫자들만의 조합이다.

답— 39.⑤ 40.③ 41.③

42 블록구조와 변수의 범위규칙(scope rule)에 대한 개념이 옳지 않은 것은?

① 블록 내에 다른 블록을 포함시킬 수 있다.
② 한 블록 내에서 동일한 명칭은 두 번 선언한다.
③ 동일한 명칭은 다른 블록에서 다시 선언될 수 있다.
④ 변수의 통용범위는 선언된 블록과 안쪽 블록이다.
⑤ 블록과 블록은 일부분 겹칠 수 없다.

43 다음 중 매개변수 전달에서 주 프로그램의 실매개변수의 값이 원하지 않을 경우에도 변하는 것은?

① 별칭   ② 중복
③ 부작용   ④ 상속
⑤ 커플링

44 call by value가 불가능한 언어는?

① C   ② PL/1
③ FORTRAN   ④ PASCAL

※ answer

42 ② 한 블록 내에서 동일명은 한 번 쓰이고 블록 밖에서는 다시 쓰일 수 있다.
　※ **블록구조와 범위규칙** … 프로그램을 작성할 때 {}를 사용한다. {}블록구조 내의 변수는 그 블록과 내포된 블록에서 사용되며 블록 안에 블록이 포함될 수 있다. 같은 블록 안에 동일명칭은 두 번 선언할 수 없으나 블록 밖에서는 가능하다. 이러한 블록 적용범위를 범위규칙이라 한다.

43 지역변수 이외의 변수 값이 원치 않는 경우에 변하는 것을 부작용이라고 한다.

44 포트란은 call by value가 아닌 reference를 사용한다. PL/1과 pascal은 두 가지 모두를 사용할 수 있으나 reference를 선호한다.

답 — 42.② 43.③ 44.③

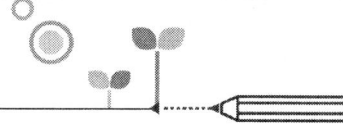

45 다음은 무엇에 대한 설명인가?

> • 객체가 필요로 하는 자료만을 모아서 구성한다.
> • 불필요한 자료는 제거한다.
> • 자료와 관련된 연산을 하나로 통합하여 캡슐화한다.

① 추상화　　　　　　　　② 상속

③ 다양성　　　　　　　　④ 캡슐화

⑤ 지역화

46 다음 설명은 무엇인가?

> • 객체를 생성하기 위한 기본 틀이다.
> • 객체의 자료구조와 동작행위를 기술하기 위한 틀이다.

① 상속　　　　　　　　　② 다형성

③ 객체　　　　　　　　　④ 클래스

⑤ 연산자 오버로딩

47 연산자의 우선순위가 높은 것부터 바르게 나열된 것은?

① 산술 연산자 – 관계 연산자 – 논리 연산자

② 논리 연산자 – 산술 연산자 – 관계 연산자

③ 관계 연산자 – 산술 연산자 – 논리 연산자

④ 논리 연산자 – 관계 연산자 – 산술 연산자

⑤ 산술 연산자 – 논리 연산자 – 관계 연산자

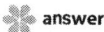 answer

45 추상화는 캡슐화와 비슷한 개념이지만 불필요한 부분을 제거하는 것은 추상화의 역할이다.

46 객체 집합인 클래스에 대한 설명이다.

47 둘 이상의 유형에 속하는 연산자를 가진 식에서는 산술 연산자, 관계 연산자, 논리 연산자 순으로 계산한다.

답 — 45.① 46.④ 47.①

48 매개변수 전달방식에 대한 설명 중 옳지 않은 것은?

① 이름 호출은 형식매개변수에 실매개변수의 값을 계산하여 복사해 주는 방식이다.

② 값 호출의 형식매개변수는 추가적인 기억장소가 요구된다.

③ 참조 호출은 부작용을 초래하여 프로그램의 신뢰성을 떨어뜨리는 요인이 되기도 한다.

④ 이름 호출은 ALGOL 언어에서 사용된다.

⑤ 이름 호출은 형식매개변수가 사용될 때마다 이에 대응된 실매개변수를 매번 계산해서 사용한다.

49 다음 중 구조적 프로그램에 대한 설명으로 옳지 않은 것은?

① N-S 차트를 이용하여 작성하는 것이 좋다.

② GOTO문은 블록에 되도록 사용하지 않는다.

③ GOTO문의 결함을 극복하고자 시작하였다.

④ 독립적인 구조이다.

⑤ 제어구조는 순차적 구조만을 사용한다.

50 블록 내에 선언된 변수를 무엇이라고 하는가?

① 지역변수   ② 전역변수

③ 실행변수   ④ 포인터변수

✽ answer

48 ① 복사방식은 값 호출 방식이다.

49 ⑤ 단일 입출구의 개념인 구조적 프로그램이 순차구조를 의미하는 것은 아니다.

50 블록 내에서 사용되는 블록이라는 지역적인 특성을 가지는 변수는 지역변수이다. 반대로 블록 밖에서도 사용되는 변수를 전역변수라고 한다.

답— 48.① 49.⑤ 50.①

51 If문이랑 같은 기능의 명령문은?

① While문   ② For문
③ Case문   ④ Do문

52 다음 중 값을 일시적으로 저장하는 곳은?

① 데이터   ② 상수
③ 변수   ④ 주소
⑤ 포인터

53 서로 간에 호출을 반복하면서 수행되는 여러 개의 프로그램들을 가리키는 말로, 자신이 가장 최근에 수행하고 있었던 곳에서부터 다시 수행을 계속하는 것은?

① 스택   ② 부 프로그램
③ 단순 부 프로그램   ④ 참조호출
⑤ 코루틴

54 객체지향 개념에 속하지 않는 것은?

① 캡슐화   ② 객체
③ 상속   ④ 구조화
⑤ 클래스

 answer

51 If문과 Case문은 제어문에 속한다.

52 값을 저장하는 장소를 변수라고 한다. 포인터는 값이 저장된 위치를 가르킨다.

53 호출과 반복을 계속하는 것은 되부름 프로그램과 코루틴이 있는데, 되부름은 자신을 호출하는 것이다

54 객체지향 개념은 객체, 클래스, 상속, 캡슐화, 다형성, 추상화 능의 특징을 가지고 있다.

답— 51.③ 52.③ 53.⑤ 54.④

55 다음 중 Switch문에 대한 설명으로 옳은 것은?

① 반복적인 실행에 좋다.

② 여러 개 중 하나를 선택해서 실행하는 데 좋다.

③ Break문이 없어도 해당 블록을 빠져 나온다.

④ 조건식이 음수이면 실행되지 않는다.

⑤ 실행한 후 조건문을 판단한다.

56 다음 중 GOTO문의 장점으로 옳지 않은 것은?

① 작은 프로그램에서 간단하고 쉽게 사용할 수 있다.

② 효율적인 수행을 할 수 있다.

③ 모든 제어구조를 표현할 수 있다.

④ 계급적인 구조를 갖게되어 디버깅이 용이하다.

57 객체지향 언어에 대해 옳지 않은 것은?

① 객체에 어떤 행위를 하도록 지시하는 명령을 메시지라고 한다.

② 정보은닉 개념을 도입하여 프로그램을 읽기 쉽고, 유지보수가 쉽다.

③ 하나의 이름으로 지정된 함수는 하나의 동작만 지정한다.

④ 유사한 개체들을 묶어 클래스를 정의하는 데 캡슐화가 사용된다.

⑤ 메시지를 받아 실행해야 할 구체적인 연산을 메소드라고 한다.

 answer

55 Switch문은 n개의 Case 중 하나를 선택하여 실행하는 데 유용한 문장이다.

56 ④ GOTO문은 문장이해를 어렵게 하여 디버깅과 유지보수를 어렵게 한다.

57 ③ 객체지향 언어에는 함수가 상속, 오버로딩을 통해 여러가지 동작으로 작용이 가능하다.

답— 55.② 56.④ 57.③

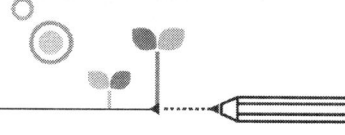

58 다음 중 기본 데이터 형에 속하지 않는 것은?

① 실수형   ② 정수형

③ 논리형   ④ 레코드형

⑤ 문자형

59 매개변수의 전달기법에 속하지 않는 것은?

① 이름에 의한 전달방법   ② 값−결과에 의한 전달방법

③ 함수에 의한 전달방법   ④ 값에 의한 전달방법

⑤ 참조에 의한 전달방법

60 다음 중 선언문의 역할로 옳지 않은 것은?

① 정적 형 검사가 가능

② 효율적인 주기억장치 관리

③ 효율적인 주기억장치 접근

④ 변수의 적응성 향상

⑤ 프로그램에 사용되는 데이터의 정보를 번역기에 제공

 **answer**

58 배열, 레코드는 구조형 데이터이다.

59 ③ 매개변수 전달방법 중 함수에 의한 방법은 없다.

60 선언문을 통한 변수 선언은 프로그래머가 변수를 사용하는 데 편의를 돕는다.

답— 58.④ 59.③ 60.①

61 객체지향 언어에서 동일한 메시지가 전달되어도 클래스마다 자신에게 맞는 다른 메시지가 실행되는 것은?

① 추상화   ② 상속

③ 캡슐화   ④ 다형성

⑤ 객체

62 SWAP 코딩으로 옳은 것은?

① a = temp ; a = b ; b = temp ;   ② temp = b ; a = b ; b = temp ;

③ temp = a ; a = b ; b = temp ;   ④ a = b ; a = temp ; a = temp ;

63 다음은 프로그램의 For문 실행결과로 옳은 것은?

```
int i, h = 0 ;
for(i = 0 ; i <= 10 ; i ++)
    h += i ;
```

① i = 10, h = 55   ② i = 10, h = 45

③ i = 11, h = 55   ④ i = 11, h = 45

⑤ i = 11, h = 66

✳ answer

61 같은 메시지라도 클래스의 형과 인수의 수에 의해 다르게 실행 가능한 것은 다형성이다.

62 SWAP은 서로의 내용을 바꾸는 것으로, 임시 저장소에 a값을 저장하고 a에는 b값을 새로 저장한다. 그리고 임시 저장소의 a값을 b에 집어 넣는다.

63 0에서 10까지의 합을 구하는 프로그램으로 i++는 증감 연산자이다.
i는 마지막에 i+1이 되어서 11이다.

답— 61.④ 62.③ 63.③

64 실행문에 해당하지 않는 것은?

① 입력문　　　　　　　　　　　　　② 선언문

③ 출력문　　　　　　　　　　　　　④ 연산문

65 초기값이 A = 10, B = 20일 때 C, D의 값으로 옳은 것은?

$$C = A++\,; \quad D = --B\,;$$

① 10, 20　　　　　　　　　　　　　② 10, 19

③ 11, 20　　　　　　　　　　　　　④ 11, 19

66 다음 프로그램의 출력값은?

```
a = 5
b = 7
   IF a < b THEN
      a = b
      b = a
   END IF
   PRINT "a =" ; a, "b =" ; b
```

① a = 7, b = 5　　　　　　　　　　② a = 5, b = 7

③ a = 7, b = 7　　　　　　　　　　④ a = 5, b = 5

67 다음 중 동형의 자료집합은?

① 배열   ② 포인터

③ 트리   ④ 리스트

⑤ 데크

68 그림과 같은 순서도에 대한 설명으로 옳은 것은?

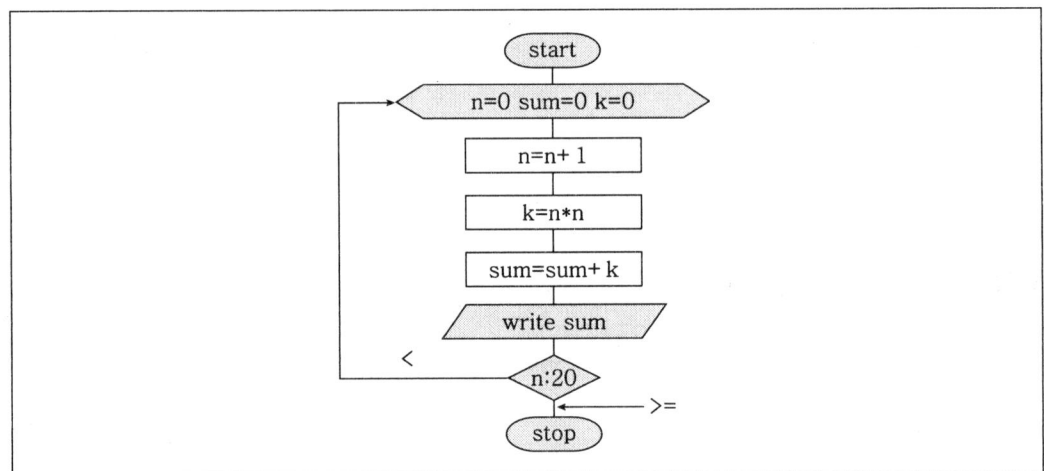

① $1^2 + 2^2 + 3^2 + \cdots + 20^2 = sum$을 구하면서 중간 결과를 출력하는 순서도

② $1^2 + 2^2 + 3^2 + \cdots + 20^2 = sum$을 구하여 마지막 결과만 인쇄하는 순서도

③ $1 + 2 + 3 + \cdots + 20 = sum$을 구하여 인쇄하는 순서도

④ $1 + 2 + 3 + \cdots + 20 = sum$을 구하면서 중간 결과를 출력하는 순서도

 answer

67 배열은 동일한 형의 자료를 모아 사용자가 다루기 쉬운 형으로 취급하는 것이다.

68 값이 구해질 때마다 결과를 중간에 출력하는 것으로 크기를 1씩 증가하여 20까지 제곱하여($k = n * n$)더하는 프로그램이다.

답 — 67.① 68.①

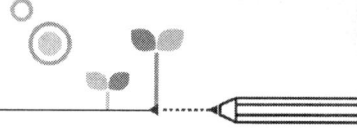

69 객체지향 언어(object–oriented language)의 특성이 아닌 것은?

① 객체는 기억장소와 이 기억장소의 값을 변경할 수 있는 연산의 집합이다.

② 많은 객체지향 언어에서 객체는 클래스로 그룹화된다.

③ 클래스는 C 언어나 Pascal에서 구조 자료형이 선언되는 방법으로 선언된다.

④ 객체는 특정 예를 생성하는데, 이를 클래스의 오브젝트라고 한다.

70 다음 중 객체지향 언어가 아닌 것은?

① C

② C++

③ Java

④ JavaScript

71 매개변수 전달기법이 아닌 것은?

① call by value

② call by return

③ call by name

④ call by address

72 사용할 때마다 값을 구해야 하는 매개변수 전달방법은?

① call by result

② call by name

③ call by reference

④ call by value

🌸 **answer**

69 ④ 객체가 생성하는 예는 인스턴스라고 한다.

70 C는 순차적 프로그래밍 언어로 C의 절차적인 문제를 해결하기 위해 C++이 등장하였다.

71 매개변수 전달기법에는 참조, 값, 이름에 의한 호출이 있다. call by address는 참조에 의한 호출에 해당하며 실매개변수 주소를 대응하는 형식매개변수에 보내는 방법이다.

72 이름에 의한 호출은 형식매개변수의 이름이 사용될 때마다 그에 대응되는 실매개변수를 매번 계산한다.

정답 — 69.④ 70.① 71.② 72.②

73 상속에 대한 설명으로 옳지 않은 것은?

① 상위개념보다 하위개념이 더 자세히 기술된다.

② 'is a' 관계가 성립된다.

③ 하위클래스는 상위클래스의 함수를 이용할 수 있다.

④ 재사용을 위해 계층화를 하는 것이다.

74 다음 C 프로그램의 주소 전달방식은?

```
int swap(int x, int y);

main(){
        ........
        int x, y;
        .........
        swap(x, y);
        ........
}

int swap(int x, int y){
        ..............
}
```

① call by value   ② call by reference

③ call by name   ④ call by result

answer

73 ② 상속은 'has a' 관계를 지닌 일종의 계층화로 상위개념보다 하위개념이 더 구체적으로 기술된다.

74 서로의 값을 교환하는 SWAP 프로그램으로 서로의 값을 넘겨 받는 방식을 취하고 있다.
　　 값만 넘겼으므로 Call by Value 이다.

답 73.② 74.①

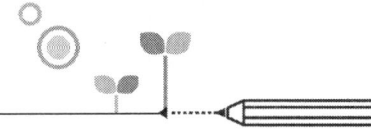

75 형 선언(type declaration)을 하는 경우의 특징으로 옳지 않은 것은?

① 자료의 크기, 생성시기, 소멸시기 등의 정보를 알 수 있어 기억장소의 관리가 효율적이다.

② 보다 효율적인 자료구조를 표현할 수 있다.

③ 연산 중에 포함된 operand로 사용된 자료들 간의 형을 검사할 수 있다.

④ 블록의 시작이나 끝을 큐를 이용하여 알 수 있다.

76 미리 작성된 프로그램을 짜 맞추며 프로그램을 작성하는 방법은?

① 비주얼 프로그래밍　　　　　② 객체지향 프로그래밍

③ 구조적 프로그래밍　　　　　④ 컴포넌트 기반 프로그래밍

77 강형(strong type languge) 언어에 해당하는 언어는?

① C　　　　　　　　　　　② C++

③ Cobol　　　　　　　　　④ Java

78 범용 언어에 있어서 FOR 문장이 반드시 갖추어야 하는 부분이 아닌 것은?

① 제어변수의 초기화　　　　　② 제어변수의 조건 체크

③ 제어변수의 증감 지정　　　　④ 제어변수의 재초기화

 **answer**

75 ④ 블록구조에서는 큐가 아닌 스택을 이용하여 블록의 시작과 끝을 알 수 있다.

76 컴포넌트 기반 프로그래밍은 미리 만들어진 컴포넌트를 조립하듯이 프로그램을 작성하는 방법이다.

77 강형 언어 … 정적형 검사를 하는 언어로, 컴파일 언어에 해당한다. Fortran, Cobol, PL/1, Pascal 등이 있다.

78 for 문장은 'for(초기화; 조건체크; 증감)'의 형식으로 이루어진다. 재초기화를 하면, 반복문의 의미를 상실한다.

답— 75.④　76.④　77.③　78.④

79 다음 DO문에서 K의 값은 최대 얼마인가?

```
I = 0
DO 10 K = 3, 101, 3
10 I = I + K
```

① 99   ② 100

③ 101   ④ 102

80 구조적 프로그램이 갖추어야 할 조건이 아닌 것은?

① 순서   ② 반복

③ 종료   ④ 선택

81 다음은 객체지향 언어의 특징 중 무엇에 대한 설명인가?

슈퍼 클래스로부터 상속받은 메소드를 서브 클래스에서 재정의할 경우 같은 메시지 이름에 대하여 각 서브 클래스에 맞는 다른 메소드가 실행될 수 있다.

① abstraction   ② 정보 은폐

③ inheritance   ④ polymorphism

✳ answer

79 K는 3, 6, 9, 12, …99까지 수행하고 102가 되면 수행하지 않는다.

80 구조적 프로그램은 3가지 논리구조(순서, 선택, 반복)로 작성한다.

81 객체지향 개념에서의 다형성(polymorphism)이란 '여러가지 형태를 가질 수 있는 능력'을 의미한다. 상속과 깊은 관련이 있으며, 메시지를 받으면 이름이 같은 다양한 오퍼레이션들을 알맞게 호출하여 사용할 수 있는 개념이다.

답─ 79.④   80.③   81.④

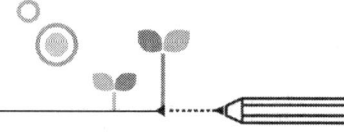

82 객체지향적 기법이 등장하게 된 배경이 아닌 것은?

① 객체를 중심으로 설계하여 다른 시스템의 개발시 부품처럼 조립할 수 있도록 제공하였다.

② 데이터베이스를 설계하기 위한 방법으로 1990년도에 처음 등장하였다.

③ 소프트웨어 개발 물량의 적체현상을 벗어나기 위한 방법으로 등장하였다.

④ 구조적 방식에서 기능 위주의 처리에 따른 문제점 해결의 대응책으로 등장하였다.

83 다음은 무엇에 대한 설명인가?

> (   )을 이용하면 하위 클래스는 상위 클래스의 메소드 및 모든 속성을 자신의 클래스 내에 다시 정의하지 않고서도 자신의 속성을 가질 수 있다.

① encapsulation   ② polymorphism

③ inheritance   ④ abstraction

84 객체지향 언어(OOP)에서의 추상 자료형에 대한 구조를 무엇이라 하는가?

① 클래스   ② 메소드

③ 인스턴스   ④ 속성

---

 answer

82 객체지향은 S/W 위기를 극복하기 위한 방법으로 개발되었다. 객체지향 기술은 시뮬레이션, 프로그래밍 언어, 인공지능, 데이터베이스 등 각 분야에서 연구되어 왔다.

83 상속은 상위 클래스를 재사용하기 위해 계층화를 시도하는 것으로, 상위 클래스의 속성과 연산을 그대로 물려 받게 된다.

84 클래스는 객체지향 언어에서 하나 이상의 유사한 객체를 묶는 자료구조의 형태이다.

답 82.② 83.③ 84.①

85 다음 중 객체의 상태를 나타내는 데이터 변수와 객체의 행동양식을 나타내는 프로시저를 동시에 갖는 하나의 단위는?

① 인스턴스　　　　　　　　　② 클래스
③ 객체　　　　　　　　　　　④ 상속성

86 다음 중 인간이 복잡한 문제를 다루는 데 가장 기본이 되는 방법으로, 불필요한 부분을 생략하고 객체의 속성 중 가장 중요한 것만 계략화한 것은?

① 클래스　　　　　　　　　　② 상속성
③ 추상화　　　　　　　　　　④ 정보은폐

87 다음 중 객체지향 시스템에서 객체가 시스템을 구성하는 기본 단위로 동일한 특성을 갖는 객체를 표현하는 것은?

① 메시지　　　　　　　　　　② 클래스
③ 인스턴스　　　　　　　　　④ 속성

88 다음 중 한 클래스 내에 속하는 객체들이 가지고 있는 데이터들의 값(value)들을 단위별로 정의하는 것으로 성질, 분류, 식별, 수량 또는 상태 등을 표현한 것은?

① 객체　　　　　　　　　　　② 클래스
③ 속성　　　　　　　　　　　④ 메시지

 answer

85 object(객체)는 data와 함수(method, 동작)를 함께 가지고 있다.

86 추상화는 불필요한 부분은 생략하고 속성 중 객체의 필수적인 속성에 중점을 두고 표현하는 것으로 복잡성을 감소시킨다.

87 class는 동일한 특성을 갖는 객체들의 집합이다.

88 속성은 객체가 가지는 데이터의 값을 성질, 분류, 식별, 수량, 상태 등으로 표현한다.

정답 — 85.③　86.③　87.②　88.③

89 다음 중 객체의 외부적인 활동을 연산이라는 전제하에서 구현한 것은?

① 추상화   ② 속성

③ 메소드   ④ 캡슐화

90 다음 중 데이터와 이 데이터를 조작하는 연산들이 하나의 모듈 내에서 결합되도록 하는 것은?

① 추상화   ② 속성

③ 클래스   ④ 캡슐화

91 다음 중 모듈이 갖는 기능들을 명세한 인터페이스를 통해서만 접근되고, 그 기능을 구현하는 방법은 다른 모듈로부터 은닉되도록 한 것은?

① 정보은닉   ② 추상화

③ 캡슐화   ④ 메소드

92 다음 중 외부에서 하나의 객체에 전달되는 행위의 요구를 의미하며, 이를 받는 객체는 대응하는 메소드를 수행하여 계산된 결과를 되돌려 주는 것은?

① 인스턴스   ② 메소드

③ 상속성   ④ 메시지

✳ **answer**

89 연산은 객체의 외부적인 활동을 말한다. 메소드는 연산을 구현한 것으로 객체의 지역값에 접근하고 변경할 수 있는 함수의 집합이다.

90 캡슐화…추상화의 개념전환으로 재사용 개념을 실현한다. 또한 데이터와 연산을 하나의 단위 그룹으로 묶는 것으로 정보은폐를 한다.

91 정보은닉(information hiding)은 접근제한 기능이다. 객체 또는 모듈 내부의 자료를 외부에서 접근할 수 없게 하는 것이다.

92 일반적인 CALL(호출)을 객체지향 언어에서는 메시지로 구현한다.

답— 89.③ 90.④ 91.① 92.④

93 class에서 만들어진 것을 무엇이라 하는가?

① object
② function
③ instance
④ method

94 다음 중 객체의 특징으로 옳지 않은 것은?

① 상태를 가지고 있다.
② 식별성에 대한 특징이 나타난다.
③ 식별성이 없다.
④ 일정한 기억장소를 가지고 있다.

95 다음 중 선언문으로 선언되는 것이 아닌 것은?

① 자료의 크기
② 자료의 형
③ 자료의 생성시기 및 소멸시기
④ 자료의 참조

96 스택(Stack)을 이용하여 쉽게 연산할 수 있는 수식의 형태는?

① prefix
② polish
③ postfix
④ infix

answer

93 class에 의해 선언된 구체적인 instance(실체)라 한다.

94 객체는 필요한 자료구조와 이에 수행되는 함수들을 가진 모듈이다. 각 객체가 자료구조를 갖는다는 것은 어떤 상태를 가진다는 의미이다.

95 ④ 참조(reference)는 선언문으로 인해 발생하는 것이 아니라, 프로그램의 실행 도중에 나타난다.
　※ 선언문 … 프로그램이 시행될 동안 사용될 자료들의 특성들을 그 언어의 번역기에 알려주기 위하여 만들어진 비실행문이다.

96 스택은 피연산자 다음에 연산자를 적는 후위법(postfix)을 주로 쓴다.

답─ 93.③　94.③　95.④　96.③

97 후위식(postfix expresion) "336 + *"의 계산결과는?

① 27

② 35

③ 36

④ 48

98 (A*(B+C))/D를 polish prefix notation으로 바꾼 것으로 옳은 것은?

① /*A+BCD

② +*BCA/D

③ ABCD*+/

④ */+ABCD

99 다음 중 블록 내에서 선언된 변수를 무엇이라 하는가?

① 전역변수

② 비지역변수

③ 지역변수

④ 자동변수

100 서브루틴 부 프로그램과 함수 부 프로그램의 공통점으로 옳은 것은?

① 제어의 주 프로그램으로의 복귀

② 출력

③ 부작용

④ 바인딩

✳ **answer**

97 postfix는 우측에서 좌측으로 변수 두 개와 연산자를 연산한다. 3+6의 결과 9, 3*9 결과 27이다.

98 polish prefix notation은 연산자가 앞쪽에 오는 식으로 변수 앞에 연산자를 쓴다.

99 블록 내에 선언된 변수는 블록 안에서 효력을 발휘하는 지역변수이다. 전역변수는 블록과 상관 없이 프로그램 전체에 영향을 끼친다.

100 함수는 1개의 결과가 이름에 저장되는 것이고, 서브루틴은 여러 개의 결과가 각각의 인수에 기억되는 것으로 모두 주 프로그램으로 복귀한다.

🔑 97.① 98.④ 99.③ 100.①

101 되부름(recursion)을 사용할 때의 효율성으로 옳지 않은 것은?

① 프로그램 작성하기가 편리하다.

② 주어진 문제에 대해서 효율적인 알고리즘을 만들 수 있다.

③ 되부름을 사용하면 프로그램 스텝이 짧아지므로 수행시간이 줄어든다.

④ 되부름을 사용함으로써 발생되는 비용(cost)을 계산할 수 있으며, 주어진 문제에 되부름을 사용할 것인지 아닌지를 쉽게 결정할 수 있다.

102 다음 중에서 부 프로그램과 매크로의 차이점을 바르게 말한 것은?

① 매개변수의 전달   ② 서브루틴 호출

③ 제어의 분기   ④ 저급언어

103 다음은 무엇에 대한 설명인가?

> 속성들의 일부분만을 가지고 주어진 작업이나 객체들을 필요한 정도로 묘사할 수 있는 방법을 지원하는 것을 말한다.

① 효율성   ② 직교성

③ 추상화   ④ 획일성

※ **answer**

101 ③ 되부름(recursion)은 자기 자신을 호출하는 것이다. 프로그램의 길이를 줄이고 알고리즘을 효율적으로 작성할 수 있지만 수행시간이 줄어들거나 프로그램의 스텝이 짧아지지는 않는다.

102 매크로는 실행시 제어권이 이동하는 것이 아니라 수행 전 소스코드가 확장된다.

103 필수적인 속성만을 가지고 주어진 것을 묘사하게 되므로 나머지 속성들은 추상화되거나 숨겨지거나 삭제되는 특성을 추상화라고 한다.

답— 101.③ 102.③ 103.③

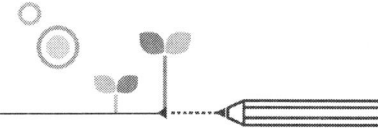

104 프로그램에서의 생명시간(life time)이 프로그램 실행시간 전체인 경우는?

① non-local 변수
② local 변수
③ global 변수
④ heap 변수

105 ALGOL 68에서처럼 모든 자료의 형 검사가 번역시간에 이루어지는 언어는?

① strongly typed 언어
② dynamic typed 언어
③ implicit typed 언어
④ explicit typed 언어

106 다음 ALGOL 언어에서 선언된 배열 A의 개수는?

integer array A$[-5{:}25, 3{:}N+2]$

① $30*N$
② $31*N$
③ $30*(N-1)$
④ $31*(N-1)$

answer

104 전역(global)변수는 프로그램 전체 실행에 영향을 준다. 반면 지역(local)변수는 블록 안에 있는 변수로 블록이 실행되는 경우 라이프 타임이 유지된다.

105 번역시간에 type checking이 이루어지는 언어를 강형 또는 깊은 바인딩 언어라고 한다.

106 행은 -5부터 25까지이므로 31개, 열은 3부터 N+2까지이므로 N개이다. 배열의 개수는 $31*N$개가 된다.

답— 104.③ 105.① 106.②

107 다음 ALGOL 프로그램에서 n=11일 때 수행결과로 인쇄되는 y의 값은?

```
integer n, y
integer procedure calc(n) :
value n: integer n:
 if n = 0 then calc : = 1
else calc : = calc(n/2) * n;
end;
 read(n);
y : = calc(n)
print(y);
```

① 0   ② 105

③ 110   ④ 480

⑤ 960

108 다음 중 ALGOL 언어에서 실매개변수를 부 프로그램으로 전달하는 방법으로 옳지 않은 것은?

① call by value는 사용할 수 있으나 call by reference는 사용할 수 없다.

② call by name 방법을 프로그래머가 선택하여 사용할 수 있다.

③ call by reference 방법을 프로그래머가 선택하여 사용할 수 있다.

④ call by value 방법을 프로그래머가 선택하여 사용할 수 있다.

✳ answer

107 calc() 함수가 연속적으로 호출된다. n = 11이므로 calc : = calc(n/2) * n;식에 의해 calc는 calc(5) * 11이 되며, calc(5) = calc(2) * 5, calc(2) = calc(1) * 2, calc(1) = calc(0) * 1이 되며, 마지막으로 calc(0)은 1이 되어, 값을 대입하면 최종적으로 calc는 1 * 2 * 5 * 11=110이 된다.

108 알고리즘 언어인 ALGOL의 매개변수 전달방법은 call by value와 call by name이다. call by reference는 사용하지 않는다.

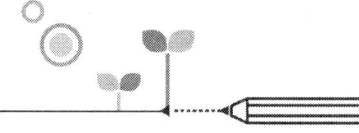

109 다음 중 ALGOL 프로그램은 어느 기호로부터 시작되는가?

① START   ② [

③ 시작 기호는 없다.   ④ BEGIN

110 정적 스코핑 규칙이 적용되지 않는 것은?

① Cobol   ② Fortran

③ Java   ④ C

⑤ Pascal

111 "수식에서의 평가는 값으로 평가되어야 하며, 어떤 환경으로부터 영향을 받아서는 안 된다." 라는 것은 무엇을 나타내는가?

① 객체 투명성   ② 참조 투명성

③ 값 투명성   ④ 결합법칙

112 블록 프로그램을 이용하여 얻을 수 있는 장점이 아닌 것은?

① 프로그램을 잘 정돈된 작은 프로그램으로 나눌 수 있기에 프로그램 작성을 단순화시킬 수 있다.

② 블록 안의 변수는 항상 기억장소를 할당받으므로, 기억장소 효율이 좋다.

③ 오류가 블록 단위로 축소되므로 교정이 쉽다.

④ 첨가, 수정, 삭제 등을 블록 단위로 할 수 있으므로 프로그램 개발이 쉬워진다.

✱ **answer**

109 ALGOL 프로그램은 블록구조를 가지고 있는 프로그램으로 BEGIN으로 시작하여 END로 끝난다.

110 인터프리터 언어는 동적 스코핑 규칙을 따르고, 컴파일 언어는 정적 스코핑 규칙을 따른다. 정적 스코핑 규칙은 대부분 명령형 언어에 해당한다.

111 설문은 참조 투명성에 대한 설명으로, 참조 투명성이 있기 때문에 프로그램의 해독, 수정, 검증이 용이하며, 프로그램이 생산성을 높일 수 있다. 함수형 프로그래밍에서 적용된다.

112 ② 블록화 된 프로그램은 블록이 수행될 때만 기억장소를 할당받고 해제한다.

🅐 109.④   110.③   111.②   112.②

113 블록구조 프로그램에 해롭지 않다고 볼 수 있는 것은?

① side effect   ② GOTO 구문

③ 열거(enumeration)   ④ aliasing

114 다음 중 scope rule의 장점으로 옳은 것은?

① 블록구조 실행   ② 입출력의 용이성

③ 효율적인 컴파일링   ④ 실행시간의 단축

115 다음 중 연산이 애매모호(ambigious)한 이유가 아닌 것은?

① 명시적 오퍼랜드와 결과 발생   ② 묵시적 오퍼랜드 존재

③ 묵시적 결과 발생   ④ 특정한 입력들에 대한 연산의 불확정

116 scope rule에 대한 설명 중 옳지 않은 것은?

① 명칭은 선언된 블록 내부에서만 참조할 수 있다.

② 동일명칭은 다른 블록에서 다시 선언될 수 없다.

③ 블록은 블록 내에 다른 블록을 포함할 수 있다.

④ 한 블록에서 동일명칭(identifier)은 한 번만 선언된다.

✽ answer

113 aliasing(이명)은 이름은 다르나 같은 장소를 사용하는 것으로 부작용을 발생시키기도 한다. GOTO문은 절차적 프로그램에서 오류를 유발하는 주 원인으로 사용하지 않는 것을 권한다.

114 scope rule(범위규칙)은 지역변수, 전역변수 등으로 구분하는 방법으로 블록구조의 실행을 돕는다. 블록구조가 아닌 언어에서는 범위규칙이 없다.

115 ① 명시적인 선언은 묵시적으로 일어나는 일들을 해결하기 위해 표현하는 방법으로 오류를 미연에 방지하고 애매성을 줄인다.

116 ② 동일한 이름은 같은 블록에서는 사용할 수 없지만, 다른 블록에서는 사용이 가능하다.

답— 113.③   114.①   115.①   116.②

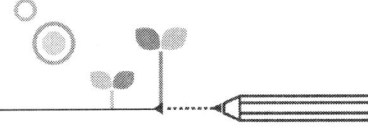

117 둘 이상의 연산자가 포함된 식의 순서에 영향을 줄 수 있는 요소로 옳지 않은 것은?

① 연산자 우선순위　　　　　　　　② 괄호

③ 연산자 결합성　　　　　　　　　④ 타입 호환성

118 프로그램 수행시 발생할 수 있는 예외 중 나머지 3개와 성질이 다른 것은?

① Null 포인터 접근　　　　　　　② 자료형 변화오류

③ 배열첨자 범위를 넘어선 자료접근　④ 파일 끝을 넘어선 자료접근

119 코루틴(coroutine)에 관한 설명으로 옳지 않은 것은?

① 서로 간에 호출과 복귀를 반복하면서 수행되는 복수 개의 프로그램들을 말한다.

② 제어를 반환한 코루틴은 일시 정지된다.

③ 호출될 때마다 호출된 코루틴은 코드를 처음부터 다시 실행한다.

④ 코루틴이 다른 코루틴을 호출하는 것을 리줌(resume)이라 한다.

120 통계학적으로 평균, 표준편차 등을 구하는 프로그램을 모아 하나의 단위 프로그램으로 만들 수 있는 추상화(abstracion)는?

① data abstracion　　　　　　② unit abstraction

③ structured abstraction　　　④ basic abstraction

✳ **answer**

117 연산의 순서에 영향을 미치는 요소 … 괄호와 연산자끼리의 우선순위, 좌·우 결합성이 영향을 준다.

118 overflow, underflow, range error, EOF 등의 예외조건은 프로시저와 관련된 예외이다. 형변환과 관련된 오류는 프로시저로 인한 오류에 해당하지 않는다.

119 ③ 코루틴은 실행 도중에 제어를 다른 코루틴에게 넘겨주고 일정한 시간이 지나면 제어를 되돌려 받는 것으로 다시 제어를 넘겨받을 때는 전에 제어를 넘겨준 부분부터 다시 수행해 나간다.

120 단위 추상화(unit abstraction) … 프로시저의 집합을 추상화한다. 자료관리 프로그램에서 평균, 표준편차 등 통계 작업 프로그램들을 모아서 하나의 단위로 프로그램화한다.

🔁— 117.④　118.②　119.③　120.②

121 다음 그림과 같이 코루틴이 작성되었을 경우 프로그램 A와 B의 실행순서를 바르게 나열한 것은?

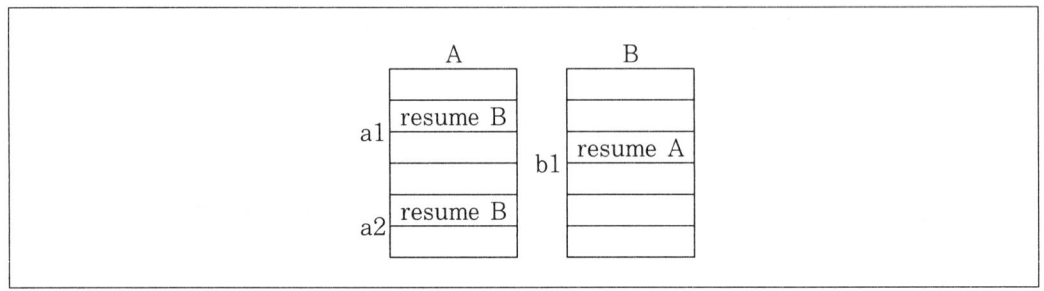

　⊙ 프로그램 A의 처음을 실행한다.
　⊙ a1 위치를 실행한다.
　⊙ 프로그램 B의 처음을 실행한다.
　⊙ 프로그램 A의 처음 위치에 반환주소(goto a1)를 저장한다.
　⊙ 프로그램 B의 처음 위치에 반환주소(goto b1)를 저장한다.
　⊙ 프로그램 b1 위치를 실행한다.
　⊙ 프로그램 A의 처음 위치에 반환주소(goto a2)를 저장한다.

① ㉠→㉡→㉢→㉣→㉤→㉥→㉦　　② ㉠→㉣→㉢→㉤→㉡→㉦→㉥
③ ㉠→㉢→㉣→㉤→㉡→㉦→㉥　　④ ㉠→㉢→㉤→㉦→㉡→㉣→㉥

122 다음 서브루틴에 대한 코루틴의 설명으로 옳지 않은 것은?

① 코루틴에서는 제어를 위한 기억장소의 관리는 스택을 이용해서 한다.
② 반환을 설명해 주는 문장이 없다.
③ 동시에 실행되는 코루틴들은 주종관계가 아닌 대칭관계이다.
④ 제어를 위한 기억장소는 코루틴이 다시 제어를 받을 때 시작해야 할 위치를 나타낸다.

※ answer

121 코루틴 실행순서
　㉠ 프로그램 A는 실행되다가 B를 호출하는 곳을 만나면 복귀주소 a1을 저장하고 B를 실행한다.
　㉡ B를 처음부터 실행하고 중간에 다시 resume A를 만나게 되면 돌아올 주소 b1을 저장하고 a1으로 돌아간다.
　㉢ 다시 A를 실행하면 또 다시 resume B를 만난다.
　㉣ 복귀주소 a2를 저장하고 B의 돌아갈 곳 b1으로 가서 프로그램을 실행한다.

122 ① 코루틴은 기억장소가 한 개 필요하며, 꼭 스택을 이용할 필요는 없다.

답— 121.② 122.①

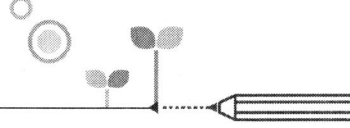

123 다음 자료 종류 중 BUILT-IN DATA에 관한 설명으로 옳지 않은 것은?

① 정수형, 실수형 등의 자료로 H/W적으로 고정된 크기를 갖는다.
② 정확도(precision)를 사용자가 선택할 수 있다.
③ 논리적인 구조를 표현하는 자료로 배열 등을 의미한다.
④ 내부의 표현이 드러나지 않으며 변수 사용상의 착오를 번역시간에 검사할 수 있다.

124 동적 기억장소 할당방법에 관한 설명으로 옳지 않은 것은?

① 되부름을 가능하게 하며 효율적인 기억장소를 관리한다.
② 변수들의 영역을 제한하고 프로그램을 적당한 단위 프로그램들로 나누어 작성할 수 있게 해준다.
③ 컴파일 중에 기억장소를 할당받는 것이 아니고 시행 중에 할당받는다.
④ 변수의 생명시간(life time)이 프로그램의 수행시간과 같다.

125 매크로의 사용목적으로 옳지 않은 것은?

① 프로그램의 가독성을 높인다.
② 실행시간을 줄인다.
③ 반복되는 routine을 parameter만 변경시켜 간단히 대치한다.
④ 프로그램을 조금 복잡하게 하나 처리속도는 빠르다.

 answer

123 ③ 배열은 논리적 구조가 아닌 성격이 같은 여러 자료의 집합을 표현한 자료형이다.

124 ④ 변수의 생명시간이 프로그램 수행시간과 같은 것은 정적 기억장소이다. 생명시간은 변수가 처음 사용되었을 때 부터 마지막으로 사용된 때까지인데 동적 기억장소 할당은 효율성을 높이기 위해 실행시간에 장소가 할당된다.

125 ④ 매크로는 일련의 명령어를 반복하여 자주 사용할 때, 개개의 명령어를 일일이 사용하지 않아도 되게 하나의 키 입력으로 원하는 명령군을 수행할 수 있도록 하게 한 프로그램 기능이다. macro를 사용하면 프로그램 작성 이 간결해 진다.

답— 123.③ 124.④ 125.④

126 매크로와 서브루틴의 차이점으로 옳은 것은?

① 매크로는 서브루틴과는 달리 복귀번지(return address)를 기억시켜야 한다.

② 매크로는 그 명령에 해당되는 부분에 매크로 몸체(macro body)가 삽입되나 서브루틴은 그렇지 않다.

③ 서브루틴은 분기 명령을 사용할 수 있으나 매크로는 불가능하다.

④ 서브루틴은 매크로와 달리 인수(argument)를 사용한다.

127 다음 파생 클래스(derived class)에 대한 설명으로 옳은 것은?

① 상속기법을 이용하여 만들어진 클래스를 말한다.

② 내용을 수정하거나 덧붙여서 새로운 클래스를 만드는 것이다.

③ 파생 클래스는 베이스 클래스의 공통부분에 접근할 수 없다.

④ 새로운 클래스를 파생시킨 원래의 클래스를 말한다.

128 다음 설명 중 옳지 않은 것은?

① 컴퓨터가 사용하는 기본자료의 종류는 프로그램 언어 설계시 고려해야 할 사항 중 하나이다.

② 컴퓨터가 제공하는 기억장소의 종류는 프로그램 언어 설계시 고려해야 할 사항 중 하나이다.

③ 컴퓨터가 제공하는 자료제어 방식의 종류는 프로그램 언어 설계시 고려해야 할 사항 중 하나이다.

④ 컴퓨터가 제공하는 기본연산의 종류는 프로그램 언어 설계시 고려해야 할 사항 중 하나이다.

❋ answer

126 매크로는 source 내에 매크로가 확장되지만 서브루틴은 수행시 제어가 이동된다. 겉보기에는 비슷하지만 서브루틴은 실제로 그 루틴으로 제어가 이동한다는 점이 다르다.

127 상속으로 만들어진 서브 클래스를 파생된 클래스라고 한다. 파생 클래스는 부모 클래스(파생시킨 클래스)에 접근할 수 있다.

128 컴퓨터 구조와 언어의 설계시 고려해야 할 사항은 기본자료, 기본연산, 순서제어, 자료제어, 기억장소관리가 있다. 기억장소의 종류는 고려하지 않고 관리방법에 중점을 둔다.

🔑— 126 ② 127.① 128.②

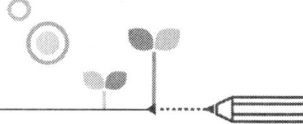

129 괄호 안에 알맞은 단어는?

> 프로그램 언어를 설계할 때에는 컴퓨터가 사용하는 (   )의 종류를 고려하여야 한다. (   )는 기본
> 연산과 관련되어 프로그램 언어가 어떤 형태의 자료구조를 제공할지를 결정하는 데 중요한 요소가 된다.

① 기본자료   ② 기본연산
③ 순서제어   ④ 기억장소관리

130 다음 중 선언된 자료를 기억장소에 저장할 때 구성 요소가 아닌 것은?

① 자료구조를 나타내는 설명자   ② 자료값을 나타내는 비트들
③ 주기억장소의 위치   ④ 자료의 사용시기

131 자료의 구성에서 연산수행을 위한 기본 자료형으로 내장된 자료형의 장점으로 옳지 않은 것은?

① 프로그래머는 내부 표현에 신경 쓸 필요가 없다.
② 변수 사용의 오류는 실행시간에 검사가 가능하다.
③ 연산자 사용의 모호성을 제거할 수 있다.
④ 좀더 효율적인 주기억장치의 관리가 가능하다.

 answer

129 언어 설계시 고려해야 할 것 중 기본자료에 대한 설명이다. 언어마다 자료형이 다르므로 그것을 고려해야 적합한
자료구조를 선택할 수 있다.

130 ④ 자료가 사용되는 시점은 실행시간이나 컴파일 타임에 결정된다.

131 ② 언어가 제공하는 자료형은 번역시간에 변수에 대한 오류 검사가 가능하다.

답— 129.① 130.④ 131.②

132 명시적(explicit) 순서제어 방법에 대한 내용으로 옳지 않은 것은?

① 해당 언어에서 각 문장이나 연산의 순서를 프로그래머가 직접 명시한다.

② GOTO문이나 반복문을 사용해서 문장의 실행 순서를 바꾼다.

③ 수식에서 괄호가 없으면 연산자 우선순위에 의해서 수식이 계산된다.

④ 수식의 괄호를 사용해서 연산의 순서를 바꾼다.

133 다음 설명 중 옳지 않은 것은?

① 문장은 나열된 순서로 실행되기 때문에 순서제어가 필요하지 않다.

② 자료의 전달을 제어하는 것은 자료제어이다.

③ 연산문의 실행순서를 제어하는 것은 순서제어이다.

④ 연산의 순서를 바꾸기 위해서는 괄호를 사용한다.

134 다음 중 성격이 다른 하나는?

① 괄호를 사용한 연산   ② 문장에서 GOTO문 사용

③ 문장에서 반복문 사용   ④ 문장 나열순으로 실행

 answer

132 ③ 연산자 우선순위, 순차적 실행은 묵시적 제어방법이다.

133 ① 문장은 순차적으로 수행되지만 프로그래머가 의도한 대로 명시적 제어를 하면 문장의 순서가 바뀐다.

134 연산자 우선순위, 순차적 실행은 묵시적 순서제어이며, 괄호, GOTO문, 반복문은 명시적 제어에 해당한다.

답— 132.③ 133.① 134.④

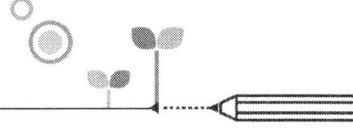

135 C++ 프로그램 언어의 다음과 같은 클래스 정의에서 생성자 함수로 적당한 것은?

```
class Object
{
    ......
};
```

① ~Object( )   ② object( )

③ Object( )   ④ ~object( )

136 다음 중 연산자 오버로딩에 대한 설명으로 옳지 않은 것은?

① C 프로그램 언어에서는 연산자 오버로딩과 관련된 개념이 없다.

② 연산자를 중복해서 정의한다.

③ 연산자 오버로딩을 지원하는 언어에서는 객체에 대한 연산자가 수행할 작업을 새롭게 정의
할 수 있다.

④ C++ 프로그램 언어는 연산자 오버로딩을 위한 수단을 제공한다.

137 다음 중 변환자(transformer)에 대한 설명으로 옳지 않은 것은?

① 생성자와 변환자의 역할은 같은 것이다.

② 어떤 객체를 대상으로 연산을 수행한 결과로 해당 객체를 생성하는 함수를 말한다.

③ C++ 언어에서는 변환자 함수의 이름을 정의하는 방법에 대한 제한이 없다.

④ 변환자는 객체를 생성한다.

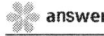
answer

135 C++ 언어는 대·소문자를 구별하므로 위의 프로그램에서 나타난 함수는 대문자를 사용한 Object()함수가 정
의 되어 있다. 이 함수를 생성자 함수로 사용할 수 있다.

136 C, C++언어는 연산자 오버로딩을 제공하는 언어이다. struct 변수같은 사용자 정의 데이터 형에 연산자를
적용할 때 오버로드 연산자를 찾고, 내장된 데이터형에 연산자를 적용할 때 내장된 연산자 코드를 사용한다.

137 ① 생성자(creator)는 지정된 형에 맞는 새로운 인스턴스를 생성하고 변환자(transformer)는 일반적으로 한 개
이상의 서로 다른 인스턴스를 이용, 지정된 형의 인스턴스를 만든다.

답— 135.③ 136.① 137.①

138 다음 중 다형성을 이용해서 같이 정의될 수 있는 함수의끼리 연결될 것은?

① int A(int b) ; float A(int b) ;

② long A(int b) ; long A(float b) ;

③ int A(int b) ; double A(long b)

④ int A(int b) ; long A(long b) ;

139 기본 자료형은 논리형, 문자형, 숫자형, 포인터 등으로 나눌 수 있다. 그 설명이 옳지 않은 것은?

① 논리형은 숫자형(numbers)과 혼합연산이 가능하다.

② 포인터는 프로그램이 실행되면서 생성하게 된 변수처리를 할 수 있다.

③ 숫자형에 대한 기계어 표현은 기계마다 다를 수 있으므로 이식에 어려움이 있다.

④ 문자형의 대표적인 것은 문자열이다.

140 기본 자료형인 숫자(numbers)형에 대한 설명으로 옳지 않은 것은?

① FORTRAN과 ALGOL 60에서 수치계산에 중점을 둔다.

② 정수(integer), 유리수, 실수(real), 정밀도 실수(double precision real), 복소수 등이 있다.

③ 기본 자료형이기 때문에 프로그램의 이식이 쉽다.

④ 정수나 실수는 기계어로 직접 표현이 가능하므로 보통 설명자(descriptor)가 필요없다.

141 다음 중 사용자 정의 자료(programmer defined data)에 대한 설명으로 옳지 않은 것은?

① 프로그램이 실행되면서 사용되는 자료구조이다.

② 프로그래머가 연산을 수행하기 위해서 정의한 자료의 형태이다.

③ 시스템이 실행하기 위해 자동적으로 정의하는 자료이다.

④ 수(interger), 배열(array), 입출력 파일(I/O file) 등이 있다.

✴ answer

138 결과의 형(type)이 같아야 한다.

139 ① 논리형은 참·거짓을 구분하는 것으로 다른 것과 혼합연산이 불가능하다.

140 ③ 기본 자료형으로 숫자형은 그 표현 방식이 기계마다 다를 수 있기 때문에 이식이 어렵다는 문제점을 가지고 있다.

141 ③ 언어에서 제공되는 자료형이 아닌 사용자가 만드는 자료형이므로 자동적으로 정의되는 것이 아니다.

답— 138.② 139.① 140.③ 141.③

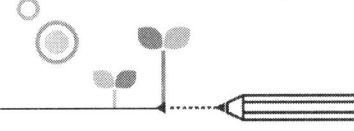

142 기본 자료형에 대한 설명 중 옳지 않은 것은?

① 정수형은 전체 비트가 정수를 나타내며 최상위 비트는 부호 비트이다.

② 실수형은 최상위 비트와 다음 비트를 소수부호, 지수부호 비트로 사용하고 지수부와 소수부를 가진다.

③ 복소수형은 실수부와 허수부를 가지는 구조로 직접 하드웨어로 표현된다.

④ 유리수형은 분모와 분자의 유효숫자의 개수에 한계를 두지 않는 자료형이 필요하다.

143 포인터형에 대한 설명으로 옳지 않은 것은?

① 포인터 변수는 객체를 참조하기 위해서 해당 객체의 주소를 값으로 갖는다.

② 포인터란 객체에 대한 참조(reference)를 말한다.

③ 객체의 생성은 컴파일 시간에 이루어지므로 실행시간의 효율을 높일 수 있다.

④ PL/1, ALGOL, PASCAL 등의 언어에서 제공된다.

144 다음 중 배열에 대한 설명으로 옳지 않은 것은?

① 배열의 크기를 나타내는 첨자는 상수를 사용해야 한다.

② 배열을 특징짓는 요소들은 배열의 이름, 차원, 원소의 형, 첨자의 형과 범위이다.

③ 주기억장소는 1차원 배열이기 때문에 차원에 관계없이 기억장소에 연속적으로 사상된다.

④ 다차원 배열을 구현하기 위해서는 설명자가 필요하다.

 answer

142 ③ 복소수는 하드웨어로 직접 표현이 불가능하다.

143 ③ 포인터의 실제 기억장소 할당은 실행시에 이루어진다. 실행시간의 효율이 아닌 효율성의 증대를 위해 사용한다.

144 ① 배열의 크기를 나타내는 첨자는 상수, 변수를 사용할 수 있다.

답 142.③ 143.③ 144.①

145 되부름(recursive)을 허용한 부 프로그램(subprogram)의 설명으로 옳지 않은 것은?

① 하드웨어의 jump보다는 소프트웨어적으로 처리해야 하므로 시간 비용이 많이 든다.

② 반환주소를 위한 주기억장소는 하나만 필요하기 때문에 반환주소 관리가 쉽다.

③ 일반적 언어에서는 반환주소 관리를 위해 스택(stack)을 사용한다.

④ 되부름을 사용하면 복잡한 알고리즘을 간단하게 구현할 수 있다.

146 부 프로그램을 사용할 때의 장점으로 옳지 않은 것은?

① 프로그래머 입장에서는 동일한 프로그램을 한 번만 작성하여 여러 번 시행이 가능하다.

② 여러 곳에서 사용되는 프로그램일 경우 기억장소의 절약을 가져올 수 있다.

③ 시스템 설계가 용이하다.

④ 부 프로그램을 사용하지 않는 경우보다 실행시간이 빠르다.

147 실매개변수의 설명이 옳지 않은 것은?

① 프로그래밍 언어에서 프로시저나 함수를 호출할 때 호출하는 쪽에서 실제로 넘겨주는 변수이다.

② 실행시에 그 값이 계산되어 프로시저의 형식매개변수(formal parameter)에 대응되어 넘겨진다.

③ 실매개변수는 수식도 가능하다.

④ 프로시저나 서브루틴을 선언할 때 거기서 정의된 매개변수이다.

✳ answer

145 되부름은 자기 자신을 다시 호출하는 것으로 단순 반복 같은 계산에 많이 이용되며, 프로그램의 효율성을 높일 수 있다. 반환주소 관리는 스택이 하는데, 여러 번 반복되는 경우 주소 관리가 용이한 편은 아니다.

146 ④ 기억장소의 절약이나 알고리즘은 단순화의 효과는 가지고 올 수 있으나 프로그램 자체의 실행에는 변함이 없기에 시간적인 효율은 없다.

147 실매개변수는 주 프로그램의 변수로 부 프로그램에서 형식매개변수 대신 사용된 원래의 식 또는 변수이다. 실행시에 그 값이 계산되어 부 프로그램의 형식매개변수에 대응되어 넘겨진다.

답─ 145.② 146.④ 147.④

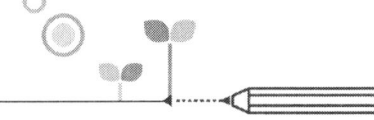

148 부 프로그램(subprogram) 혹은 서브루틴(subroutine)이라고 불리며 제어를 구조적으로 만들기 위한 보다 강력한 메커니즘은?

① 활성화(activation)
② 프로시저(procedure)
③ 객체(object)
④ 코루틴(coroutine)

149 고급언어에서는 프로그램의 모듈화를 위해서 부 프로그램을 지원하는데 부 프로그램의 설명으로 옳지 않은 것은?

① 부 프로그램은 함수와 서브루틴으로 구분된다.
② 프로그래밍에 드는 시간을 절약할 수 있다.
③ 부 프로그램은 자신이 호출될 경우에 실행이 시작되는 보조적인 루틴이다.
④ 한 프로그램 내에서 특정한 일이 여러 번 실행될 필요가 있을 때 이를 부 프로그램으로 작성하면 기억장소의 낭비는 심하지만 실행시간을 단축할 수 있다.

150 정적 기억장소 할당방법에 관한 설명으로 옳은 것은?

① 프로그램 시행동안 변수의 기억장소는 항상 확보되어 있다.
② 단순하게 쉽게 구현할 수 있지만 융통성이 적어진다.
③ 대표적인 언어에 PASCAL, C 등이 있다.
④ sub-program은 되부름이 허용되지 않는다.

answer

148 프로시저 … 프로그래밍 언어에서 일군의 작업이나 계산을 추상화한 것으로 이름, 매개변수, 본체로 구성된다.

149 ④ 부 프로그램을 사용함으로 기억장소와 시간을 모두 절약할 수 있다.

150 정적 기억장소 할당방법 … 사용하는 대표적인 언어로 COBOL, FORTRAN이 있다. 기억장소의 낭비가 발생할 수 있으나, 동적으로 관리할 필요가 없기 때문에 쉽게 기억장소 관리를 할 수 있는 장점이 있다.

답— 148.② 149.④ 150.③

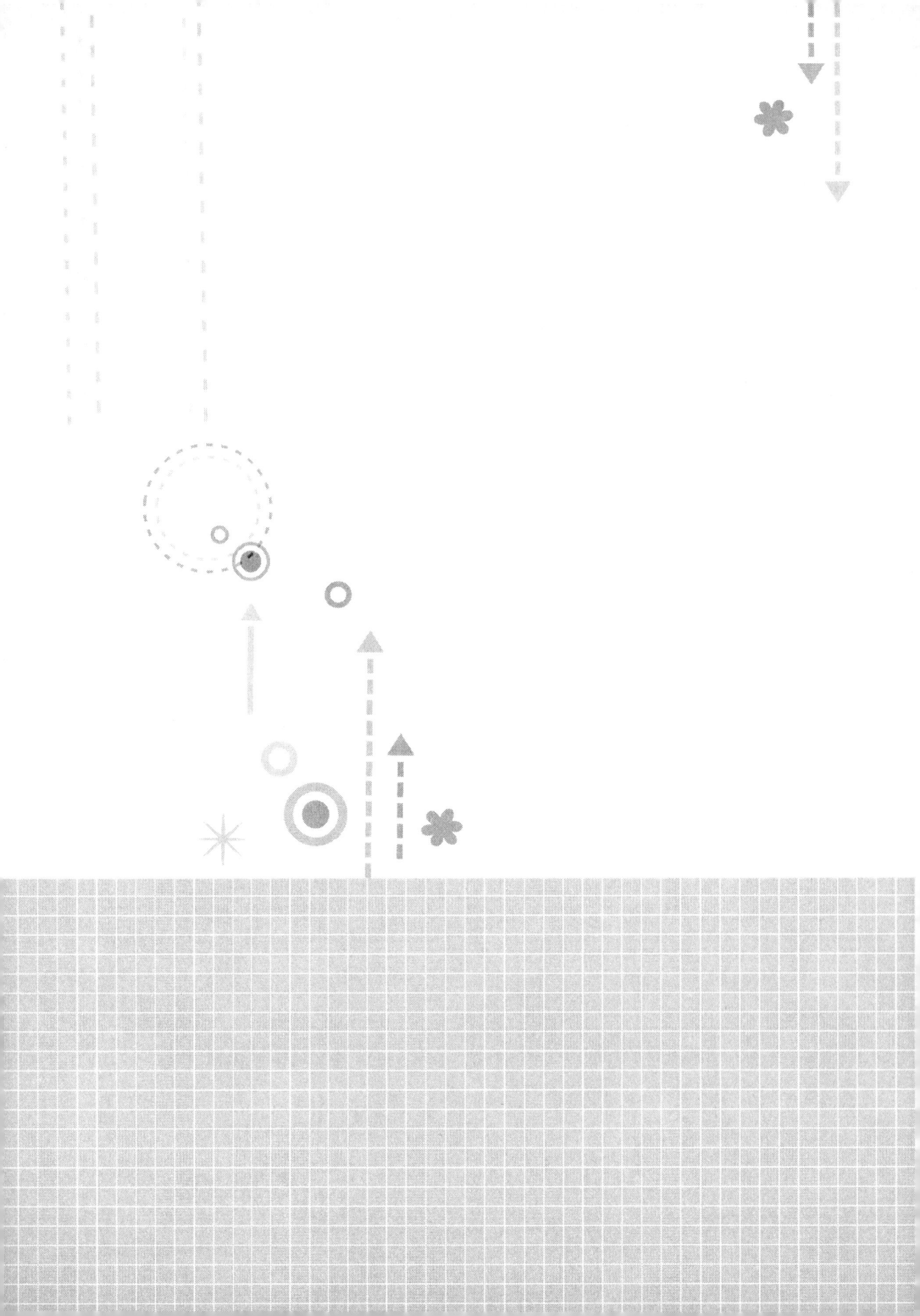

O2

C 언어

01

C 언어와 문법

1 다음과 같은 C 언어 문장에서 모든 변수가 int형이라고 가정할 때, 문장을 실행한 결과 각 변수들의 값은 얼마인가?

$$y = 3 + 2 * (x = 7/2) ;$$

	X	Y		X	Y
①	3	3	②	3	9
③	3	10	④	3.5	10

2 C 언어에서 다음 프로그램의 출력값으로 나올 수 없는 것은?

```
int a = 4
printf("%d", a++) ;
printf("%d", ++a) ;
printf("%d", ++a) ;
printf("%d", a%4) ;
```

① 3   ② 4

③ 5   ④ 6

✳ answer

1 정수나눗셈이므로 X = 7/2는 3이다. 연산자의 우선순위가 ( ) > * > +이므로 Y는 9가 된다.

2 첫번째 출력값은 후위 증가가 반영되지 않으므로 4, 두번째, 세번째 출력값은 전위 증가가 반영되므로 6, 7, 마지막 출력값은 %가 나머지를 구하는 modular 연산이므로 3의 값이 나온다.

답—1.② 2.③

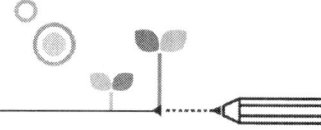

3 C 언어의 기억클래스 종류에 속하지 않는 것은?

① static   ② register

③ cache   ④ auto

4 C에서 ++A || −− B && C−− 연산식에서 가장 나중에 계산되는 연산자는?

① || ② &&

③ C−−   ④ ++A

5 다음 C 프로그램의 출력값은?

```
main()
{
    int i, j ;
    i = (j = 3, j + 2) ;
    printf("i = %d, j = %d\n", i, j) ;
}
```

① 3, 3   ② 5, 5

③ 5, 3   ④ 5, 4

6 다음 C 프로그램의 출력값으로 옳은 것은?

```
int a = b = 1, c, d ;
c = ++a ;
d = b++ ;
printf("%d%d%d%d\n", a, b, c, d) ;
```

① 2221
② 2122
③ 1122
④ 2222

7 다음 중 논리 연산자가 아닌 것은?

① !=
② &&
③ ||
④ !

8 다음 중 숫자 32,800을 저장하기 위해서 필요한 자료형은?

① Short
② Long
③ Double
④ Integer

9 C 언어에서 명칭(Identifier)으로 사용할 수 없는 것은?

① int
② _num
③ Num_char
④ sum

✲ answer

6 전위 증가는 값이 반영되지만 후위 증가는 증가값이 반영되지 않는다.

7 논리 연산자는 &&, ||, !가 있다.

8 Long 형은 −2,147,483,648 ~ 2,147,483,647의 유효범위를 가진다.

9 예약어는 명칭이 될 수 없다.

답— 6.① 7.① 8.② 9.①

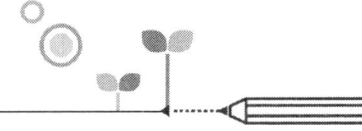

10 값이 20일 때 C에서 16진수로 바르게 표현한 것은?

① 12　　　　　　　　　　　② 13
③ 14　　　　　　　　　　　④ 15

11 다음 C <u>프로그램</u>의 결과값은?

```
a = 2, x = 6, y = 9
a += x * y % 5
printf("%d", a)
```

① 3　　　　　　　　　　　② 4
③ 5　　　　　　　　　　　④ 6

12 다음 C 언어 코드를 바르게 설명한 것은?

```
var = (p++) + p + (++p) ;
```

① = 뒷부분의 연산은 항상 우에서 좌로 연산한다.
② 컴파일러에 따라 결과값이 달라질 수 있다.
③ 에러가 발생하게 된다.
④ p++는 p를 1 증가시킨 후 계산한다.

❋ **answer**

10 16진수는 16으로 나누어 생긴 나머지를 역순으로 배열하면 된다.

　16 $\big)$ 20
　　　1 … 4　　　$20_{(10)}$ = $14_{(16)}$

11 *와 % 중 *이 먼저 계산되고 이후 % 연산을 한다. a += 4의 형식이 된다.

12 우에서 좌로 결합하며 p++ 연산은 계산을 한 후 증가를 시키는 후위 연산자이다.

　　　　　　　　　　　　　　　　　　　　　🔑— 10.③　11.④　12.①

13 다음 C 언어 코드의 결과값은?

$$y = (x = 1, \ 2) + 3$$

① x = 1, y = 5 ② x = 3, y = 5

③ x = 1, y = 4 ④ x = 5, y = 4

14 다음 중 C 언어에서 정의된 매크로를 취소할 때 사용하는 것은?

① #include ② #endif

③ #define ④ #if

⑤ #undef

15 다음 중 C 언어의 장점에 대한 설명으로 옳지 않은 것은?

① 모듈성(modularity)을 가진다. ② 이식성(protability)이 뛰어나다.

③ 단순하면서도 강력한 언어이다. ④ 연산자 부호는 혼동될 염려가 없다.

⑤ 시스템 소프트웨어 작성에 알맞다.

❋ answer

13 x = 1이 배정되지만 계산시에는 2가 되어 y = 2 + 3 = 5이다.

14 C 언어에서 매크로 정의는 #define(#def)이고, 정의한 것을 취소하는 것은 #undefintion (#undef)이다.

15 ① 모듈성은 객체지향 언어의 특징이다.

정답— 13.① 14.⑤ 15.①

16 C 프로그램에 대한 설명으로 옳지 않은 것은?

```
int X, Y ;
float A, B ;
```

① 변수 X, Y는 정수를 나타내고, A, B는 실수를 나타낸다.
② X + Y는 결과가 정수이다.
③ A + B는 실수 결과가 나온다.
④ X + B는 정수 결과가 나온다.
⑤ 고급언어에서는 혼합형 연산을 지원한다.

17 다음 C 프로그램의 결과값은?

```
printf("%d\n", 15%4)
```

① 0
② 1
③ 2
④ 3
⑤ 4

18 연산자의 우선순위를 바르게 나타낸 것은?

```
&&, ||, !=, +, *
```

① * + != && ||
② * + != || &&
③ != && || * +
④ * != || && +
⑤ != || * + &&

※ answer

16 ④ 정수 + 실수는 실수값이 결과이다.

17 %는 나머지를 구하는 modular 연산이다.

18 연산자 우선순위 … 승제 연산자(*) > 가감 연산자(+) > 등가 연산자(!=) > 논리 AND(&&) > 논리 OR(||)

답 16.④ 17.④ 18.①

19 C 언어에서 사용하는 형 선언문으로 옳지 않은 것은?

① int   ② float

③ char   ④ long

⑤ point

20 다음 식의 결과값은?

```
int i = 15 ;
++i ;
printf("%d\n", i--) ;
```

① 14   ② 15

③ 16   ④ 17

21 'x = y, y = z, z = x' 는 무엇을 나타내는가?

① 두 변수의 값을 교환한다.   ② 세 변수의 값을 교환한다.

③ 포인터를 사용할 수는 없다.   ④ 두 변수의 값을 서로 같게 만든다.

❋ answer

19 자료형의 종류에 point형은 존재하지 않는다.

20 감소 연산자는 후위에 존재하므로, 영향을 미치지 못한다.

21 서로의 값을 교환하는 swap 프로그램의 형식이다.

답 ― 19.⑤   20.③   21.①

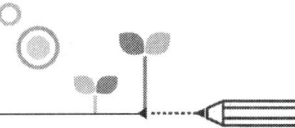

22 다음 C 프로그램에서 출력값 c의 값은 얼마인가?

```
a = 0 ; b = 1 ;
c = ++a + ++b ;
```

① 1
② 2
③ 3
④ 4

23 다음 C 프로그램의 출력값은?

```
#include
main()
{
    int a = 2, b = -3, i, j, k ;
    i = - --a ;
    j = - --b ;
    k = a-- - b ;
    printf("i = %d, j = %d, k = %d, a = %d \n", i, j, k, ++a) ;
}
```

① i = -1, j = 3, k = 5, a = 0
② i = 1, j = 4, k = 5, a = 0
③ i = -1, j = 3, k = 4, a = 1
④ i = -1, j = 4, k=5, a = 1
⑤ i = -1, j = 3, k = 3, a = 1

※ answer

22 ++연산자가 변수 앞에 나오는 전위형인 경우로 먼저 값을 증가시켜 연산한다. 그러므로 C = 1 + 2의 형식이 된다.

23 전위 · 후위 연산자의 계산순서를 생각하여 계산한다.

답— 22.③ 23.④

24 C에서 정수형 자료를 실수형으로 자동적으로 변환해 주는 것과 같은 것은?

```
int a=5;
double b=a;
```

① conditional operator   ② explicit cast

③ implicit cast   ④ address operator

⑤ type coercion

25 다음 C 언어에서 a, b, c, d의 출력값으로 옳은 것은?

```
a = 2, b = 4, c = d = 5;
c + = ++a;
d * = b++;
printf("%d%d%d%d", a, b, c, d);
```

① 3 5 8 20   ② 4 4 8 20

③ 5 4 9 20   ④ 4 5 9 25

⑤ 3 5 8 25

26 다음 중 C 언어의 자료형에 대한 설명으로 옳지 않은 것은?

① signed는 부호 있는 정수형을 선언하는 예약어이다.

② int형은 기종에 따라 자료형의 크기가 다르게 설정된다.

③ long형은 정수를 표현하는 자료형으로, 내부적으로 고정소수점 방식으로 수를 표현한다.

④ char형은 부호를 가질 수 없다.

❋ answer

24 implicit는 자료의 상실을 막기 위하여 묵시적으로 widening 변환한다. 묵시적인 변환을 수행하여 정밀도를 유지한다.

25 a는 전위 연산자에 의해 값이 증가하여 c와 더해지고, b는 후위 연산자에 의해 곱해진 후 값이 증가한다.

26 ④ char형도 unsigned, signed가 존재한다.

답— 24.③ 25.① 26.④

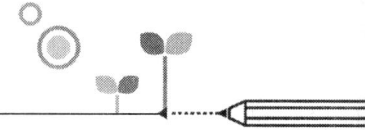

27 다음 중 C 언어에 대한 설명 중 옳지 않은 것은?

① 구조적 언어이다.

② 배열구조를 갖고 있으며, 배열명을 이용하여 주소연산이 가능하다.

③ 포인터를 이용하여 주소연산을 할 수 있다.

④ C 프로그램은 구조체와 공용체가 사용이 가능하다.

28 다음 C 프로그램의 출력값은?

```
int a = 4 ;
int b = (a > 7) || (a < 5);
printf("%d", b);
```

① 1   ② 0

③ -1   ④ 2

29 C 언어에서 다음과 같은 매크로 정의시 R의 값은?

```
#define P 35 + 2
#define R 2 * P
```

① 70   ② 72

③ 74   ④ 에러

 answer

27 ② 주소연산은 포인터를 이용한다.

28 ||는 하나만 참이어도 참값이 된다. 참이면 1, 거짓이면 0의 값이 출력된다.

29 R = 2 * P = 2 * 35 + 2 = 70 + 2 = 72

답— 27.② 28.① 29.②

30 C 언어와 구조가 가장 비슷한 언어는?

① COBOL   ② ALGOL

③ FORTRAN   ④ BASIC

31 C 언어에 대한 설명으로 옳은 것은?

① 절차 지향적 언어이다.

② 어셈블리어와 비슷한 성격이다.

③ 사무업무를 효율적으로 처리하기 위하여 개발되었다.

④ 구조화 프로그램을 위해 개발되었다.

32 다음 중 문자열 데이터의 특징을 설명한 것으로 옳지 않은 것은?

① 문자열 상수는 영숫자, 각종 기호 및 확장열 등으로 구성할 수 있다.

② 문자열 상수는 char 배열에 저장된다.

③ 문자열 상수란 연속적으로 표현되는 문자들의 집합을 말한다.

④ 단일 인용부호로 표현한다.

33 데이터 크기가 큰 것에서 작은 순으로 나열한 것은?

① double − float − char   ② unsigned int − int

③ char − unsigned char   ④ float − unsigned int − long int

❋ **answer**

30 C언어는 ALGOL 에서부터 시작되었다.

31 C는 절차 지향적, C++은 객체 지향적 언어이다.

32 ④ 문자열은 이중 인용부호로 표시한다. 단일 인용부호는 문자형에서 쓰인다.

33 데이터는 char − short − int − long(float) − double순으로 커진다.

정답— 30.②   31.①   32.④   33.①

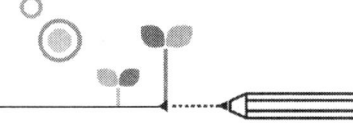

34 C 언어에서 문자상수 'X'와 문자열 상수 "XYZ"의 차이점으로 옳은 것은?

① 문자상수 'X'는 2바이트이고, 문자열 상수 "XYZ"도 2바이트이다.
② 문자상수 'X'는 1바이트이고, 문자열 상수 "XYZ"는 2바이트이다.
③ 문자상수 'X'는 2바이트이고, 문자열 상수 "XYZ"는 4바이트이다.
④ 문자상수 'X'는 1바이트이고, 문자열 상수 "XYZ"는 4바이트이다.

35 C 언어에서 입출력 함수에 쓰이는 자료형식 중 성질이 다른 것은?

① %d   ② %x
③ %f   ④ %o

36 다음 설명 중 옳지 않은 것은?

① #include는 상수를 정의하는 데 쓰이는 선행처리기이다.
② 구문은 BNF 형식으로 표현가능하다.
③ #define문은 기호화된 상수를 정의하기 위해 사용된다.
④ 각 명령문은 보통 순차적으로 수행된다.

37 C 언어에서 사용자가 자료를 열거하여 사용할 수 있게 해주는 예약어는?

① type   ② enum
③ typedef   ④ union

✳ answer

34 C 언어…단일 인용부호는 1byte, 이중 인용부호는 string(문자열, 여러 byte)이며, 문자열은 끝에 ₩0을 추가한다.

35 %d은 10진수 정수형, %x는 16진수 정수형, %o는 8진수 정수형으로 변환한다. %f는 10진수 형태의 부동소수점으로 변환한다.

36 ① #include는 파일내용을 복사하는 데 사용되는 선행처리기이다.

37 enum은 열거형 선언문으로 사용자가 형을 정의할 때 사용한다.

🔑 34.④ 35.③ 36.① 37.②

38 C 언어의 연산자를 우선순위에 따라 바르게 나열한 것은?

㉠ = , +=, -=	㉡ *, /, %
㉢ &	㉣ <, <=, >=, >
㉤ ,	㉥ <<, >>
㉦ !, ~, ++, --	

① ㉦ - ㉡ - ㉥ - ㉣ - ㉢ - ㉠ - ㉤ ② ㉦ - ㉥ - ㉡ - ㉢ - ㉣ - ㉠ - ㉤

③ ㉦ - ㉡ - ㉥ - ㉢ - ㉠ - ㉤ - ㉣ ④ ㉦ - ㉥ - ㉡ - ㉣ - ㉠ - ㉢ - ㉤

39 열거형 상수 C2의 값은?

```
enum{C1, C2, C3 = -1, C4};
```

① -3 ② -2

③ 0 ④ 1

40 다음 중 7 % 3의 결과는?

① 1 ② 2

③ 2.0 ④ 2.5

answer

38 단항 연산자가 가장 높고 이항 연산자, 대입 연산자, 순서 연산자순으로 우선순위가 이루어진다.

39 열거형 상수는 값을 할당하지 않으면 0부터 1씩 차례대로 증가하게 된다. 그러므로 C1 = 0, C2 = 1이 된다.

40 %는 나머지를 구하는 모듈러 연산자이다.
7 % 3 = 2 … 나머지1

답 – 38.① 39.④ 40.①

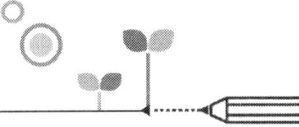

41 다음 프로그램의 실행결과가 옳은 것은? (단, ㅁ는 빈칸이다)

```
main(){
    char &s;
    s = "programing";
    printf("%10.2s\n", s);
}
```

① programing   ② prㅁㅁㅁㅁㅁㅁㅁㅁ

③ ㅁㅁㅁㅁㅁㅁㅁㅁpr   ④ ng

42 프로그램 실행결과로 옳은 것은?

```
main(){
    int a, b, c, d;
    a = 2; b = 3; c = d = 4;
    c += 5 + ++a;
    d*= 10 + b++;
    printf("%d %d %d %d\n", a, b, c, d);
}
```

① 2 3 12 52   ② 3 4 12 52

③ 2 3 7 40   ④ 3 3 7 52

❋ **answer**

41 %10.2는 10개 칸을 확보하고, 문자열 2개를 10칸 중 우측에서 2번째 자리에 출력하는 것이다.

42 a의 값을 증가하여 5를 더한 값 8에 4를 더한 값이 c에 저장된다. b값은 계산 후에 증가되고 계산시에는 3으로 계산된다. b와 10을 더한 13에 4를 곱한 값이 d이다.

답— 41.③ 42.②

43 다음 연산이 끝난 후 x의 값은?

```
int x ;
float y ;
y = 6.7 ;
x = (int)y/4 ;
```

① 1.0   ② 1.5

③ 1   ④ 2

44 다음 프로그램의 실행결과는?

```
main(){
  int a = 2, b, c ;
  b = !a ;
  c = ~a ;
  printf("%d %d\n", b, c) ;
}
```

① −2, −3   ② 0, −2

③ 0, −3   ④ −2, −2

 answer

43 x는 정수형 int값을 가지도록 명시적으로 선언되어 있다. 그러므로 소수점을 버린 1이 된다.

44 !a의 결과는 0이다. ~a는 보수로서 2바이트로 계산하면 −3이 나온다.

답— 43.③ 44.③

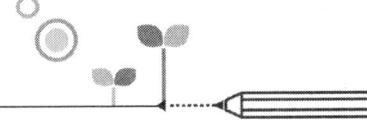

45 다음 C 언어의 출력결과는?

```
main(){
    printf("%4.2f\n", 123.12345);
}
```

① 123.12

② 123.1234

③ 123.123

④ 123.45

46 C에서 나머지를 구하는 연산자는?

① /

② &

③ %

④ !

⑤ ~

47 다음 프로그램의 결과는?

```
main(){
    int a = 10, b ;
    b = a << 2 ;
    a >>= 1;
    printf("%d, %d\n", a, b);
}
```

① 1, 20

② 5, 20

③ 1, 40

④ 5, 40

answer

45 4.2에서 4는 화면에 출력할 자릿수를 나타내며, 2는 소수점 이하 자릿수이다.

46 몫은 /, 나머지는 %(Modular)를 취한다.

47 a << 2는 a를 2bit 왼쪽 시프트하고, a >>= 1은 a를 1bit 오른쪽으로 시프트하라는 의미이다.
a는 00001010$_{(2)}$이므로 b = 00101000$_{(2)}$, a = 00000101$_{(2)}$이다.

답 45.① 46.③ 47.④

48 다음 중 p에 저장되는 값은?

```
a(){
    int x = 5, y = 6, z = 7, p ;
    {   p = 1 ;
        p += x * y % z ;
    }
}
```

① 1　　　　　　　　　　　　　　② 3

③ 6　　　　　　　　　　　　　　④ 31

49 C 프로그램 코딩에 대한 설명으로 옳지 않은 것은?

① 대소문자가 구별되므로 정확히 쓴다.

② main() 함수는 다른 함수를 기술하기 전에 위치한다.

③ main() 함수는 프로그램 전체에서 단 한 번만 쓰인다.

④ 공백, TAB, ENTER키는 동일하게 취급되므로 문장과 문장 사이에 공백 또는 여러 줄이 띄어져 있어도 무방하다.

 answer

48 5*6을 계산한 30을 7로 나누어 나머지를 구하면 2이다. 2값을 p와 더하면 3이 된다.

49 ② 프로그램의 시작이 main() 함수부터 시작하는 것이지 꼭 main() 함수를 가장 먼저 기술해야 하는 것은 아니다.

답— 48.② 49.②

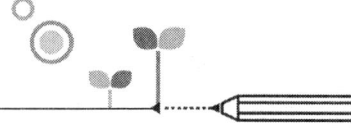

50 다음 C 언어 프로그램의 실행결과는?

```
main(){
  int a = 2, b = 4, c, d, e ;
  c = a == b ;
  d = b == a ;
  e = a == b - 2 ;
  printf("%d %d %d\n", c, d, e);
}
```

① 0 0 1   ② 0 1 0

③ 0 0 0   ④ 1 0 1

51 sizeof() 연산자는 어떤 기능을 갖는가?

① 자료형의 크기를 구한다.

② 주기억장소의 크기를 구한다.

③ 실행 중인 프로그램의 크기를 구한다.

④ 특정 자료형이 나타낼 수 있는 허용범위를 구한다.

 answer

50 a와 b가 같지 않으므로 거짓인 0값이 c, d에 저장된다. b − 2는 2이고 이 값은 a값과 같으므로 참이 되므로 e에는 1이 저장된다.

51 sizeof() 연산자는 객체를 저장하는 데 필요한 바이트 수를 알아내기 위해 사용한다.

달— 50.① 51.①

52 다음 C 언어 프로그램의 출력결과는?

```
void main()
{
  enum {monday, tuesday, thursday, friday} day ;
  day = monday + friday ;
  printf("%d", day) ;
}
```

① 3   ② 5

③ 6   ④ 7

53 C언어에서 하나의 문장이 끝날 때 나오는 기호는?

① .   ② ;

③ :   ④ >

※ answer

52 enum은 0부터 순서대로 증가된다. monday는 0, friday는 3이다. 두 값을 더하면 3이 되므로 day의 값은 3이다.

53 하나의 문장이 끝날 때 세미콜론(;)이 나온다.

답— 52.① 53.②

함수와 제어문

1 다음 중 C 프로그램의 실행순서로 옳은 것은?

① 적재 – 컴파일러 – 연결 – 실행
② 연결 – 컴파일러 – 적재 – 실행
③ 연결 – 적재 – 컴파일러 – 실행
④ 컴파일러 – 연결 – 적재 – 실행

2 다음 C 언어에서 출력될 수 없는 값은?

```
int a = 7
while(−−a > 0)
    printf("%d\n", a);
```

① 1
② 3
③ 6
④ 7

1 프로그램 실행순서
ㄱ 컴파일러(Compiler) : 사용자가 고급 언어로 작성한 프로그램을 기계어로 번역한다.
ㄴ 연결(Linker) : 기계어로 번역된 목적 프로그램에 대한 실행 프로그램 라이브러리를 이용해 실행 가능한 로드 모듈로 번역한다.
ㄷ 적재(Loader) : 로드모듈을 수행하기 위해 메모리에 적재하는 것으로 할당, 연결, 재배치를 통해 이루어진다.
ㄹ 실행 : 프로그램을 실행한다.

2 −− 연산자가 변수 앞에 나오는 전위형이므로 먼저 값을 감소시켜 연산해야 한다. 그러므로 a값은 6부터 출력된다.

답—1.④ 2.④

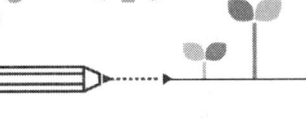

3 다음 중 C 언어의 반복문으로 옳지 않은 것은?

① while   ② do ~ while

③ next   ④ for

4 for문 중 옳지 않은 것은?

① for(int i = 0; i <= 5; i += i)   ② for(int i = 0 ; i <= 20 ; i++)

③ for(char ch = 'a'; ch <= 'g'; ch++)   ④ for(int i = 5 ; i <= 0 ; i−−)

5 다음 C 프로그램의 출력값은?

```
main() {
int a;
for(a = 50; a <= 100; ++a)
    {
        if((a%17)==0) break;
    }
printf("%d\n", a);
}
```

① 0   ② 17

③ 34   ④ 51

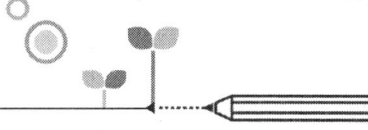

6 다음 프로그램의 출력값은?

```
main() {
    int a, b ;
    a = 10 ;
    b = 2 * a ;
    {
        int a
        a = 30 ;
    }
    printf("%d %d\n", a, b); }
```

① 10 10
② 10 20
③ 20 20
④ 20 10
⑤ 20 50

7 C 언어에서 f(12, 3)의 결과로 옳은 것은?

```
int f(int a, int b)
{
    return b? f(b, a%b) : a ;
}
```

① 3
② 4
③ 8
④ 12

8 다음 중 C 언어에서 printf() 변환문자로 옳지 않은 것은?

① %d – 10진수   ② %u – 부호없는 10진수

③ %o – 16진수   ④ %c – 단일문자

9 다음 중 C 언어의 기본 입출력 함수에 대한 설명으로 옳지 않은 것은?

① scanf() 함수는 데이터를 읽어들여 변수에 저장한다.

② puts() 함수는 개행문자 또는 EDF까지의 문자열을 읽어 저장한다.

③ putchar() 함수는 인수로 수식을 사용할 수 있다.

④ getch() 함수는 입력받을 문자를 화면에 echo한다.

10 다음 C 언어의 while문이 수행 될 때 중괄호({})는 몇 번 실행되는가?

```
i = 1;
while (sum <= 10) {
    sum = sum + i ;
    i = i + 1;
}
```

① 0   ② 1

③ 4   ④ 5

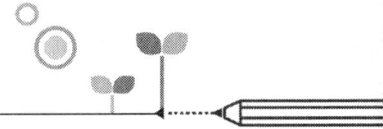

11 C 언어에서 옳지 않은 것은?

① getchar("%d", a) ② scanf("%d", &a)

③ putchar(a) ④ puts("computer")

12 다음 C 언어의 출력값으로 옳은 것은?

```
i = j = 5
if(i == 2)      … 중략 …
if(j == 4)
… 중략 …
else … 중략 …
printf("%d", i);
```

① 2 ② 3

③ 4 ④ 5

 answer

11 ① getchar는 문자형을 받아 들이는 것으로 %d는 정수형에 대한 표현이다.

12 i에 할당된 값은 5이고 if문은 출력값에 관여하지 않는다.

답— 11.① 12.④

13 다음 C 언어의 결과값은?

```
int x = 3;
main() {
    int x = 7;
    x--;
    printf("%d", x);
    a();
    printf("%d", x);
}
a() {
    x++;
    printf("%d", x);
}
```

① 6, 4, 6
② 6, 7, 7
③ 6, 6, 6
④ 6, 4, 4

13 처음 출력되는 값은 블록 안의 x-- 한 6이다. 두번째 값은 a()를 호출한 값이므로 x=3에 증가 연산자를 적용한 4이다. 마지막 값은 다시 블록 안이므로 첫번째와 같은 6이다.

🔑 13.①

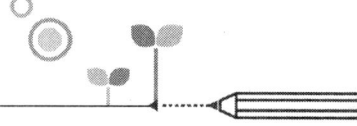

14 다음 C 언어에서 출력되는 '*' 의 개수는?

```
int i;
for (i = 1; i <= 4; i++) {
    switch(i) {
        case 1 : printf("*");
        case 2 : printf("**");
        case 3 : printf("***");
        case 4 : printf("****");
    }
}
```

① 28　　　　　　　　　　　　② 29
③ 30　　　　　　　　　　　　④ 31
⑤ 32

15 다음 C 프로그램의 출력값은?

```
main()
{
    int i, a = 0;
    for(i = 1; i <= 10; i++)
    b = b + i
    printf("%d", b);
}
```

① 55　　　　　　　　　　　　② 60
③ 100　　　　　　　　　　　④ 1024

✱ answer

14 i = 1인 경우 1 + 2 + 3 + 4개가 찍히고, i = 2인 경우는 2 + 3 + 4, i = 3인 경우 3 + 4, i = 4인 경우 4개가 찍힌다.

15 프로그램은 1부터 10까지의 합을 구한다.

정—14.③　15.①

16 다음 C 언어에서 마지막 p의 값으로 옳은 것은?

```
p = 0;
for(i = 0, i <= 10, i += 2)
   p += i;
```

① 24   ② 25

③ 30   ④ 37

17 다음 C 언어의 출력값은?

```
int a(int n)
{
   int x;
   if(n == 1)
      x = 1;
   else
      x = n + a(n - 1);
   return x;
}
void main(void)
{
   int d, p = 3;
   d = a(p);
   printf("%d\n", d);
}
```

① 4   ② 6

③ 8   ④ 10

⑤ 12

✿ answer

16 1부터 10까지의 수 중 짝수만을 더하는 계산이다.

17 위의 프로그램은 3 + 2 + 1의 계산을 되부름 호출을 이용해 수행한다.

답— 16.③ 17.②

18 다음 C 프로그램의 수행결과는?

```
i = 3;
switch(i)
{
    case 1 : printf("a");
    case 2 : printf("b");
    case 3 : printf("c");
    default : printf("x");
}
```

① abc

② cx

③ x

④ abcx

19 다음 C 프로그램의 결과값은?

```
a = 30
printf("%d", a);
printf("%o", a);
printf("%x", a);
```

① 30 35 1c

② 30 36 1e

③ 30 36 1f

④ 30 36 1d

 answer

18 i = 3이므로 case 3이 실행되고 break문이 없으므로 그 다음 문장인 default가 실행된다.

19 %d는 정수형 10진수, %o는 8진수, %x는 16진수로 변환된 값을 출력한다.

답— 18.② 19.②

20 다음 C 프로그램의 출력값은?

```
int k, n;
k = 2;
for(n = 2; k <= 20;)
k = k * n;
printf("%d %d", n, k);
```

① 2, 30
② 4, 40
③ 2, 32
④ 4, 32

21 다음 C 언어 함수에서 a(5)로 호출했을 때 return 값은?

```
int a(int n)
{
    return (n == 1)? 1 : n + a(n - 2);
}
```

① 1
② 2
③ 9
④ 15

22 C 언어에서 하나의 문자를 입출력하기 위해 사용되는 매크로 정의함수는?

① getchar()와 putchar()
② getch()와 putchar()
③ gets()와 puts()
④ getch()와 putch()

✻ answer

20 for문의 마지막에 증감 조건이 없으므로 n값은 변화가 없다.

21 삼항 연산자와 되부름 호출이 일어나는 프로그램으로 되부름이 일어날 때마다 덧셈이 발생하여 5+3+1의 결과가 나온다.

22 getchar()는 키보드에서 하나의 문자를 읽고, putchar()는 화면에 하나의 문자를 출력한다.
③ gets()와 puts()는 라인 단위의 입출력이다.
④ getch()와 putch()는 문자열 단위이다.

답— 20.③ 21.③ 22.①

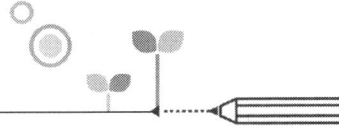

23 문자열 함수 중에서 문자끼리 비교하기 위해 사용하는 것은?

① strcat()　　　　　　　　　② strlen()

③ strcmp()　　　　　　　　　④ strcpy()

24 다음의 결과는 무엇인가?

printf("%d\n", strcmp("A", "A"));

① 0　　　　　　　　　② 1

③ 2　　　　　　　　　④ −1

25 다음에서 while문의 바디는 몇 번이나 실행되는가?

```
sum = 0
i = 1 ;
while(sum < 20)
{
 sum = sum + i ;
 i = i + 2
}
```

① 3　　　　　　　　　② 4

③ 5　　　　　　　　　④ 6

✳ answer

23 ① 문자열을 결합한다.
　　② 문자열 길이를 계산한다.
　　④ 문자열을 복사한다.

24 문자열을 비교하는 함수로 'strcmp("문자열1", "문자열2")'로 표현한다. 서로 같으면 0, 문자열1이 2보다 크면 양수, 작으면 음수를 리턴한다.

25 i값은 계속 2씩 증가하고 그 값이 sum에 더해진다. sum이 20이 되면 0, 1, 4, 9, 16까지 5번 while문이 실행된다.

답— 23.③　24.①　25.③

26 다음 문장은 몇 번 실행되는가?

$$for(i = 0 ; i <= 100; i + = 2)$$

① 49번   ② 50번

③ 51번   ④ 100번

27 다음의 출력값은?

```
main(void)
{
    int a, b = 5;
    a = aaa(b);
    printf("결과값 : %d\n", d);
}
int aaa(int n)
{
    int c;
    if(n == 1)
        c = 1;
    else
        c = n + aaa(n −1);
    return c;
}
```

① 13   ② 14

③ 15   ④ 16

✳ answer

26 0 ~ 50까지 51번 실행된다.

27 되부름을 이용하여 5+4+3+2+1을 계산한다.

답— 26.③ 27.③

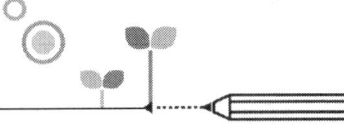

28 다음의 결과로 옳은 것은?

```
int i = 1 ;
main() {
    int i = 4;
    printf("\n%d", i) ;
        x() ;
}
x() {
    printf("%d", i) ;
}
```

① 4 4
② 1 4
③ 4 1
④ 1 1

29 다음 switch문의 결과는?

```
char ch;
int i = 3
switch(i) {
        case 3 : ch = 'z' ;
        case 2 : ch = 'x' ;
        default : ch = 'a' ;
        }
putchar(ch);
```

① 'z'
② 'x'
③ 'a'
④ 무한 루프

✳ answer

28 처음 출력되는 것은 블록 안의 지역변수 i값인 4가 출력되고 다음은 전역변수 1의 값이 출력된다.

29 case와 같이 break;문이 짝을 이루지 않기 때문에 조건을 충족해도 default 문장까지 이동한다.

답— 28.③ 29.③

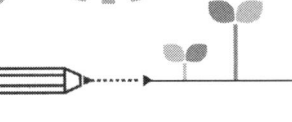

30 C 언어에서 파일 내의 데이터가 끝인지를 체크하는 함수로 옳은 것은?

① feof   ② fseek

③ fclose   ④ fgets

31 pritnf()에 대한 설명으로 올바른 것은?

① 변환 문자는 반드시 나와야 한다.

② 출력 자료가 여러 개이면 콤마로 구분한다.

③ C++ 에서도 사용이 가능하다.

④ 변수는 &를 붙이면 변수의 값이 아니라 주소로 인식하여 주소값을 출력한다.

---

 answer

30 ② 파일 내의 특정 부분으로 제어를 옮기는 것이다.
  ③ 사용파일을 닫는 것이다.
  ④ 문자열을 입력 받는 것으로 '₩n', EOF를 만나면 종료한다.

31 pritnf()는 변환문자 없어도 출력이 가능하다.

답— 30.① 31.①

32 다음 C 프로그램의 실행결과는?

```
int fun(int a, int b, int c)
{
    int temp;
        temp = (a < b) ? a : b;
        retrun((temp < c) ? temp : c);
}
void main()
{
    int a = 10, b = 9, c = 3;
    printf("%d\n", fun(a, b, c));
}
```

① 3   ② 9

③ 10   ④ 22

33 다음은 1부터 100까지의 수 중에서 3의 배수의 합을 구하는 프로그램이다. 괄호 안에 알맞은 문장은?

```
void main(void) {
    int k, sum=0;
    for(k = 0 ; k < 100 ; k + = 3)
        [        ]
            printf("%d",sum);
}
```

① sum + = k ;   ② sum = + k ;

③ sum = k * 3 ;   ④ sum = k ;

32 주 프로그램에서 fun을 호출하면 삼항 연산자가 계산된다. 먼저 temp = (a < b)? a : b ; 문장이 실행되는데 조건식이 거짓이므로 9가 temp에 저장된다. (temp < c)? temp : c가 수행되면 역시 만족하지 않으므로 3을 반환한다.

33 sum + = k의 식은 sum = sum + k이다. k값이 for문의 증감에서 3씩 커지고 있으므로 sum과 k를 더해주면 된다.

답— 32.① 33.①

34 다음 프로그램의 출력결과로 옳은 것은?

```
int main(void)
{
int i = 0, k =1;
    while (++i <= 5)
        printf("%6d", k *= 2);
    printf(", ");
    return 0;
}
```

① 2, 4, 8, 16, 32
② 2, 4, 6, 8, 10
③ 2, 4, 8, 10, 12
④ 1, 2, 4, 8, 16

35 C언어에서 입출력 함수에 사용되는 자료 형식 인자 중 정수형과 관계된 것은?

① %c
② %d
③ %f
④ %x

34 %6d는 6자리의 10진수로 출력됨을 의미한다. k *=2는 k = k * 2와 동일하다. 그러므로 2의 제곱값을 구하는 식이 된다.

35 %c : 문자형, %d : 정수형, %f : 실수형, %x : 16진수형

답— 34.① 35.②

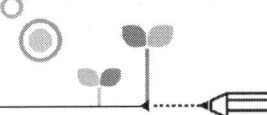

36 다음 프로그램에 'apple' 이라는 입력값을 주었을 때 출력값은?

```
main( ) {
 char dat[80], result[80] ;
 scanf("%s", dat) ;
 upr(dat, result) ;
 printf("%s\n", result) ;
 getch();
 }

upr(a, b) {
char a[], b[];
int i = 0 ;
do
 if('a' <= a[i] && a[i] <= 'z')
    b[i] = a[i] - ('a' - 'A') ;
    else
    b[i] = a[i] ;
while(a[i++] != 0) ;
}
```

① apple   ② APPLE

③ ERROR   ④ 아무것도 출력 안됨

37 입출력 명령이 옳지 않은 것은?

① putchar(a);   ② getchar("%c", a);

③ printf("%5d\n", a);   ④ scanf("%3d\n", &a);

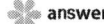 **answer**

36 입력받은 문자열을 대문자로 바꾸어 result로 리턴하는 프로그램으로, b[i] = a[i] - ('a' - 'A') ; 에서 소문자를 대문자로 바꾼다.

37 ② getchar는 문자를 입력받는 함수이다. 한 문자씩 입력받는 것으로 형식은 필요없이 문자를 입력 받는다.

답— 36.② 37.②

38 100부터 10^{10}까지의 값을 구하는 프로그램을 작성할 때, ㉠에 들어갈 식으로 옳은 것은?

```
main( )
{
 int i;
 double x = 1.0;
 for (i = 0; i <= 10; i++)
 [ ㉠ ]
 printf("10^%2d = %12.0f\n", i, x);
}
```

① x += 10 ;   ② x *= 10 ;

③ x =* 10 ;   ④ x = x + 10 ;

39 다음의 출력값은?

```
int f(int 5)
{
   int p = 1;
   for( ; n > 1; n--)
     p *= n;
   return p;

   printf("%d", p);
}
```

① 0   ② 10
③ 24   ④ 120

03 배열과 포인터

1 다음과 같이 선언하였을 경우 *(P+2)와 같은 것은?

```
int ptr[5], *P
P = ptr ;
```

① ptr[2]   ② ptr[3]

③ *P + 2   ④ *P + 3

2 다음 C 언어의 출력결과로 옳은 것은?

```
char a[ ] = "KOREA" ;
printf("%S", a + 2) ;
```

① KOR   ② REA

③ O   ④ R

 **answer**

1 *(P + 2)는 배열의 세번째 값으로 ptr[2]와 같은 값을 갖는다.

2 스트링 출력(%S)은 출력을 위한 시작주소부터 Null까지 출력하고, 배열 a에서 a + 2는 세번째 주소이므로 REA가 출력된다.

답—1.① 2.②

3 char *p = "korea"로 선언되었을 때 *(p + 3)이 갖는 값은?

① 0   ② r

③ e   ④ a

4 다음 중 Pointer에 대한 설명으로 옳지 않은 것은?

① 자료의 삽입, 삭제가 용이하다.   ② 다른 변수의 주소를 기억한다.

③ 배열 작성시 기억장소를 절약할 수 있다.   ④ 연산속도가 빠르다.

5 다음 C 언어의 행우선 배열을 표현한 것으로 옳은 것은?

```
for (X = 0; X < 3; X++)
for (Y = 0; Y < 2; Y++)
a[X][Y] = X + Y;
```

① a[2][2]   ② a[2][3]

③ a[3][2]   ④ a[3][3]

✿ answer

3 *(P + 3)은 'P + 3' 번째에 들어있는 값으로 첨자는 0부터 시작하므로 4번째 값 'e'의 값을 갖는다.

4 포인터의 특징
　㉠ 다른 변수의 주소를 기억하는 변수이다.
　㉡ 함수 사이에 배열의 전달이 용이하다.
　㉢ 함수에서 정의된 변수의 값을 다른 함수에서 간접적으로 바꿀 때 유용하다.
　㉣ 포인터를 이용하여 문자열 배열을 작성하면 기억장소를 절약할 수 있다.

5 행은 3행, 열은 2열로 구성된 2차원 배열을 생성한다.

답— 3.③ 4.④ 5.③

6 다음 C 언어의 결과값은?

```
int abc[7] = "10, 20, 30, 40, 50, 60, 70";
int *ptr;
ptr = abc;
printf("$d, $d", *(ptr + 1), *(ptr + 5));
```

① 10, 60

② 20, 60

③ 10, 50

④ 20, 50

7 ㉠에 들어갈 것으로 알맞은 것은?

```
#include <stdio.h>
int plus(int x, int y) {return x + y;}
int minus(int x, int y) {return x - y;}
main ()
{   int  a = 0;
     [              ㉠              ]
     for (a = 0; a < 2;a++)
     printf("%d\n", aaa[a](5, 4));
   return 0;  }
```

① int aaa[2] = {"plus", "minus"};

② int *aaa[2] = {"plus", "minus"};

③ int *aaa[2] = {plus, minus};

④ int (*aaa[2])(int x, int y) = {plus, minus};

⑤ int (void*)aaa[2](x, y) = {"plus", "minus"};

---

6 *(ptr + 1)은 abc[1]을 포인트하고 *(ptr + 5)는 abc[5]를 가리킨다.

7 aaa[a](5, 4)에서 배열 뒤에 2개의 인수가 있는 것을 알 수 있다. 같은 형식의 선언인 ④가 들어가야 한다.

답— 6.② 7.④

8 다음 C 언어의 출력값은?

```
#include <stdio.h>
main()
{
    int a[] = {0, 1, 2, 3, 4, 5, 6}
    int i;
    for (i = 0; i < 7; i += 2)
        printf("%d", a[i]);
}
```

① 0 2 4 6   ② 0 1 2 4

③ 0 1 3 5   ④ 1 2 3 4 5

⑤ 답이 없다.

9 다음 C 프로그램의 결과값은?

```
int a[] = {100, 200, 300};
int *p = &a[1];
    printf("%d", ++*p);
```

① 100   ② 101

③ 200   ④ 201

⑤ 300

※ answer

8 a배열 값 0부터 2씩 커지는 수를 출력한다.

9 *p는 200이고 ++가 계산된 값이 출력된다.

달─ 8.① 9.④

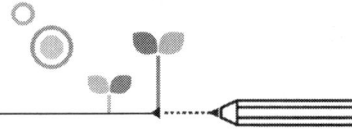

10 문장수행 후 *(p + 5)의 값은?

```
int x[] = {5, 4, 3, 2, 1, 6, 7, 8, 9};
int i, *p;
p = &x[0];
```

① 2   ② 3
③ 5   ④ 6

11 C 언어에서 int a[2][3]의 배열을 선언할 때 4번째 요소의 기억위치로 옳은 것은?

① a[0][1]   ② a[1][0]
③ a[1][1]   ④ a[2][2]

12 C 언어의 포인터에 대한 설명으로 옳지 않은 것은?

① 포인터를 특정한 변수의 주소로 지정할 수 있다.
② 포인터는 NULL 값을 가질 수 없다.
③ 관계 연산자를 사용하면 2개의 포인터를 비교할 수 있다.
④ 포인터의 주소연산에 이용한다.

❋ **answer**

10 문장을 수행하면 1번째 값 5를 포인팅하고 *(p + 5)는 그 보다 5를 이동한 값인 6이다.

11 ② 첫줄부터 가로로 카운트 했을 때 4번째는 [1][0]이다.

[0][0]	[0][1]	[0][2]
[1][0]	[1][1]	[1][2]

12 ② Null 포인터 역시 존재한다.

답— 10.④ 11.② 12.②

13 다음 C 언어의 실행결과로 옳은 것은?

```
main()
{   static char *a[] = {"Korea", "China", "Japan", "America"};
    int i = 0;
    for (i = 0; i < 4; i++)
    printf("%s", a[i]);
}
```

① Korea   ② KoreaChina
③ KoreaChinaJapan   ④ KoreaChinaJapanAmerica

14 다음 C 프로그램을 설명한 것으로 옳지 않은 것은?

```
main()
{
    int *a, x, y;
    x = 1;
    a = &x;
    y = *a;
    printf("%d", y);
}
```

① 출력값은 y = 1이다.

② y값을 알 수가 없다.

③ a에는 변수 x의 주소가 대입되었다.

④ 포인터 앞에 *이 있으면 값이 된다.

✿ answer

13 배열의 요소는 0 ~ 3까지의 주소를 가지며 i < 4이므로 모든 요소를 출력하는 프로그램이다.

14 ② y의 값은 x와 동일한 1이다.

📖— 13.④ 14.②

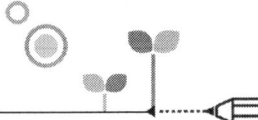

15 포인터에 대한 설명으로 옳지 않은 것은?

① 여러 개의 포인터는 한 개의 값을 가리킬 수 있다.

② 한 개의 포인터는 여러 곳을 가리킬 수 있다.

③ 포인터 연산자에는 &, *가 있다.

④ &는 번지 연산자이다.

⑤ *는 간접번지 연산자이다.

16 C 언어에서 배열 A(3, 3)일 때 기억장소 크기는?

① 5   ② 6

③ 7   ④ 8

⑤ 9

17 다음 C 언어에서 출력값은?

```
void main(void) {
    char *ch[5] = {"SE", "DB", "PL", "WEB", "C"};
    printf("%s", ch[2]);
}
```

① SE   ② DB

③ PL   ④ WEB

⑤ C

❋ answer

15 ② 포인터는 하나의 위치를 지적한다.

16 3 × 3 = 9개의 기억장소를 가져야 한다.

17 배열은 0부터 시작한다. ch[0] = SE, ch[4] = C가 된다.

답 – 15.② 16.⑤ 17.③

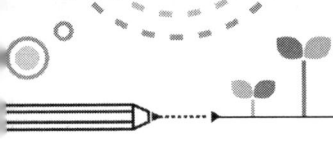

18 다음 C 프로그램에서 b의 값은?

```
int a, b;
int *ip;
a = 2;
ip = &a;
b = *ip;
```

① 1   ② 2

③ 3   ④ 4

⑤ 5

19 다음과 같은 배열 선언에 대한 설명으로 옳지 않은 것은?

```
int a[50];
```

① 모든 배열의 요소는 int형이다.

② 첨자는 a[0] ~ a[49]이다.

③ 50byte의 기억장소가 할당된다.

④ 100byte의 기억장소가 할당된다.

⑤ 1차원 배열이다.

✱ answer

18 ip에는 a의 주소가 들어있고 b는 ip의 값, 곧 a값을 가진다.

19 ③ 기억장소는 하나당 2byte이므로 100byte가 된다.

답— 18.② 19.③

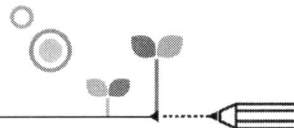

20 C 프로그램에서 다음과 같이 배열을 선언할 때, test[2][1]의 출력값은?

char test[4][2] = {'c', 'o', 'm', 'p', 'u', 't', 'e', 'r'};

① c   ② m
③ p   ④ t

21 배열선언이 다음과 같을 때 등식이 옳지 않은 것은?

int p[5] = {2, 1, 3, 4, 5};

① *(p + 0) = a[0]   ② p[1] = *(p + 1)
③ *(p + 2) = 3   ④ *(p + 3) = *p + 3

✳ **answer**

20 8개 중 6번째 문자 't' 의 위치이다.
※ 배열의 구조

[0][0] c	[0][1] o
[1][0] m	[1][1] p
[2][0] u	[2][1] t
[3][0] e	[3][1] r

21 *(p + 3)은 4이고, *p는 2이므로 *p + 3은 5이다.

🄰— 20.④ 21.④

22 C 언어에서 다음과 같을 경우 배열을 초기화했을 때 배열요소의 값을 표시한 것 중 옳지 않은 것은?

static int a[3][4] = {{0}, {1, 2, 3}, {4, 5, 6, 7}}

① a[0][0] = 0   ② a[1][2] = 3

③ a[2][1] = 5   ④ a[2][2] = 0

23 2차원 배열문제에서 다음 중 결과값이 서로 같지 않은 것은?

int t[ ][2] = {{1, 2}, {3, 4}}

① *(t + 0) = t[0][0]   ② *(t + 1) = t[0][1]

③ *(t + 2) = t[1][0]   ④ *(t + 3) = t[1][2]

24 다음의 의미를 바르게 해석한 것은?

a = &b ;
c = *a ;

① a = b   ② b = a

③ c = b   ④ a = c

22 ④ a[2][2] = 6이다.
  ※ 배열구조

[0][0] 0	[0][1] 0	[0][2] 0	[0][3] 0
[1][0] 1	[1][1] 2	[1][2] 3	[1][3] 0
[2][0] 4	[2][1] 5	[2][2] 6	[2][3] 7

23 *(t + 3) = t[1][1]이 된다.

24 첫번째 문장은 a에 b의 주소값을 배정하고, 두번째 문장에서 c는 a의 주소값의 내용을 갖는다. a는 b의 주소값이므로 c가 받는 값은 b와 동일하다.

답— 22.④ 23.④ 24.③

25 C 언어의 int a[5] ; 선언시 배열요소의 위치를 지정한 것으로 옳지 않은 것은?

① a = &a[2] ② a + 3 = &a[3]

③ a + 5 = &a[5] ④ a + 4 = &a[4]

26 다음 중 포인터 관련 연산자가 아닌 것은?

① – > ② *

③ | ④ &

27 다음 중 C에서 2차원 배열을 선언하는 방법으로 옳지 않은 것은?

① int a[n][m]; ② int **a;

③ int *a[n] ④ int (*a)[n];

 answer

25 배열의 이름은 배열의 시작주소를 갖고 있다. 그러므로 a와 &a[0]은 같은 주소이고, a + 1과 &a[1]도 같은 주소이다.

26 ① 구조체 공용체에서 필드를 나타낸다.
② 포인터 변수의 선언이나 간접 자료의 개념을 의미한다.
④ 주소를 나타낸다.

27 ④ 일차원 배열을 포인트하는 것이다.

답— 25.① 26.③ 27.④

28 다음과 같은 뜻을 지닌 문장은?

> int a[2][3] = {{1, 2, 3}, {4, 5, 6}};

① int a[2][3] = {1, 2, 3, 4, 5, 6};

② int a[ ][3] = {1, 2, 3, 4, 5, 6};

③ int a[2][3] = {{1, 4}, {2, 5}, {3, 6}}

④ int a[2][3] = {{1, 2}, {3, 4}, {5, 6}}

29 C 언어에서 [3][4]의 크기는 얼마인가?

① 6   ② 7

③ 8   ④ 12

30 다음 중 의미가 다른 것은?

> int *ptr, num ;
> ptr = &num ;
> num = 10 ;

① *(&num)   ② ptr

③ *ptr   ④ num

❋ answer

28 C에서 배열은 행우선으로 초기화된다.

a[0][0] = 1	a[0][1] = 2	a[0][2] = 3
a[1][0] = 4	a[1][1] = 5	a[1][2] = 6

29 3 × 4 = 12개의 기억장소를 갖는다.

30 세 번째 문장에서 num은 10이고, *(&num)은 num의 값 10을 가지며, *ptr도 주소값의 값이므로 num의 값 10 갖는다. 그러나 두 번째 문장에서 ptr을 num의 번지값을 갖는다.

답— 28.① 29.④ 30.②

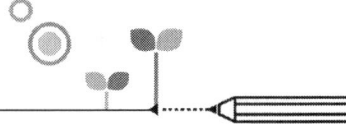

31 *ptr + 2와 *(ptr + 2)의 값으로 옳은 것은?

```
int *ptr;
static int a[5] = {1, 2, 3, 4, 5, 6};
ptr = a ;
```

① 3, 2
② 3, 3
③ 4, 3
④ 4, 4

32 다음 포인터 선언에 대한 설명으로 옳지 않은 것은?

```
char *p;
```

① *p는 p번지의 내용물을 의미한다.
② p의 값은 주소를 의미하며 'p--;' 등으로 주소연산을 할 수 있다.
③ 포인터 p가 가리키는 곳의 자료형은 char형이다.
④ 포인터 p가 가리키는 번지의 내용이 기억장소의 또 다른 번지 값이다.

33 다음과 같은 선언에서 서로 지정하는 위치가 같지 않은 것은?

```
int *ptr ;
static int a[2][2] = {1, 2, 3, 4}
ptr = a ;
```

① *ptr = a[0][0]
② *(ptr + 1) = a[1][0]
③ *(ptr + 2) = a[1][0]
④ *(ptr + 3) = a[1][1]

❋ **answer**

31 *ptr + 2는 a[0] 값에 2를 더하는 것이고, *(ptr + 2)는 배열의 세번째 원소인 a[2]의 값을 말한다.

32 ④ *가 있으면 기억공간에 할당된 내용을 뜻한다.

33 ② *(ptr + 1) = a[0][1]이다. 배열은 행우선으로 첨자를 부여한다.

답— 31.② 32.④ 33.②

34 C 언어 명령어들을 수행하고 난 후 변수 i, j의 값은?

```
int *ptr i, j, value[5] ;
ptr = value;
i = *(ptr + 1)
j = *ptr + 1
```

① i는 value[1]의 주소, j는 value[0]의 값 + 1
② i는 value[1]의 값, j는 value[0]의 값 + 1
③ i는 value[1]의 주소, j는 value[0]의 주소 + 1
④ i는 value[1]의 값, j는 value[0]의 주소 + 1

35 C 언어에서 다음과 같은 선언에 포함하지 않는 것은?

int A[10];

① 자료의 생성시기   ② 자료형
③ 첨자의 사용범위   ④ 첨자의 소멸시기

answer

34 i, j는 포인터 변수이고 value는 배열이다. ptr = value를 사용해서 배열의 주소를 기억한다. *(ptr +1)에는 value[1]의 값이 주어지고, *ptr + 1은 value[0] 값에 1을 더하는 것이다.

35 배열의 첨자 10이 없어지는 시간을 위의 선언으로는 알 수 없지만, 바인딩에 의한 자료생성, 첨자의 값을 통한 범위, 명시적인 자료형은 알 수 있다.

답ー 34.② 35.④

36 C에서 매개변수 전달방법이 call by value를 사용한다. 이것을 위해 필요한 형(type)은?

① 배열

② 포인터

③ 공용체

④ 문자열

37 32비트 운영체제에서 보기와 같이 배열을 선언 하였다. 이때 확보된 기억장소의 크기는?

int num[5][4]

① 20[Byte]

② 40[Byte]

③ 80[Byte]

④ 160[Byte]

38 C언어에서 static int num[10] = {1, 2, 3, 4, 5}로 선언되어 있다. num[5]의 값은?

① 0

② 1

③ 3

④ 5

04 구조형과 기억장소

1 다음 중 C 언어의 구조체와 C++ 언어 클래스의 차이점으로 옳은 것은?

① 구조체는 상속이나 다형성, 서브클래스 등을 지원하지 않는다.

② 클래스에서는 멤버가 default로 private로 설정되어 있으며 구조체에서는 public으로 내정되어 있다.

③ 구조체는 변수들과 그 변수와 관련된 메소드를 함께 정의할 수 있고, 클래스는 내부의 변수들만을 정의한다.

④ 구조체는 데이터오브젝트를 묵시적으로 접근할 수 있고, 클래스는 데이터오브젝트를 명시적으로 지정해야 한다.

2 다음 구조체가 갖는 기억공간의 크기는 얼마인가?

```
struct rec {
    char i[10];
    char j[10];
    short j;
} s;
```

① 20

② 21

③ 22

④ 23

※ answer

1 ① 구조체는 상속이나 다형성, 서브클래스 등을 지원하고 메모리 구조, 클래스 등도 구현이 가능하다.
③ 구조체는 내부의 변수들만을 정의하고 클래스는 변수들과 관련된 멤버함수(메소드)를 함께 정의할 수 있다.
④ 구조체는 데이터오브젝트를 명시적으로 지정해야 하며, 클래스는 묵시적으로 데이터오브젝트에 접근할 수 있다.

2 문자형은 1byte를 차지하고 short형은 2byte이다. $10 * 1 + 10 * 1 + 2 = 22$

답 1.② 2.③

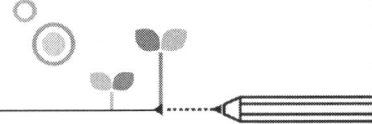

3 다음 중 C 언어에서 포인터가 가리키는 메모리 영역을 해제하는 라이브러리 함수로 옳은 것은?

① calloc()   ② malloc()

③ free()   ④ realloc()

4 C 언어에서 동적 데이터를 저장하는 곳은?

① register   ② heap

③ external   ④ dynamic

⑤ static

5 다음 중 int 4byte, char 2byte일 때 다음 공용체 변수 y의 크기로 옳은 것은?

```
union {
   int a;
   char b[2];
   struct {
      char i;
      char j;
   } x;
} y;
```

① 1   ② 2

③ 4   ④ 6

⑤ 8

✸ answer

3 ① 메모리를 할당하고 초기화한다.
    ② heep 영역에 메모리를 할당한다.
    ③ 메모리 할당을 해제한다.
    ④ 할당 메모리 크기를 재조정한다.

4 heap은 프로그램이 실행될 때까지는 알 수 없는 가변적인 양만큼의 데이터를 저장하기 위해, 프로그램의 프로세스가 사용할 수 있도록 미리 예약되어 있는 메인 메모리의 영역이다.

5 공용체의 가장 큰 바이트 수를 찾는다. int의 바이트 수가 가장 크다.

                             답—3.③ 4.② 5.③

6 다음 중 C 언어에서 크기가 size인 메모리를 여러 개 확보할 때 사용하는 함수는?

① calloc()
② malloc()
③ fopen()
④ scanf()

7 C 언어의 구조체에 대한 설명으로 옳지 않은 것은?

① 서로 다른 데이터 형들로 이루어진 복잡한 구조의 데이터를 정의할 수 있다.
② 구조체를 이용하면 하나의 변수선언으로 처리할 수 있다.
③ 자기참조 구조체는 같은 유형의 구조체를 차례차례 연결해 리스트를 만든다.
④ 구조체 내에 다른 구조체를 표현할 수 없다.

8 다음 C 프로그램의 결과값은?

```
#include <stdio.h>
void main ( ) {
    union aaa {
        char a;
        int b;
        double c;
    } s;
    printf ("%d\n", sizeof(aaa));
}
```

① 4
② 7
③ 8
④ 10

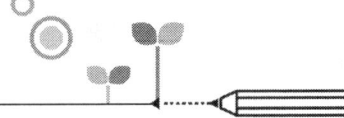

9 다음 프로그램의 출력결과는?

```
main(){
  union X{
    char a ;
    int b ;
    float c ;
  } ;
  printf("%d\n", sizeof(X));
}
```

① 3   ② 4

③ 5   ④ 6

10 다음 중 구조체와 관련된 연산자는?

① ->   ② &

③ %   ④ +=

11 구조체에 대한 설명으로 옳지 않은 것은?

① 구조체 내에 다른 구조체가 들어갈 수 있다.

② 구조체를 함수에 전달할 수 있다.

③ 구조체의 자기참조는 불가능하다.

④ 구조체를 요소로 갖는 배열선언이 가능하다.

※ answer

9 공용체는 멤버 중 가장 큰 영역을 가지는 멤버의 크기가 공용체의 크기이다. float이 가장 큰 4바이트를 가지므로 영역의 크기는 4이다.

10 ->는 구조체, 공용체 포인터에서 필드를 의미한다.
② 포인터의 주소를 나타낸다.
③④ 연산자이다.

11 ③ 구조체는 자기참조(self reference)가 가능하다.

답— 9.② 10.① 11.③

12 입출력 함수 중에서 고수준 함수로 옳지 않은 것은?

① putc   ② eof

③ fopen   ④ fwrite

13 파일을 열 때(open)의 mode에 관한 설명으로 옳지 않은 것은?

① w는 파일이 새로 생성되며 기존 파일내용은 삭제한다.

② w+는 기존 파일이 존재하면 쓰기를 무시한다.

③ r은 존재하는 파일을 읽는다.

④ a는 파일 끝에 추가의 의미로 파일이 없으면 파일을 만든다.

14 다음 중 파일의 끝으로 가는 문장은?

① fseek(file, sizeof(file), NULL);   ② fseek(file, 0L, NULL);

③ fseek(file, sizeof(file), SEEK_END);   ④ fseek(file, 0L, SEEK_END);

15 C의 자동변수에 대한 설명으로 옳지 않은 것은?

① 초기화하지 않으면 garbage에 기억된다.   ② 기본형으로 static으로 선언한다.

③ 주소를 참조(&a)할 수 있다.   ④ 블록이 사라지면 기억장소에서 소멸된다.

✳ answer

12 고수준 함수 … fopen, freopen, fdopen, fcolse, fprintf, fputc, putc, puts, fwrite, fscanf, fgetc, getc, fgets, gets, feof, fseek 등이 있다.

13 ② w+는 파일이 없으면 만들고, 존재하면 업데이트 한다.

14 fseek 함수는 fseek(fp, offset, ptrname)으로 구성된다. SEEK_END는 파일의 끝으로 포인터를 옮기라는 ptrname이다.

15 ② 자동변수는 지정하지 않으면 기본적으로 auto로 정의된다.

🔑 12.② 13.② 14.④ 15.②

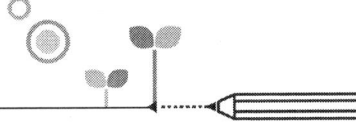

16 구조체 변수의 값으로 옳은 것은?

```
struct aa
{
    int a ;
    char b ;
    float c ;
}
kim = {1, 'a'} ;
```

① a = 1, b = a, c = 1a
② a = 1, b = a, c = a
③ a = 1, b = a, c = 0
④ a = 1, b = 1, c = 1

17 빈칸에 들어갈 프로그래밍으로 옳은 것은?

```
FILE *fi ;
main(){
    char a ;
    int i ;
    fi = fopen("aaa.dat:, [ ㉠ ]) ;
    for( ; !eof(fi) ; ){
        a = [ ㉡ ] ;
        putchar(a) ;
        }
    fclose(fi) ;
}
```

① ㉠ "r", ㉡ fgetc(fi)
② ㉠ "r", ㉡ fgets(fi)
③ ㉠ "w", ㉡ fputc(fi)
④ ㉠ "w", ㉡ fputs(fi)

✳ **answer**

16 구조체 내의 변수를 초기화할 때 주어진 값의 개수가 변수보다 작으면, 남은 것들은 0으로 초기화 된다.

17 파일을 오픈해서 읽어 들여야 하기 때문에 "r"이 된다. 오픈한 파일을 한 문자씩 읽어 들이기 위해서는 fgetc() 함수를 사용한다.

답— 16.③ 17.①

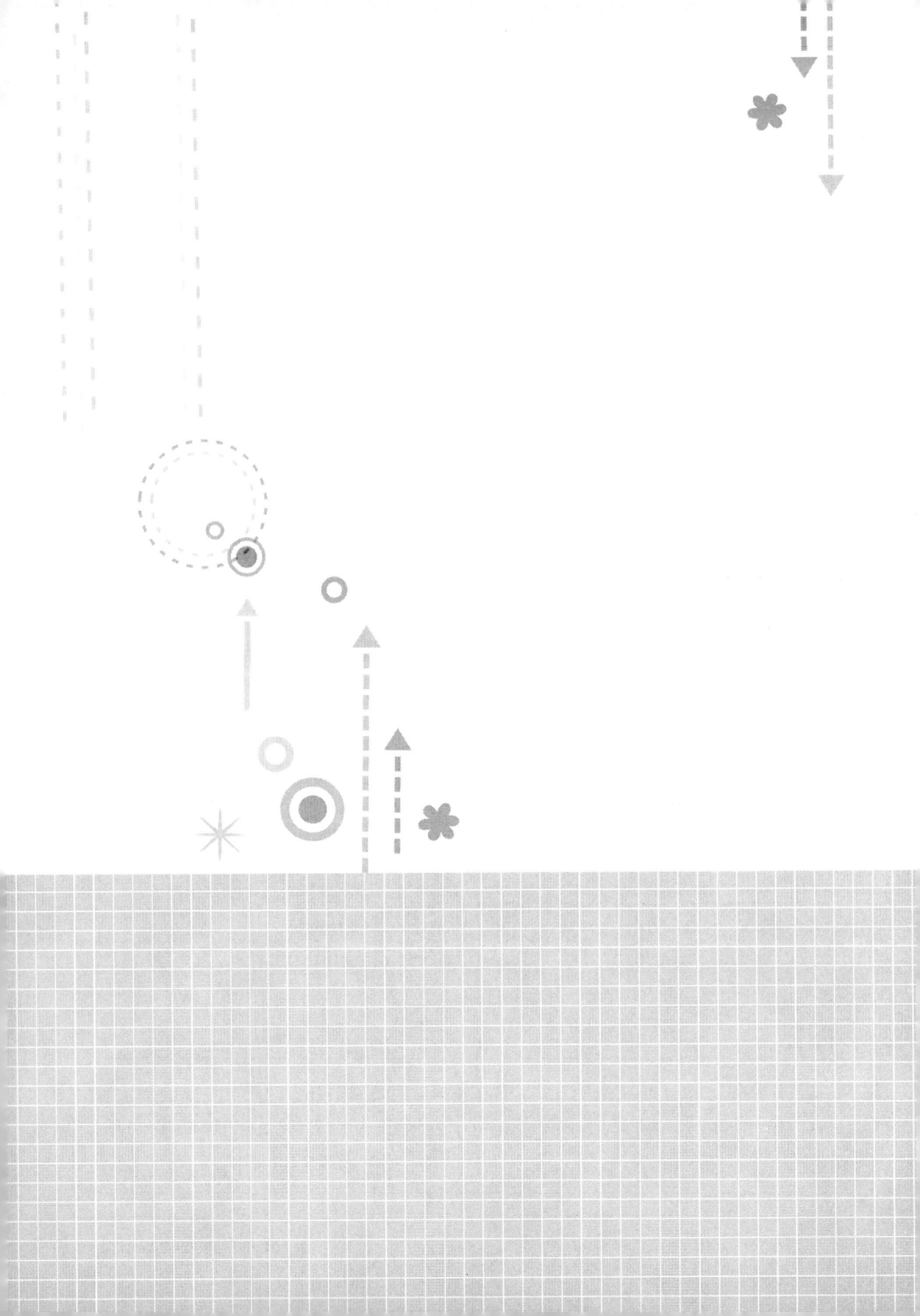

03

자바(JAVA) 언어

자바 언어의 기초

1 다음 중 자바 애플릿을 웹브라우저에서 쓸 수 있는 이유로 옳은 것은?

① 이벤트 처리를 기술하는 언어이기 때문이다.

② 자바가상머신(JVM)이 웹에 설치되어 있기 때문이다.

③ 객체지향 프로그래밍 언어이기 때문이다.

④ 예외처리를 할 수 있기 때문이다.

2 JAVA 언어에서 스레드 실행시 실제 행위가 일어나는 곳은?

① new()   ② thread()

③ start()   ④ run()

3 가정용 전자제품의 칩에 사용될 목적으로 개발된 객체지향 언어는?

① Eiffel   ② Java

③ Ada   ④ C++

✳ answer

1 자바는 다양한 하드웨어와 운영체제 환경에서 실행될 수 있는 이식성이 높은 언어로 자바가상머신(JVM)만 있으면 자바 코드를 변경할 필요없이 실행할 수 있다.

2 스레드가 시작되는 것은 start()이고, 실제 명령이 실행되는 것은 run()이다.

3 Java의 유래 … 자바는 WWW가 개발되기 시작하였던 1991년 선 마이크로시스템즈의 제임스 고슬링에 의해 단순하고 버그가 없는 가전 전자제품 프로그램을 만드는 것을 목적으로 개발되었다.

답—1.② 2.④ 3.②

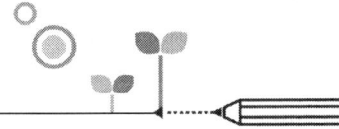

4 Java의 특징으로 옳지 않은 것은?

① C++보다 코드를 짜기 쉽다. ② 객체지향 패러다임을 적용했다.

③ 다형성과 추상화를 지원한다. ④ 포트란을 바탕으로 만들어졌다.

5 애플릿에 관한 설명 중 옳지 않은 것은?

① HTML 문서에서 변수값을 넘겨받을 수 있다.

② 애플릿은 HTML에서 스크립트로 작성한다.

③ 애플릿 함수를 상속해서 애플릿을 실행한다.

④ 보안상의 이유로 제한이 있다.

6 자바 애플릿의 기본 이벤트에 대한 설명이 옳지 않은 것은?

① public void init() – 애플릿을 초기화시키는 메소드로 이 메소드는 시스템에 의해 오직 한 번만 호출된다.

② public void start() – 애플릿의 동작을 시작할 때 호출되는 메소드로 init() 메소드 다음에 호출된다.

③ public void run() – 애플릿을 실행시키는 메소드이다.

④ public void destroy() – 애플릿의 동작이 정지될 때 호출되는 메소드이다.

 **answer**

4 ④ 자바는 객체지향 언어로 기본 개념은 C/C++ 언어와 유사하다.

5 ② 애플릿은 HTML 문서에서 applet이라는 태그의 형태로 작성된다.

6 ④ 동작정지는 stop()이 담당하고 destroy()는 자원을 반납하는 메소드이다.

답 – 4.④ 5.② 6.④

7 JavaScript에 대한 설명으로 옳지 않은 것은?

① 동적 바인딩이다.

② 변수형을 미리 정의한다.

③ CGI의 Form 인터페이스와 함께 사용할 수 있다.

④ 필요할 때마다 메소드를 객체에 더해서 사용할 수 있다.

⑤ HTML 문서 안에 삽입되어 HTML을 확장시킬 수 있다.

8 다음 중 인터넷 브라우저에서 실행될 수 있는 자바 프로그램으로 옳은 것은?

① 자바 스크립트　　　　　　　② 애플리케이션

③ API　　　　　　　　　　　④ CGI

⑤ 애플릿

9 자바 스크립트에서 화면을 출력하기 위한 함수는?

① write()　　　　　　　　② cout()

③ printf()　　　　　　　④ System.out.print()

⑤ document.getSelection()

✳ answer

7 JavaScript는 동적 바인딩을 채택한 것이기에, 변수를 미리 정의하지 않고 실행시간에 정의한다.

8 자바 애플릿은 웹에 잘 적용되는 브라우저에서 실행되는 프로그램이다.

9 자바 애플리케이션에서는 System.out.print나 System.out.println 같은 메소드를 사용하고 자바 스크립트에선 document 객체의 write() 메소드를 쓴다.

답— 7.② 8.⑤ 9.①

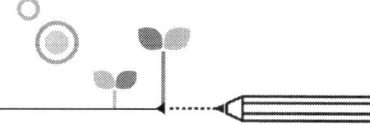

10 자바 스크립트에서 마우스 포인터가 해당 오브젝트 위에 있을 때 이벤트 처리를 발생하는 것은?

① onMouseDown   ② onMouseOver

③ onSelect   ④ onMouseUp

11 다음 중 자바와 자바 스크립트에 대한 설명으로 옳은 것은?

① 자바는 컴파일되므로 소스를 숨길 수 없다.

② 자바는 엄격한 형 검사를 한다.

③ 자바는 정적인 특성을 갖는다.

④ 자바 스크립트는 HTML과 별개로 사용된다.

12 다음 중 바이트 코드를 생성하는 언어로 옳은 것은?

① Java   ② Algol

③ LISP   ④ Cobol

13 다음 중 자바의 메소드에 속하지 않는 것은?

① init()   ② destroy()

③ ready()   ④ start()

❋ **answer**

10 ① 마우스를 누르는 순간 이벤트가 발생한다.
② 마우스 커서를 오브젝트 위에 올렸을 때 이벤트가 발생한다.
③ 입력창 안에 문자열들을 선택하는 순간 이벤트가 발생한다.
④ onMouseOver와 달리 커서를 내려놓을 때 이벤트가 발생한다.

11 자바는 소스를 숨길 수 있고, HTML과 함께 사용이 가능하며 동적인 특성을 가지고 있다.

12 자바는 바이트 코드를 생성해 머신에 독립적인 구조를 갖는다.

13 init와 destory는 애플릿의 상태를 지정하고 start는 애플릿을 시작하며 stop은 애플릿을 중단하는 메소드이다.

답 — 10.② 11.② 12.① 13.③

14 다음 중 Java의 특징에 대한 설명으로 옳지 않은 것은?

① 객체지향적이며, 다중상속을 지원하지 않는다.

② 바이러스에는 약한 면을 보인다.

③ 기계에 독립적이다.

④ 언어의 복잡성을 제거함으로써 쉽고 간단하다.

15 다음 중 자바의 예약어와 설명이 잘못 짝지어진 것은?

① catch – 예외상황을 트랩한다.

② abstract – 추상적인 method나 class를 정의한다.

③ implements – 클래스 상속시에 사용한다.

④ break – 루프나 switch 명령문의 프로세싱을 종료한다.

16 다음에서 설명하고 있는 것은?

- 객체를 생성하기 위한 기본 틀을 말한다.
- 객체의 자료구조와 동작행위의 기술을 위한 틀을 말한다.

① 다형성   ② 객체
③ 클래스   ④ 인스턴스

✿ answer

14 ② 자바는 보안성이 강한 언어이다.

15 ③ implements는 인터페이스를 이용한 상속을 위한 지정어이다.

16 데이터와 메소드를 결합한 집합체로 객체의 생성에 필요한 내용을 담고 있는 것은 클래스이다.

답 14.② 15.③ 16.③

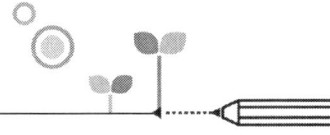

17 자바의 주요 특징에 대한 설명으로 옳지 않은 것은?

① 기본형을 제외하고 모든 자료가 객체로 취급된다.

② 스레드의 행위를 기술하는 핵심 메소드는 main() 메소드이다.

③ 예외를 처리하는 구문은 try−catch−finally 구문이다.

④ 프로그램 실행시간에 발생하는 에러를 예외라고 한다.

18 다음 중 가상 컴퓨터에 대한 설명으로 옳지 않은 것은?

① interpreter는 가상(virtual) 컴퓨터를 바탕으로 원시(source) 프로그램을 시뮬레이션하는 방식으로 프로그램을 수행한다.

② 컴파일러에서 중간 코드를 기계에 독립적으로 설계하기 위해서 가상 컴퓨터를 사용한다.

③ 자바 프로그램 언어는 해당하는 가상 컴퓨터를 가지고 있지 않다.

④ 가상 컴퓨터를 사용해서 기계에 독립적인 프로그램 언어를 만드는 것은 가상의 기계를 바탕으로 해서 원시 프로그램을 시뮬레이션하는 인터프리터가 존재하는 컴퓨터들에 대해서 구현함으로써 가능하다.

answer

17 ② main()은 프로그램의 실행이 시작되는 곳이지 핵심적 기능을 기술하는 곳은 아니다. 핵심적인 기능이 구현될 수도 있고 그렇지 않을 수도 있다.

18 ③ 자바는 기계 독립적인 언어로 JVM(java virtual machine)을 가지고 있다.

답─ 17.② 18.③

19 4번 라인에서의 결과는?

```
1 : public class Test {
2 : public static void main(String [] args) {
3 : int x = 5;
4 : boolean y = false;
5 : if((x==4) && !y)
```

① 1   ② 5

③ True   ④ False

⑤ None

20 다음 프로그램은 어떤 언어로 작성한 것인가?

```
public void paint(Graphics g)
{
    Polygon p = new Polygon();
    p.addPoint(30, 30);
    p.addPoint(30, 10);
    p.addPoint(30, 20);
    g.drawPolygon(p);
}
```

① Java   ② .net

③ C#   ④ C++

※ answer

19 &&는 두개의 입력이 true 일때 ture이다. x==5는 거짓이므로 결과는 false이다.

20 자바의 애플릿 프로그램으로, 애플릿은 applet 클래스를 확장하여 작성하고 main() 메소드가 없는 특징을 가지고 있다.

답 — 19.④ 20.①

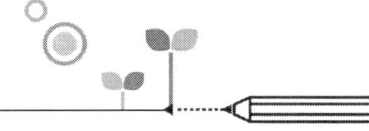

21 자바 언어의 자료형에 대한 설명 중 옳지 않은 것은?

① 참조형이 없다.

② 공용체를 지원하지 않는다.

③ 포인터 타입을 지원하지 않는다.

④ 클래스는 다중상속을 지원하지 않는다.

22 자바와 자바 스크립트의 차이점으로 옳지 않은 것은?

① 자바 스크립트는 인터프리터 방식이고, 자바는 서버에서 컴파일, 클라이언트에서 인터프리트 된다.

② 자바 스크립트는 객체기반 언어이고, 자바는 객체지향 언어이다.

③ 자바 스크립트는 HTML 파일 내 삽입되어 기술되고, 자바는 HTML 페이지 내에서 일정공간에 로딩되어 별도 수행된다.

④ 자바 스크립트는 미리 데이터 타입을 정해야 하지만, 자바는 미리 정할 필요가 없다.

23 자바 스크립트에서 입력창 안에 문자열들을 선택했을 때 발생하는 이벤트는?

① onFocus

② onSelect

③ onMouseOver

④ onMouseOut

answer

21 자바는 크게 기본형과 참조형의 자료형이 있다. 참조형에는 배열형, 클래스형, 인터페이스형이 있다. 객체지향 언어인 자바는 포인터가 없고, 공용체도 없다. 클래스는 다중상속을 할 수 없으나, 인터페이스는 다중상속이 가능하다.

22 ④ 자바는 데이터형을 정의해야 하지만, 자바 스크립트는 데이터형을 설정하지 않아도 된다.

23 ① 입력양식 필드로 포커스가 들어왔을 때의 이벤트이다.
② 입력양식의 한 필드를 선택했을 때의 이벤트이다.
③ 링크위로 마우스가 지나갔을 때의 이벤트이다.
④ 마우스가 링크나 특정영역 안에 있다가 나갔을 때의 이벤트이다.

답 — 21.① 22.④ 23.②

24 다음 중 컴파일 도중 에러가 발생하는 것은?

① float f2[] = new float[] ;

② float[] f1 = new float[3] ;

③ float f3[] = new float[3] ;

④ float f5[] = {1.0f, 2.0f, 2.0f} ;

25 다음 문자열에 관한 설명으로 옳지 않은 것은?

① 상수의 형태 또는 "+"나 "+="등의 연산자와 함께 사용될 수 있다.

② 문자의 집합이다.

③ 문자열 리터럴은 string 클래스 인스턴스다.

④ 문자열은 기본형이 아니므로 기본 라이브러리 java.lang.String에서 제공받지 못한다.

26 프로그램의 결과로 옳은 것은?

```
int x = 3 ;
int y = 1 ;
if (x = y) {
System.out.println("x = " + x) ;
}
```

① x = 1

② x = 3

③ Compilation fails.

④ The code runs with no output.

✳ answer

24 new float[] 때문에 error가 난다. 배열 선언시 생성되는 배열의 개수를 주어야 한다.

25 ④ 문자열은 기본형은 아니지만 java.lang.String 클래스를 통해 문자열 데이터형을 제공받을 수 있다.

26 x, y는 3, 1로 다른 값으로 x = y가 될 수 없으므로 '컴파일 fail'이 발생한다.

답— 24.① 25.④ 26.③

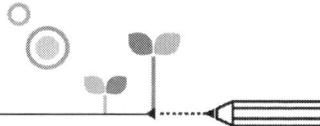

27 ⓛ의 methodA를 위한 반환형으로 가장 작은 단위는?

> ㉠ public class ReturnIt {
> ㉡ return Type methodA(byte x, double y) {
> ㉢ return (long)x / y * 2 ;

① int ② byte

③ double ④ float

28 float에 대한 문장으로 옳은 것은?

① float f = 1.0d; ② float f = 1.0.;

③ float f = '1'; ④ float f = "1";

29 다음 중 지정어가 아닌 것은?

① run ② import

③ default ④ this

30 정수형 2차원 배열에 대한 선언으로 옳지 않은 것은?

① int a[10][10] = new int [][] ; ② int a[][] = new int [10][10] ;

③ int []a[] = new int [10][10] ; ④ int [][]a = new int [10][10] ;

❊ answer

27 methodA에는 byte와 double이 있는데, 둘을 커버할 수 있는 가장 작은 단위는 double이다.

28 '1'은 char형으로, char형은 float보다 하위의 단위이므로 대입이 가능하다.

29 자바는 모두 47개의 지정어가 있다. run은 지정어에 포함되지 않는다.

30 [][]a, []a[], a[][] 모두 적절한 표현이다. int a[10][10] = new int [][] ;은 생성자에서 배열의 크기를 정해줘야 하는데 선언에 배열의 크기가 지정되어 있으므로 옳지 않다.

답— 27.③ 28.③ 29.① 30.①

31 다음 중 식별자(identifier)로 옳은 것은?

① %fred   ② *fred

③ thisfred   ④ 2fred

32 applet 태그로 옳은 것은?

① <applet code = GO2005 width = 100 height = 100></applet>

② <applet code = GO2005.class width = 100 height = 100></applet>

③ <applet param = GO2005.class width = 100 height = 100></applet>

④ <applet param = GO2005 width = 100 height = 100></applet>

33 java.awt.Graphics class의 메소드를 이용해서 사각형 outline을 그릴 때 사용하는 메소드는?

① fillRect()   ② drawRect()

③ fillPolygon()   ④ drawLine()

answer

31 식별자의 구성요소
  ㉠ $, _, 문자, 숫자가 구성요소로 쓰인다.
  ㉡ 숫자는 맨 처음에 올 수 없다.
  ㉢ Java keyword는 identifier가 될 수 없으나 합성어로 쓰면 가능하다.
  ht = pixel></applet>과 같은 형식으로 기술한다.

32 <applet code = 이름.class width = pixel heig

33 public void drawRect(int x, int y, int width, int height);는 속이 빈 사각형 모양을 그리는 메소드이다.

답— 31.③   32.②   33.②

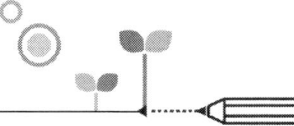

34 5번 라인에서 출력되는 값은?

```
1 : public class Test {
2 : int x = 5;
3 : public void met(int x) {
4 : this.x = this.x + x + x ;
5 : System.out.println(this.x);
6 : }
7 : }


10 : public static void main(String args[]){
11 : Test test = new Test();
12 : test.met(10);
    }
```

① 5   ② 15

③ 25   ④ 60

---

answer

34 x = this.x + x;
    this.x는 Test 클래스 내부의 x를 가르키므로 5, x는 test.apple(10);의 10을 가르키므로 10,
    this.x = 5 + 10 = 15

답– 34.③

02 연산자와 문

1 JAVA에서 명시적으로 예외를 발생시키는 명령어로 옳은 것은?

① raise

② try−catch−finally

③ throw

④ exception handler

2 다음 JAVA 프로그램의 결과값은?

```
public static void main(String[] args)
{   int a = 17, b = 17;
    System.out.println("(" + a / b + ")");
}
```

① (289)

② (17/17)

③ (1717)

④ (1)

3 다음 중 JAVA에서 0.0%0.0의 출력값으로 옳은 것은?

① 0

② 1

③ 2

④ NaN

❊ answer

1 throw … 시스템 정의 예외나 프로그래머 정의 예외를 명시적으로 발생시키는 구문이다.

2 (17/17)의 형식이므로 (1)이 된다.

3 0을 0으로 모듈러 연산을 하면 타당하지 않은 계산결과인 Not a Number가 된다.

답—1.③ 2.④ 3.④

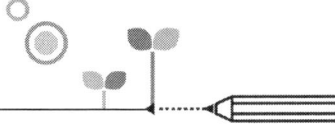

4 자바에서 제약없이 읽고, 쓰고, 실행할 수 있는 것은?

① private ② public

③ protected ④ final

5 다음 Java 프로그램의 출력결과는?

```java
class Array
{
        public static void main(String[] args)
        {
            String[] a = {"DOG", "CAT", "BIRD", "TREE"} ;
            int sum = 0 ;

            for(int i = 0 ; i < a.length ; i++)
                for(int j = 0 ; j < a[i].length() ; j++)
                    sum++ ;
            System.out.println("[" + sum + "]") ;
        }
}
```

① [4] ② [14]

③ [17] ④ [22]

---

6 다음 while문을 이용한 자바 프로그램의 실행결과로 옳은 것은?

```
class While {
    public static void main(String args[]) {
        int i = 1, s = 0 ;
        while (i <= 5) {
            s += i++;
            System.out.print(s + " ") ;
        }
    }
}
```

① 1, 2, 3, 4, 5

② 2, 4, 7, 11, 16

③ 1, 3, 5, 7, 9

④ 1, 3, 6, 10, 15

7 다음 중 표준 출력 메소드에 해당되지 않는 것은?

① System.out.write()

② System.out.print()

③ System.out.writeln()

④ System.out.println()

answer

6 i의 값이 1~5까지 1, (1 + 2), (1 + 2 + 3), (1 + 2 + 3 + 4), (1 + 2 + 3 + 4 + 5)의 순으로 S가 변한다.
   i++은 나중에 증가하는 것이므로 처음 시작 s값이 1이 된다.

7 출력 메소드로 write()는 기록하는 것이고 print()는 출력, println()은 줄 단위 출력을 의미한다.

답 — 6.④ 7.③

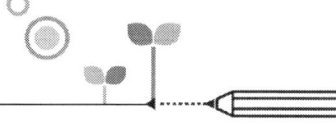

8 문자열을 결합하는 다음 자바 프로그램의 수행결과는?

```
class StringCount{
  public static void main(String[] args){
    String str = "Java Programming";
    System.out.println("The length of " + str + "is" + String.valueOf(str.length()
    ));
    }
}
```

① The length of Java Programming is 15

② The length of Java Programming is 16

③ The length of Java Programming is 17

④ The length of Java Programming is 0

9 다음 중 분기문에 대한 설명으로 옳지 않은 것은?

① 분기문은 지정된 곳으로 제어를 옮기는 문장이다.

② 탈출은 break문을 쓴다.

③ 자바는 goto문이 없다.

④ 분기문에서 break문, if문, return문이 있다.

answer

8 String.valueOf(str.length())를 통해 str 문자열의 길이를 구하는 프로그램이다. str 문자열은 공백을 포함해서 16이다.

9 ④ if문은 조건문에 해당한다.

답 — 8.② 9.④

10 다음 자바 프로그램의 실행결과는?

```
class TotalScore {
public static void main(String [ ]arguments) {
    int total = 0 ;
    int score = 4 ;
     if(score == 3)
       System.out.println("You kick a field goal!") ;
     if(score == 5)
       System.out.println("You score a touchdown!") ;
          total = total + score ;
          System.out.println("Total score; "+ total) ;
        }
}
```

① Total score; 0   ② Total score; 3

③ Total score; 4   ④ Total score; 5

11 다음 프로그램의 결과는?

```
int i = 0;
for(; i <=4; i += 2) {
System.out.print(i + " ");
}
```

① 0 2 4   ② 0 2 4 5

③ 0 1 2 3 4   ④ Compilation fails.

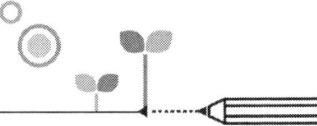

12 다음 프로그램의 결과는?

```
11. int i = 1, j = 10 ;
12. do{
13. if (i > j) {
14. continue ;
15. }
16. j-- ;
17. } while (++i < 6) ;
18. System.out.println("i = " + i+" and j = " + j) ;
```

① i = 6 and j = 5
② i = 5 and j = 5
③ i = 6 and j = 4
④ i = 5 and j = 6

13 다음 프로그램의 결과는?

```
public class Foo{
public static void main(String[] args){
try{ System.exit(0)}
finally{ System.out.println("Finally");}
}
```

① 아무것도 프린트되지 않는다.
② "Finally"가 프린트된다.
③ 예외를 발생해서 컴파일 되지 못한다.
④ catch 블록이 없어서 컴파일되지 못한다.

 answer

12 i는 증가하고 j는 감소한다. i는 ++i로 식을 수행하기 전에 증가하고 j는 나중에 감소한다.

13 위 프로그램은 컴파일상에는 이상이 없다. 하지만 catch 블록이 없으므로 그냥 빠져 나온다. 만약 try{return ;}
이라면 답은 ②가 된다.

답— 12.① 13.①

14 다음 프로그램에 대한 설명으로 옳은 것은?

```
int b1 = 1 << 31; int b2 = 1 << 31;
b1 >>> = 31 ; b1 >>> = 1;
b2 >> = 31 ; b2 >>= 1;
```

① b1, b2 모두 0이다.　　　　　② b1은 모두 0이고, b2는 모두 1이다.

③ b1 모두 1이고, b2 는 모두 0이다.　　④ b1, b2 모두 1이다.

15 2번 라인에 (NullPointerException)가 발생하였다. 이때 코드의 최종 출력 값은?

```
1 : try {
2 : // code add
3 : } catch (NullPointerException e1) {
4 : System.out.print("test1");
5 : } catch (RuntimeException e2) {
6 : System.out.print("test2");
7 : } finally {
8 : System.out.print("test3");
9 : }
```

① test1　　　　　　　　　　② test1test2

③ test1test3　　　　　　　　④ test2

answer

14 x << y = x * 2y와 같은 의미로 왼쪽 시프트가 일어나며, x >> y = x / 2y와 같은 의미의 오른쪽 시프트가
일어난다. 부호 없는 오른쪽 이동 연산자 >>>은 첫 번째 피연산자의 비트들을 두 번째 피연산자에 정의된
비트 수 만큼 오른쪽으로 이동하고 빈곳은 0으로 채운다.

15 NullPointerException이 발생 하였으므로 3번 라인이 실행되어 4번 "test1"이 출력되고 5번 라인은 실행되지
않는다. 7번 라인은 무조건 실행이 되므로 "test3"이 출력이 되어 최종 출력 결과는 test1test3이 된다.

답— 14.② 15.③

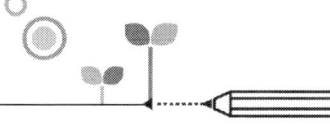

16 다음 프로그램의 결과는?

```
public class Test {
public static String output = " ";
public static void foo(int i) {
try {
   if(i == 1) {
   throw new Exception() ;
   }
   output += "1" ;
}catch() {
   output += "2" ;
}finally {
   output += "3";
}
output +="4" ;
}
foo(0) ;
foo(1) ;
```

① 132344
② 134234
③ 432134
④ 134243

17 ejbCreate() 관련 규칙으로 거리가 먼 것은?

① 메소드 인자는 그 메소드에 대응되는 create<메소드이름> 메소드의 인자와 똑같아야 한다.

② 메소드 명은 반드시 'ejbCreate'로 시작해야 합니다.

③ 메소드는 반드시 private로 선언해야 한다.

④ 메소드에서는 실제로는 널을 리턴 하지만, 리턴 형식을 선언할 때는 엔티티의 일차 키 형식으로 선언해야 한다.

✳ answer

16 foo(0)에서 i가 0이므로 먼저 try문 밖에 1을 출력하고, 그 다음에 finally에 3을 출력한 후 4를 출력한다. foo(1)에서 i가 1이므로 try문을 만족해서 catch문 안에 2를 출력하고, finally에 3을 출력한 후 4를 출력한다.

17 메소드는 반느시 public으로 선언해야 하며, static, final는 사용자면 안된다.

답— 16.② 17.③

02. 연산자와 문 185

03 클래스와 인터페이스

1 JAVA 언어에 대한 설명 중 옳은 것은?

① 하위클래스(subclass)는 상위클래스(superclass)의 private 필드에 접근할 수 있다.

② protected로 선언된 필드는 하위클래스에게만 접근을 허용한다.

③ public이나 private 또는 protected를 사용하여 명시적으로 선언하지 않은 필드 변수와 메소드는 public으로 선언한 것으로 취급한다.

④ 하위클래스 객체를 상위클래스 타입의 변수가 참조하는 건 허용하지만, 상위클래스 객체를 하위클래스 타입의 변수가 참조하는 건 허용하지 않는다.

 answer

1 ① private의 경우 클래스 내부에서만 접근할 수 있고 외부에서는 접근할 수 없다.
② 클래스 내부에서 접근할 수 있고, 이 클래스에서 상속된 서브클래스에서 상속할 수 있다.
③ 접근 속성이 선언되지 않은 경우에는 같은 디렉토리에서만 접근이 가능하다.

답—1.④

2 다음 조건에서 옳지 않은 것만 묶어 놓은 것은?

```
Class Car{ } c;
Class MotorCycle{ } m;
Class Truct : public Car{ } t;
Class DumpTruct : public Truct{} d:
Class UsedCar : private Car{} u;

extern foo(&Car)
```

㉠ foo(c)	㉡ foo(m)
㉢ foo(u)	㉣ foo(d)
㉤ foo(t)	

① ㉠㉡　　　　　　　　　　　② ㉠㉣

③ ㉡㉢　　　　　　　　　　　④ ㉣㉤

3 다음 중 자바클래스에 대한 설명으로 옳지 않은 것은?

① 클래스의 최상위 부모는 class 클래스이다.

② 부모 객체에 자식 객체를 저장시킬 수 있다.

③ 다중상속이 되지 않는다.

④ private은 그 객체를 상속한 자식클래스라도 접근 불가이다.

※ **answer**

2 MoterCycle과 UsedCar는 Car클래스와 관련이 없다. UsedCar는 private로 Car와 연관이 없기 때문에 Car의 속성에 접근할 수 없다.

3 자바의 최상위 super 클래스는 object 클래스이며, 자바의 클래스는 다중상속되지 않는다. 자바는 인터페이스의 나중상속은 지원한다. private로 선언된 클래스는 자신 외에 다른 클래스는 접근할 수 없다.

답－ 2.③ 3.①

4 다음 자바 프로그램의 상속에 관련된 코드에서 (㉠)안에 들어갈 말로 알맞은 것은?

```
class A
{
    ...............
}
class B ( ㉠ ) A
{
    char d;
    :
    :
}
```

① implements   ② object
③ extends   ④ public
⑤ from

5 다음 중 자바에서 스레드 행위를 기술하는 메소드로 옳은 것은?

① run() 메소드   ② start() 메소드
③ new() 메소드   ④ thread() 메소드
⑤ runnable 인터페이스

 answer

4 상속을 위한 예약어는 extends이다.

5 스레드가 시작되는 것은 start()이고, 실제 명령이 실행되는 것은 run()이다.

답— 4.④ 5.①

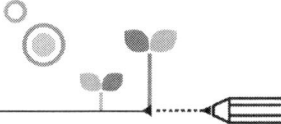

6 다음 JAVA 프로그램에서 출력되는 *의 개수는?

```
public class Test {
public static void main(String[] args) {
      for (int i = 5 ; i > 0 ; i－－) {
            for(int j = 0; i >= j ; j++)
            if(i + j > 4 && i >= j)
            System.out.println("*") ;
            }
      }
}
```

① 11   ② 12

③ 13   ④ 14

⑤ 15

7 다음 설명 중 옳지 않은 것은?

① private – 외부에서 접근할 수 없고 다른 객체가 이를 상속받을 수도 없다.

② protected – 외부에서는 접근할 수 없지만 다른 객체는 이를 상속받을 수 있다.

③ public – 외부에서 접근할 수 있으며 다른 객체에서 이를 상속받을 수 있다.

④ package – 외부로부터 완전히 차단된 정보이다.

---

answer

6 i는 5에서 1까지 감소하고, j는 0부터 i값까지 증가한다. i + j의 값이 4보다 크고 i가 j 이상인 경우에만 *이 찍힌다.

7 ④ 객체지향에서 패키지는 관련있는 것들의 묶음을 나타낸다.

답— 6.② 7.④

8 다음 중 JAVA에서 상속을 하지 않기 위해서는 어떤 예약어를 사용해야 하는가?

① private   ② public

③ final   ④ finalize

9 자바에서 스레드를 호출하기 위해 start() 메소드로 호출되는 것은?

① start()   ② run()

③ thread()   ④ stop()

10 자바에서 예외처리 상황에 대한 설명으로 옳지 않은 것은?

① try−catch−finally문에 여러 개의 catch문이 올 수 있다.

② finally문은 생략이 가능하다.

③ 모든 메소드마다 예외의 유형을 정의해야 한다.

④ 프로그래머가 지정하지 않은 예외는 디폴트 예외처리기가 처리한다.

✹ answer

8 final은 서브클래스를 가질 수 없다. 즉 상속이 불가능하다.

9 start() 메소드를 호출하면 바로 그 클래스 내의 run() 메소드를 호출하여 스레드를 시작한다.

10 발생 가능한 예외의 종류를 메소드 선언부분에 명시하지 않고, 프로그래머가 정의하지도 않는다면 컴파일러가 에러로 처리한다.

답— 8.③   9.②   10.③

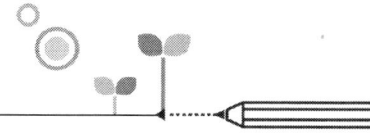

11 접근 수정자를 통해 이룰 수 있는 객체지향의 특성은?

① 재사용성 ② 상속성
③ 정보은닉 ④ 다형성

12 자바 언어에서 인터페이스에 관한 내용 중 옳은 것은?

① 인터페이스도 클래스와 마찬가지로 객체를 가질 수 있다.
② 한 개의 인터페이스만을 상속받을 수 있다.
③ 매개변수의 자료형으로 인터페이스형을 사용할 수 있다.
④ 인터페이스를 이용하여 다른 인터페이스를 구현할 수 있다.

13 클라이언트/서버 모델의 서버 부분에서 운영되는 자바 프로그램 컴포넌트들을 설정하기 위한 아키텍처는?

① Spring ② JSP
③ EJB ④ Bean

answer

11 접근 수정자는 클래스에 대한 접근의 정도를 나타낸다. 이를 통해 중요한 클래스의 정보를 숨길 수 있다.

12 인터페이스는 다중상속이 가능하고 객체가 없으므로 다른 인터페이스를 만들 수는 없다.

13 엔터프라이즈 자바빈즈(Enterprise JavaBeans; EJB)는 기업환경의 시스템을 구현하기 위한 서버측 컴포넌트 모델이다.

답—11.③ 12.③ 13.③

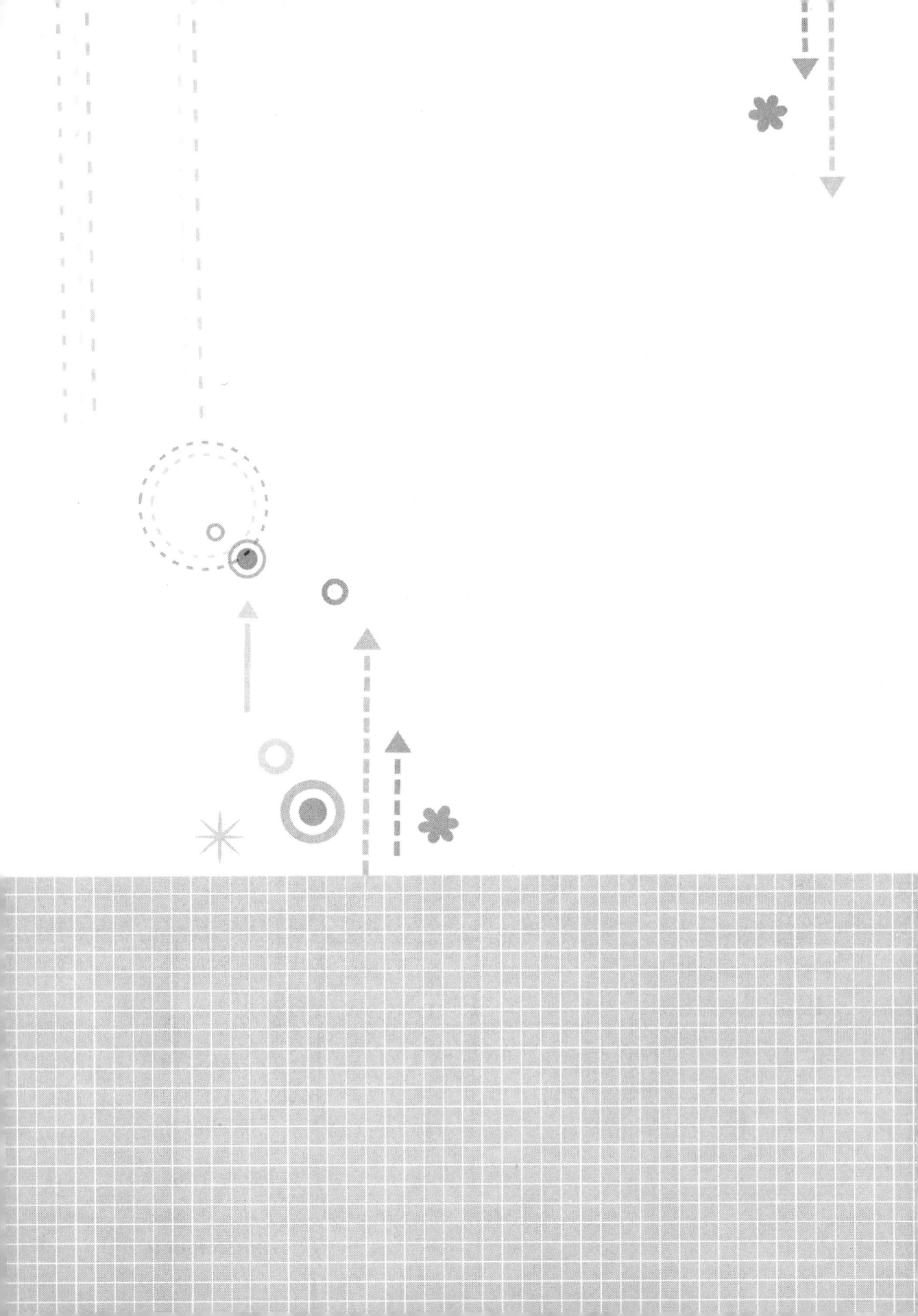

04

기타 언어

01 코볼(COBOL) 언어

1 IDENTIFICATION DIVISION에 반드시 표기해야 하는 내용은?

① program-ID ② author

③ install ④ written-date

2 다음 중 코볼의 자료형에 속하지 않는 것은?

① 고정소수점 형식 ② 정수형

③ 문자열 ④ 논리형

3 코볼 출력에 적당한 것은?

① S ② V

③ P ④ B

✳ answer

1 코볼의 IDENTIFICATION 영역에는 프로그램 ID가 반드시 포함되어야 하며, author, install, written-data 는 선택사항이다.

2 ④ 코볼은 참, 거짓을 나타내는 논리형을 사용하지 않는다.

3 S, V, P는 연산용 기호이고, B는 편집용 기호이므로 출력과 관련된다.
① 양수와 음수를 표시하는 것이다.
② 소수점의 위치를 기억한다.
③ 소수점 위치가 바깥쪽일 때 사용한다.
④ 공백 삽입을 나타낸다.

답-1.① 2.④ 3.④

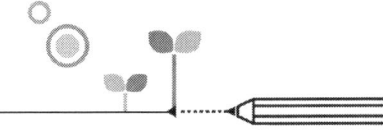

4 코볼에서 DATA DIVISION에 해당하는 SECTION이 바르게 짝지어진 것은?

① CONFIGURATION, FILE

② INPUT−OUTPUT, WORKING−STORAGE

③ FILE, WORKING−STORAGE

④ INPUT−OUTPUT, CONFIGURATION

⑤ INPUT−OUTPUT, FILE

5 다음 중 코볼에 대한 설명으로 옳지 않은 것은?

① rename은 77을 사용한다.

② 사용자 정의어로 예약어의 사용이 불가능하다.

③ 독립계층은 01로 시작해도 된다.

④ 독립계층은 77을 사용한다.

6 코볼에서 DIVISION 순서를 바르게 나열한 것은?

㉠ IDENTIFICATION	㉡ DATA
㉢ ENVIRONMENT	㉣ PROCEDURE

① ㉠ − ㉢ − ㉡ − ㉣

② ㉠ − ㉡ − ㉣ − ㉢

③ ㉠ − ㉣ − ㉡ − ㉢

④ ㉠ − ㉣ − ㉢ − ㉡

⑤ ㉠ − ㉢ − ㉣ − ㉡

❊ answer

4 CONFIGURATION과 INPUT−OUTPUT 섹션은 ENVIRONMENT DIVISION에 속하고 DATA DIVISION은 FILE, WORKING−STORAGE, LINKAGE, REPORT 섹션으로 구성된다.

5 ① rename은 01, 77, 88을 사용할 수 없다.

6 코볼의 DIVISION은 4개로 구성되어 있으며 순서대로 기술해야 한다. IDENTIFICATION − ENVIRONMENT − DATA − PROCEDURE 순으로 기술한다.

답 − 4.③ 5.① 6.①

7 다음 중 코볼에서 사용자 정의 식별자로 사용할 수 없는 것은?

① file name
② program−name
③ i−o device name
④ paragraph name
⑤ record−name

8 다음 중 코볼에서 상징형 상수의 '0' 값에 해당되지 않는 것은?

① ZEROES
② ZEROS
③ ZERO
④ ZEROE

9 다음 COBOL 프로그램에서 RTN의 실행횟수는?

PERFORM RTN VARYING A FROM 5 BY / UNTIL A = 15

① 4
② 5
③ 6
④ 10

✳ answer

7 사용자 정의어는 file, record, data, special, procedure, program, library−name 등을 쓸 수 있다.

8 상징형 상수 중 0을 의미하는 것은 ZERO, ZEROS, ZEROES이다.

9 5부터 15까지 10번 수행된다.

답─ 7.④ 8.④ 9.④

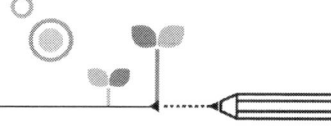

10 아래 예문처럼 코볼에서 REDEFINES의 의미는?

```
03 M PIC 9(3)
03 N REDEFINES M PIC X(3)
```

① REDEFINES는 VALUE구를 사용하여 초기값을 다시 지정할 수 있다.

② REDEFINES는 기억장소의 성격과 구조를 동시에 변경시킨다.

③ REDEFINES로 재정의한 것은 OCCURS시킬 수 없다.

④ REDEFINES는 기억장소의 구조를 변경시킨다.

⑤ REDEFINES는 기억장소의 성격을 변경시킨다.

11 코볼 연산에서 의미가 옳지 않은 것은?

① ADD A TO C. → C = C + A

② SUBTRACT A 50 FROM C. → C = C − (A − 50)

③ MULTIPLY A BY 2 GIVING B. → B = A * 2

④ DIVIDE A BY B GIVING C. → C = A / B

12 코볼에서 다음과 의미가 같은 명령어는?

"MOVE A TO B"

① SET B TO A   ② A TO B SET

③ B TO A SET   ④ SET A TO B

 answer

10 REDEFINES는 이미 정의된 기억장소의 성격이나 구조를 변경할 때 사용하는 것으로, 별도의 기억장소가 할당되는 것은 아니다. 위의 형식은 기억장소 성격을 변경한 경우이다.

11 ② C = A − 50이 된다.

12 MOVE는 TO 앞의 내용을 뒤로 옮겨주라는 의미이다. SET은 TO 뒤의 값을 TO 앞으로 기억시킨다.

답– 10.⑤ 11.② 12.①

13 다음 중 코볼 언어의 ENVIRONMENT에 대한 설명으로 옳은 것은?

① 레코드 구조를 정의한다.

② 기억장소의 크기, 형태를 정의한다.

③ 프로그램의 실행절차를 보여준다.

④ 프로그램을 수행하기 위한 장치, 주변환경에 대해서 기술한다.

14 코볼에서 메인 프로그램에서 정의된 기억장소를 서브 프로그램에서 사용하고자 할 때 사용되는 SECTION은?

① WORKING-STORAGE SECTION ② LINKAGE SECTION

③ COMMUNICATION SECTION ④ FILE SECTION

15 다음 중 코볼에서 문자와 숫자를 혼합하여 표현할 수 있는 PICTURE 모드는?

① A ② X

③ 9 ④ T

✳ **answer**

13 코볼 프로그램에서 두 번째로 기술하는 ENVIRONMENT는 프로그램 수행을 위한 장치, 환경에 대해 설명한다.

14 ① 프로그램 안에 만들어지며, 프로그램의 수행이 끝나면 없어지는 외부파일과 관계없는 기억장소에 대해 설명한다.
② 부 프로그램 사용시 주 프로그램에서 전달되는 인수에 대해 기술하는 부분이다.
④ 외부에서 입력되는 파일과 레코드 및 출력되는 파일과 레코드를 정의해준다.

15 영문자는 A, 영숫자는 X, 숫자는 9로 구분한다.

답— 13.④ 14.② 15.②

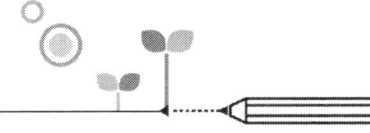

16 코볼 프로그래밍에 대한 설명으로 옳지 않은 것은?

① DISPLAY문은 꼭 FROM이 필요하다.

② ACCEPT문은 file에 기술하지 않고 소량의 데이터를 외부로 직접 입력한다.

③ ALTER문은 이미 결정된 프로그램의 진행방향을 변경하여 실행하도록 한다.

④ STOP문은 하나의 프로그램에 다수 존재할 수 있다.

⑤ 수행 도중 GO TO문을 만나면 GO TO 다음의 프로시저로 점프한다.

17 코볼의 계층적 구조로 바르게 나열한 것은?

㉠ DIVISION	㉡ STATEMENT
㉢ PARAGRAPH	㉣ SECTION
㉤ SENTENCE	

① ㉠㉡㉢㉣㉤

② ㉠㉤㉣㉡㉢

③ ㉠㉣㉢㉤㉤

④ ㉠㉣㉢㉤㉡

18 코볼의 데이터 이름에 대한 규칙 중 옳지 않은 것은?

① 예약어는 사용할 수 없다.

② 동일한 이름을 중복으로 부여해서 다른 의미로 사용할 수 있다.

③ 하이픈은 처음이나 끝에 쓰면 안 된다.

④ 하나의 단어 중간에 공백이 있으면 안 된다.

✻ answer

16 ① DISPLAY문을 사용하여 출력할 때는 UPON이 필요하다.

17 상위개념인 DIVISION – SECTION – PARAGRAPH – SENTENCE – STATEMENT로 계층 관계를 이룬다.

18 ② 코볼에서는 동일한 이름이 다른 의미로 해석될 수 없다. 동일한 이름이 다른 의미로 해석될 수 있는 것은 객체지향 언어의 특징이다.

답— 16.① 17.④ 18.②

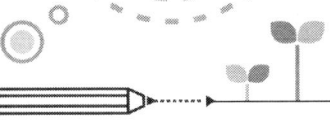

19 LEVEL number 규칙 설명 중 옳지 않은 것은?

① LEVEL number는 01 ~ 99, 66, 77, 88만을 쓴다.

② 레벨이 같으면 같은 번호를 쓴다.

③ 레벨이 감소함에 따라 높은 수로 표기한다.

④ recod는 01을 부여한다.

20 다음 코볼 명령 중 사용하는 용도가 전혀 관계없는 명령은?

① GENERATE   ② INITIATE

③ SUPPRESS   ④ RELEASE

21 사용자가 정의해야 하는 것으로 옳지 않은 것은?

① file name   ② record name

③ IO장치 심볼이름   ④ program name

 **answer**

19 LEVEL number는 01, 2 ~ 49, 66, 77, 88을 사용한다.

20 GENERATE, INITIATE, SUPPRESS는 리포트 형식에 대한 명령이고, RELEASE는 파일을 정렬하는 명령어이다.

21 program, file, record 이름은 사용자가 임의로 지정해 주어야 한다.

답 — 19.①   20.④   21.③

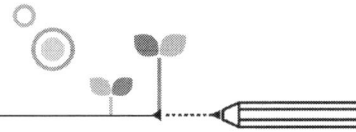

22 다음과 같을 때 블록의 크기를 구하면?

> BLOCK CONTAINS 30 RECORDS.
> RECORD CONTAINS 20 CHARACTERS.

① 50 CHARACTERS
② 50 RECORDS
③ 600 CHARACTERS
④ 600 RECORDS

23 코볼의 OCCURS 명령은 포트란의 무엇과 유사한가?

① IF
② DO
③ COMMON
④ DIMENSION

24 코볼에서 조건명 지정 계층번호는?

① 01
② 66
③ 77
④ 88

25 다음 중 잘못 사용한 것은?

① 03 AA OCCURS 7 TIMES PIC 999.
② 03 AA OCCURS 5 PIC 9(3) VALUE 112.
③ 03 AA PIC 999 OCCURS 7 TIMES.
④ 03 AA OCCURS 7 PIC 9(3).

※ answer

22 블록은 30개의 레코드로 구성되어 있는데, 하나의 레코드는 20개의 문자로 구성되어 있음을 의미하는 문장이다. 그러므로 20 × 30 = 600개의 CHARACTER가 존재한다.

23 OCCURS를 사용하면 배열을 정의할 수 있다. 포트란에서 배열은 DIMENSION으로 정의한다.

24 88번째에 condition-name을 지정한다.

25 ② OCCURS는 VALUE를 사용해서 초기값을 부여할 수 없다.

답 — 22.③ 23.④ 24.④ 25.②

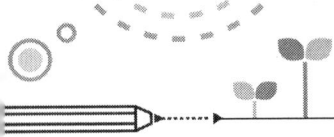

26 다음 프로그램의 수행결과는?

```
MOVE 3 TO A B.
ADD 3 A GIVING C.
DIVIDE C BY A GIVING A.
DISPLAT A.
```

① 1   ② 2

③ 3   ④ 4

27 COBOL 언어를 구성하는 4개의 DIVISION에 대한 설명 중 옳지 않은 것은?

① PROCEDURE DIVISION에서는 기계 독립적인 프로그램의 알고리즘을 서술한다.

② DATA DIVISION은 프로그램에서 사용할 입출력 파일이나 자료의 구조 또는 명세를 제공하며, 이 부분은 기계에 종속적인 특징을 서술한다.

③ ENVIRONMENT DIVISION에는 작업 주변장치 환경에 관해서 기술한다.

④ INDENTIFICATION DIVISION은 프로그램 이름, 작성자와 다큐멘테이션 등으로 구성된다.

28 A = 2, B = 7, C = 10일 때 다음 COBOL 명령문을 수행한 결과는?

```
SUBTRACT 2 A FROM B C.
```

① A = 2, B = 3, C = 5   ② A = 2, B = 5, C = 6

③ A = 2, B = 0, C = 5   ④ A = 2, B = 3, C = 6

✴ answer

26 첫문장으로 A = B = 3을 배정한다. A값에 3을 더해 C에 저장하면 6이 되며, 이 값을 A값 3으로 나누어 그 값을 A에 저장하면 결과는 2가 된다.

27 ② 프로그램에서 사용할 입출력 파일이나 자료의 구조 또는 명세를 제공하며, 기계에 종속적인 특징을 서술하는 것은 ENVIRONMENT DIVISION이다. DATA DIVISION은 4개의 섹션으로 구분되며, 프로그램이 처리하는 자료 구조에 대해서 기술한다.

28 "SUBTRACT 2 A FROM B C."는 B = B - 2 - A, C = C - 2 - A를 취하는 명령문이다.

답— 26.② 27.② 28.④

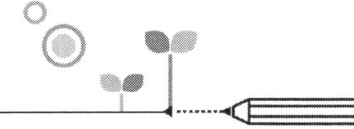

29 IF문의 조건으로 옳지 않은 것은?

① 음수, 양수를 테스트 하는 조건　　② 자료의 길이 비교

③ 조건명 비교　　　　　　　　　　④ 대소 비교

30 TRACE 명령을 사용해 횟수가 5가 되었을 때, A값을 인쇄하는 문장은?

① TRACE WHEN 5 A.　　　　　② TRACE '5'.

③ TRACE EVERY 5 A.　　　　　④ TRACE UNTIL 5 A.

31 COBOL에서 프로그래머가 정의해야하는 WORD가 아닌 것은?

① PROGRAM NAME　　　　　　② FILE NAME

③ RECORD NAME　　　　　　　④ INPUT SENTENCE

32 COBOL의 계층번호 중 레코드에 해당하는 번호는?

① 01　　　　　　　　　　　　② 10

③ 66　　　　　　　　　　　　④ 77

answer

29 IF문의 조건으로는 대소, 분류, 부호, 조건명, 논리 연산조건을 사용할 수 있다.

30 WHEN은 특정 값이 되었을 때, EVERY는 매번 특정 값이 될 때마다, UNTIL은 특정 값에 도달할 때까지 값을 출력한다.

31 사용자 정의가 필요한 항목은 PROGRAM NAME, FILE NAME, RECORD NAME 등이다. 예약어를 피해서 정의를 하여야 한다.

32 레코드 계층 번호는 01이며 02～49까지는 레코드 내의 항목이고 66은 재명명시 부여 88은 조건명시에 부여된다. 77은 FORTRAN에서 사용한다.

답 29.② 30.① 31.④ 32.①

포트란(FORTRAN) 언어

1 다음 포트란(FORTRAN) 프로그램에서 DO문을 실행한 결과 변수 N의 값은 얼마인가?

	N = 0 DO 10 K = 2, 20, 4 N = N + K
10	CONTINUE

① 50   ② 60

③ 70   ④ 80

2 포트란에서 배열을 다음과 같이 선언할 때 5번째 기억장소에 기억되는 것은?

DIMENSION K(3, 5)

① (1, 5)   ② (2, 2)

③ (2, 5)   ④ (3, 1)

❋ answer

1 포트란의 DO문에서 2는 초기값, 20은 최종값, 4는 증분값이 되므로 2에서 20까지 4씩 증가하며 더하면 N값은 50이 된다.

2 포트란에서 배열은 열 우선으로 기억되므로 기억순서는 (1, 1), (2, 1), (3, 1), (1, 2), (2, 2), (3, 2), (1, 3), (2, 3), (3, 3), (1, 4), (2, 4), (3, 4), (1, 5), (2, 5), (3, 5)이다.

답—1.① 2.②

3 다음 중 FORTRAN의 DO에 대한 설명으로 옳지 않은 것은?

① CONTINUE문 사용   ② DO문 안으로 제어의 이동 가능

③ 프로그램의 일정 부분 반복처리   ④ 문번호의 필요

4 포트란의 연산식 KK = A * B ** C / D.에서 제일 먼저 실행되는 것은?

① *   ② **

③ =   ④ /

5 포트란에서 K의 값은?

A = 5
B = 13.5
K = A + B

① 17.5   ② 18

③ 18.5   ④ 19

 answer

3 DO Loop의 내부에서 외부로의 이동은 가능하나 외부에서 내부로의 이동은 불가능하다.

4 포트란의 연산자 우선순위 … 괄호 > 함수 > 지수(**) > 곱셈, 나눗셈 > 덧셈, 뺄셈 > 관계 연산자 > .NOT. > .AND. > .OR.

5 K는 정수형 변수로, 연산결과는 소수점을 버린 정수값을 갖는다.

답— 3.② 4.② 5.②

6 다음 포트란에서 A가 3을 가지면 실행되는 문번호는?

GO TO (10, 5, 33, 14, 125) A

① 5   ② 10

③ 14   ④ 33

7 포트란에서 다음의 계산결과는?

K = 2 ** 4 + 2

① 10   ② 16

③ 18   ④ 20

8 다음 포트란의 계산문제 결과값은?

10/4   10/4.

① 2.0, 2   ② 2, 2.5

③ 2, 2   ④ 2.5, 2.5

❋ answer

6 계산형 GO TO문에서는 A의 값에 따라 실행이 된다. A의 값이 1이면 첫번째 문번호 10으로, A가 2이면 문번호 5로 분기한다. A가 3이므로 33으로 분기한다.

7 **는 지수를 표현하는 연산자이며 **와 + 중 ** 연산자가 우선순위가 높다. 그러므로 24 + 2 = 18이 된다.

8 '.'이 없는 형식의 나눗셈은 정수형으로 소수점은 버린다.

답— 6.④ 7.③ 8.②

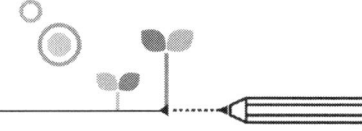

9 다음 중 포트란에 대한 설명으로 옳지 않은 것은?

① 변수는 기억장소를 기호화한 것이다.
② 실수형 상수는 'E' 형과 'D' 형이 있다.
③ 명칭은 영문자와 숫자로 조합할 수 있으나 첫 글자는 영문자이어야 한다.
④ 함수는 변수처럼 사용할 수 없다.

10 다음 포트란에서 배열 (2, 2)에 할당되는 값은?

```
DIMENSION A(2, 3)
DATA A/6 * 4.0/
```

① 0   ② 4.0
③ 8.0   ④ 10
⑤ 답 없음

11 다음 중 포트란의 선언문에 대한 내용으로 옳지 않은 것은?

① IMPLICIT 변수명의 첫 글자에 의해 각 변수의 형이 결정된다.
② IMPLICIT문을 다른 선언문과 함수로 사용할 때에는 다른 선언문보다 앞에 기술하여야 한다.
③ IMPLICIT문에 의해 결정된 변수의 자료형은 TYPE문에 의해 바꿀 수 있다.
④ COMMON문은 인수를 통해 정보를 전달한다.

✳ **answer**

9 ① 변수는 기억장소에 값을 배정하여 저장하는 것이다.

10 기억순서는 A(1, 1), A(2, 1), A(1, 2), A(2, 2), A(1, 3), A(2, 3) 순이다. 6 * 4.0은 4.0값이 6개가 할당되는 것이다.

11 ④ COMMON문은 프로그램간에 인수를 통하지 않고 정보를 전달하는 선언문이다.

답— 9.① 10.② 11.④

12 포트란의 다음 페이지로 가는 명령은?

① 1H0   ② 1H1

③ 1H   ④ 1H+

13 다음 포트란 프로그램에서 변수 K에 저장되는 값은?

```
K = 0
DO 10 A = 1, 4, 3
   DO 10 B = 1, 3
      K = K + A * B
10 CONTINUE
```

① K = 2   ② K = 7

③ K = 12   ④ K = 20

14 포트란에서 절대값을 구하고자 할 때 [   ] 속에 들어갈 연산자로 적당한 것은?

if (A 〔   〕 0) A = −A

① .EQ.   ② .LE.

③ .LT.   ④ .NE.

✳ answer

12 1H1은 다음 페이지로, 1H0은 1줄 띄움, 1H+는 같은 줄에 다시 인쇄, 1H는 다음 줄로 이동하라는 의미이다.

13 DO문은 'DO 문번호 제어변수 = 초기값, 최종값, 증가값' 의 형식이다. A와 B의 값이 차례로 곱해져서 더해지는 프로그램 형식이다.

14 절대값은 부호가 없는 것이다. 알고리즘 내용은 음수이면 − 부호를 적용하면 된다. 그러므로 'x < 0' 을 의미하는 .LT.를 쓴다.
① 서로 같다는 의미이다.
② 작거나 같다는 의미이다.
③ 보다 작다는 의미이다.
④ 서로 다르다는 의미이다.

답— 12.② 13.④ 14.③

15 다음 포트란 프로그램이 실행된 후 변수값이 바르게 나열된 것은?

```
A = 2.7
B = 3.5 + A
K = B
```

① A = 2.7, B = 6.2, K = 6   ② A = 2.7, B = 6, K = 6.0

③ A = 2, B = 6.2, K = 6.0   ④ A = 2, B = 6, K = 6

16 다음 중 포트란의 연산자 우선순위를 바르게 표시한 것은?

㉠ 관계 연산자	㉡ 산술 연산자
㉢ .AND.	㉣ .OR.
㉤ .NOT.	

① ㉡ − ㉠ − ㉢ − ㉣ − ㉤   ② ㉡ − ㉠ − ㉤ − ㉢ − ㉣

③ ㉡ − ㉤ − ㉢ − ㉣ − ㉠   ④ ㉡ − ㉤ − ㉠ − ㉢ − ㉣

17 포트란 언어에서 coding 용지에 기술할 때 각 칼럼에 사전에 지정된 규약으로 옳지 않은 것은?

① 1 ~ 5칼럼 − 참고문을 표시한다.

② 6칼럼 − FORTRAN문의 계속됨을 나타낸다.

③ 7 ~ 72칼럼 − FORTRAN 언어의 문과 식을 표시한다.

④ 73 ~ 80칼럼 − 비고란으로 프로그래밍의 식별을 위해 표시한다.

✳ answer

15 I ~ N 사이의 문자로 시작하는 변수는 정수값을 갖는다. 그러므로 K에는 정수값이 저장된다.

16 연산자 우선순위 … 산술 연산자 > 관계 연산자 > NOT > AND > OR

17 ① 1 ~ 5칼럼은 문번호가 필요할 때 사용되는 곳이다.

答 — 15.① 16.② 17.①

18 포트란의 문함수(statement function)에 대한 설명으로 옳지 않은 것은?

① 실행문 앞, 선언문 뒤에 기술한다.
② 여러 개의 문장으로 함수를 정의할 수 있다.
③ 함수명은 변수명과 같은 규칙을 따르며 데이터형을 고려해야 한다.
④ 실인수와 가인수는 자료형이 같아야 한다.

19 다음 중 포트란의 특징으로 옳지 않은 것은?

① 명령문이 일반수식과 비슷하고 문법이 간단하여 쉽게 사용할 수 있다.
② 동적으로 메모리를 할당한다.
③ 다양한 기본 함수(library function)가 내장되어 있다.
④ 연산속도가 빠르다.

20 다음 중 FORMAT문에 대한 설명으로 옳지 않은 것은?

① 비실행문으로 자료 입출력, 형태 등을 정의한다.
② END 전의 어디에나 위치할 수 있다.
③ 문번호가 꼭 필요하다.
④ 변환기호가 여러 개일 경우는 /로 구분한다.

answer

18 문함수는 기본함수만으로 불충분할 때 프로그램 내에서 사용자가 연산문을 정의하기 위한 함수로 반드시 1개의 문장으로 기술한다. 실인수와 가인수의 자료형은 일치해야 한다.

19 ② 포트란은 프로그램 실행시 동적으로 메모리를 할당할 수 있는 능력을 가진 언어는 아니다. 정적으로 메모리가 할당된다.

20 ④ FORMAT문의 CODE는 "," 로 구분하고, "/" 로 줄을 구분한다.

답 ― 18.② 19.② 20.④

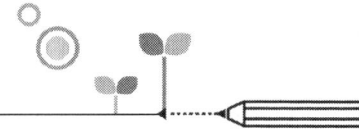

21 다음 중 COMMON문에 대한 설명으로 옳지 않은 것은?

① 부 프로그램간에 동일한 기억장소를 갖는다.

② 서로 대응되는 변수는 형태와 크기가 같아야 한다.

③ 주 프로그램과 부 프로그램 간에 동일한 기억장소를 갖는다.

④ 주어진 프로그램 내에 원하는 변수들이 같은 기억장소를 갖는다.

22 다음 포트란 명령문을 수행한 후 변수 L에 기억되는 값은?

$$L = 10. * 4./4. ** 2$$

① 1 　　　　　　　　　　　　　② 2

③ 2.5 　　　　　　　　　　　　④ 3

23 다음 문장에서 제어가 3번 문장으로 옮겨지는 경우는?

$$IF(A - B) \ 1, \ 2, \ 3$$

① A > B 　　　　　　　　　　② A = B

③ A < B 　　　　　　　　　　④ A != B

answer

21 ④ 변수들이 같은 장소를 공유하는 것이 아니라, 일반적으로 주 프로그램과 부 프로그램이 같은 기억장소를
공유하는 것이다. 정보전달 시간과 기억장소를 절약할 수 있다.

22 4.**2 = 16.0, 10.* 4. = 40.0이 된다. 40.0 / 16.0 = 2.5이지만 L에는 정수형이 저장된다.

23 산술식으로 이루어진 IF문에서는 결과가 음수이면 첫번째, 0이면 두번째, 양수이면 세번째 문장으로 이동한다.

답— 21.④ 22.② 23.①

24 포트란에서 I ~ K로 시작하는 변수를 실수로 선언하는 선언문은?

① TYPE   ② EXPLICIT
③ IMPLICIT   ④ PARAMETER

25 포트란에서 DIMENSION K(2, 3)이라는 배열이 있을 경우 기억장치 내에 기억되는 순서가 옳은 것은?

① K(1, 1), K(2, 3), K(1, 2), K(2, 2), K(1, 3), K(2, 1)
② K(1, 1), K(2, 1), K(1, 2), K(2, 2), K(1, 3), K(2, 3)
③ K(1, 1), K(1, 2), K(1, 3), K(2, 1), K(2, 2), K(2, 3)
④ K(2, 3), K(2, 2), K(2, 1), K(1, 3), K(1, 2), K(1, 1)

26 다음에서 GO TO되는 문번호는?

```
ASSING 75 to I
GO TO I, (45, 75, 62, 89)
```

① 45   ② 62
③ 75   ④ 89

27 다음 선언에 의하여 같은 값을 갖지 못하는 것은?

```
DIMENSION  A(8), C(5), D(7)
EQUIVALENCE  (A(4), C(2), D(1))
```

① A(3), C(1)
② A(5), D(2)
③ C(3), D(4)
④ A(7), D(5)

28 포트란 언어에서 하나의 변수가 주 프로그램과 부 프로그램에서 동시에 사용되었을 때, 변수 의미를 동일하게 만드는 것은?

① COMMON문
② EQUIVALENCE문
③ DATA문
④ TYPE문

29 포트란 함수를 설명한 것 중 옳지 않은 것은?

① 다른 서브 프로그램을 불러들일 수 있다.
② 인수는 입력의 역할만 한다.
③ FUNCTION의 이름에 의해서만 출력된다.
④ FUNCTION의 이름은 형에 관계없다.

❋ **answer**

27 C(3), D(4)는 EQUIVALENCE (A(4), C(2), D(1))의 범위를 벗어나는 값을 가지고 있다. 배열은 기억장소에 연속적으로 저장된다.

28 COMMON문은 서로 독립된 2개 이상의 프로그램에서 공동의 기억장소를 확보할 때 사용하는 것으로, 기억장소 절약의 효과가 있다.

29 ④ 함수결과가 이름에 기억되므로 함수 이름은 형과 관련이 있다.

답 — 27.③ 28.① 29.④

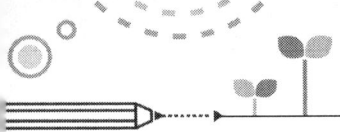

30 포트란에서 A(1, 2)의 값은?

```
DIMENSION A(2, 3)
C/5.0, 4.0, 3.0, 2.0, 1.0/
```

① 1.0
② 2.0
③ 3.0
④ 4.0
⑤ 5.0

31 포트란 언어에서 다음 문장에 대한 가장 옳은 설명은?

IMPLICIT INTEGER(I, K)

① I, K로 시작하는 변수명은 실수형이다.
② I, K로 시작하는 변수명은 정수형이다.
③ I, K로 시작하는 변수명은 실수형이고, I, K 이외의 영문자로 시작하는 변수명은 정수형이다.
④ I, K로 시작하는 변수명은 정수형이고, I, K 이외의 영문자로 시작하는 변수명은 실수형이다.

32 포트란의 선언문에서 제일 먼저 선언하는 것은?

① DATA문
② IMPLICIT문
③ TYPE문
④ DIMENSION문

answer

30 기억순서는 A(1, 1), A(2, 1), A(1, 2), A(2, 2), A(1, 3), A(2, 3) 순서로, 열 우선으로 5.0부터 배치된다.

31 IMPLICIT 선언문은 변수명의 첫 글자에 의해 각 변수의 형을 결정한다.

32 명시적으로 형을 선언할 수 있는 IMPLICIT문이 가장 먼저 표기된다.

답─ 30.③ 31.② 32.②

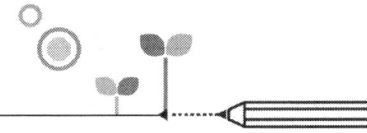

33 포트란 언어에서 실수형 상수를 정수형 변수에 기억하면?

① 컴퓨터 기종에 따라 다르다.　② 소수점 이하의 자리수는 반올림 처리한다.

③ 소수점 이하의 자리수는 무시한다.　④ 소수점 이하의 자리수로 기억한다.

34 포트란에서 'DIMENSION A(4, 3)' 일 때 A(3, 2)는 몇 번째인가?

① 7

③ 9

② 8

④ 10

35 다음 포트란 명령문을 수행한 후 변수 K에 기억되는 값은? (단, A = 6.5)

$$K = 3.0 * A ** 2 + 2.0 * A - 3.0 + 2$$

① 138

③ 138.0

② 138.75

④ 139

33 정수형 변수는 고정소수점 상수인 정수형으로 변환하여 기억장치에서 기억된다.

34 (1, 1), (2, 1), (3, 1), (4, 1), (1, 2), (2, 2), (3, 2), (4, 2), (1, 3), (2, 3), (3, 3), (3, 4)의 순서이므로, A(3, 2)는 7번째이다.

35 포트란에서의 우선순위는 **(지수)가 가장 높고 다음으로 *이 연산된다. 그리고 변수 K는 정수값을 갖는다.

답 — 33.② 34.① 35.①

36 다음을 수행하면 MON 값은 얼마인가?

```
AA = 3
BB = 5
MON = AA + 3 / BB * BB
MON = MON + 1
```

① 1　　　　　　　　　　　　② 2

③ 3　　　　　　　　　　　　④ 4

37 포트란 문장 종류 중에서 실행문이 아닌 것은?

① IF　　　　　　　　　　　② STOP

③ GOTO　　　　　　　　　④ READ

38 포트란에서 정수형 변수를 뜻하는 것은?

① ZNT　　　　　　　　　　② IRUM

③ CNT　　　　　　　　　　④ FAB

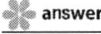 answer

36 가장 먼저 3/5를 수행하면 0이 되고, 0에 5를 곱해도 값은 0이다. 0값과 3을 더하면 결과는 3이 되고, 1을 더하면 4가 된다.

37 Format, End, Stop는 비실행문 이다.

38 포트란에서 정수형을 명시하지 않을 경우 I부터 N까지 시작하는 변수를 정수형 변수로 간주한다.

답— 36.④　37.②　38.②

03 파스칼(PASCAL) 언어

1 다음 중 파스칼의 포인터에 대한 설명으로 옳지 않은 것은?

① dispose() 문은 메모리를 환원해준다.

② new() 문은 새로운 동적변수를 생성한다.

③ 포인터 변수는 선언시에 기억장소를 할당받는다.

④ 포인터 변수선언은 ↑로 표시한다.

2 파스칼에서 다음 연산의 결과값은?

−9 MOD −2

① 1   ② −1

③ 3   ④ −4

3 다음 중 파스칼 언어의 명령 계산으로 옳지 않은 것은?

① 1 div 3 = 0.33333   ② abs(round(−3.6)) = 4

③ 10 mod 4 = 2   ④ 13 / 2 = 6.5

❋ answer

1 ③ 프로그램이 수행되는 동안 변수의 기억장소를 미리 확보하는 것이 포인터이다.

2 MOD는 나머지를 구하는 연산식이며, 부호는 피제수의 부호를 유지한다.

3 /는 나눗셈 연산자이고 mod는 나머지를 구하는 연산자이다. round는 가장 가까운 정수를 구하는 함수이며, abs는 절대값을 구한다.
① div는 몫을 구하는 연산자로 계산결과는 0이 된다.

답─1.③ 2.② 3.①

03. 파스칼(PASCAL) 언어 217

4 다음 중 파스칼에 대한 설명으로 옳지 않은 것은?

① 데이터형을 사용자가 마음대로 선언하여 쓸 수 있다.

② 기본구조와 개념이 간결하여 체계적인 프로그래밍 교육에 적합하다.

③ 구조적 프로그래밍이 가능하지는 않다.

④ 블록구조로 되어 있으며 포인터형 데이터가 존재한다.

5 다음 중 파스칼에서 가장 먼저 기술되는 것은?

① LABEL   ② CONST

③ BEGIN   ④ VAR

6 하나의 복합문을 이루며 BEGIN과 END로 끝나는 언어는?

① FORTRAN   ② C

③ PASCAL   ④ COBOL

7 다음 중 파스칼 프로그램을 구성하는 3가지 부분에 속하지 않는 것은?

① 부 프로그램 부분(subprogram part)   ② 실행 부분(statement part)

③ 머리 부분(heading part)   ④ 선언 부분(declaration part)

✳ answer

4 ③ 파스칼은 구조적 프로그램 기법을 최초로 구체화시킨 언어이다.

5 선언부가 가장 먼저 기술되며 프로그램명, LABEL, CONSTANT, TYPE 등을 기술한다.

6 파스칼은 블록 프로그램으로서 BEGIN과 END 사이에 명령문을 기술한다. 블록은 여러 번 사용하여 복합문을 만들 수 있다.

7 머리 부분과 몸체 부분으로 나누어지고, 몸체 부분은 선언부와 실행부로 구성된다.

답— 4.③ 5.① 6.③ 7.①

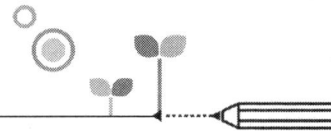

8 파스칼에서 동적 기억장소 할당(dynamic storage allocation)이 가능한 data형은?

① array
② record
③ set
④ pointer

9 파스칼에서 반복 명령어와 관계없는 것은?

① repeat
② do
③ while
④ for

10 파스칼에서 부분 범위형(subrange type)의 장점이 아닌 것은?

① error debugging이 용이하다.
② type checking이 용이하다.
③ 기억장소를 절약할 수 있다.
④ 수행시간을 단축시킬 수 있다.

11 파스칼 언어에서 BEGIN ~ END 앞에 ';'이 올 수 있는 이유는?

① END 앞에 있는 문장이 틀렸기 때문이다.
② NULL 문장이 존재할 수 있기 때문이다.
③ BEGIN ~ END 앞에 반드시 ;이 나와야 하기 때문이다.
④ 예약어 앞에는 ;이 나오기 때문이다.

❋ answer

8 파스칼은 포인터형 자료를 가지고 있다. 동적 기억장소 할당은 수행시 함수를 사용하는 데 주로 포인터를 이용한다.

9 파스칼에서 사용할 수 있는 반복문은 for, while, repeat문이다. do 명령어는 사용할 수 없으며, do문은 포트란에서 사용이 가능하다.

10 부분 범위형은 사용자 정의 자료형으로, 자료의 무결성과 관계가 있다.

11 ;를 사용하면 실행문과 End 사이에 empty statement가 존재한다.

답— 8.④ 9.② 10.④ 11.②

12 파스칼에서 반복 loop의 조건이 참이 되면 그 수행이 멈추게 되는 반복문은?

① for문   ② do문

③ case문   ④ repeat문

13 다음 중 파스칼의 조건문인 것은?

① case문장   ② select문장

③ while문장   ④ do문장

14 다음 중 파스칼에서 상수 정의를 제공하는 이유로 가장 알맞은 것은?

① 프로그램의 수정을 용이하게 하기 위해서

② 프로그램의 수행을 더 빨리 하기 위해서

③ 프로그램을 쉽게 이식하기 위해서

④ 프로그램의 크기를 줄이기 위해서

15 파스칼에서 제공하는 structured type에 속하지 않는 것은?

① POINTER   ② ARRAY

③ RECORD   ④ FILE

❋ answer

12 조건이 성립되면 repeat 루프를 벗어난다.

13 파스칼에서 제공하는 조건문은 if와 case문이다.

14 CONST로 선언하는 상수는 실행부분에서는 변경할 수 없다. 실행부분이 아닌 선언부에서 변경하는 방법을 사용하여 수정을 편하게 할 수 있다.

15 structured type에는 ARRAY, RECORD, SET, FILE이 있다. POINTER는 포인터 데이터형에 속한다.

답— 12.④   13.①   14.①   15.①

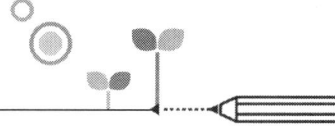

16 다음 파스칼 프로그램의 수행결과 I의 값은?

```
PROGRAM EXAM(OUTPUT);
VAR I : INTEGER ;
FUNCTION F(I : INTEGER) : INTEGER ;
BEGIN
        IF I < 10 THEN F := 0
        ELSE F := I + F(I - 2);
END;
BEGIN
        I := F(10) ;
        WRITELN(I);
END.
```

① 30 ② 40

③ 50 ④ 60

17 다음 파스칼 프로그램을 SUM(c, c)으로 호출할 때 발생될 수 있는 효과는?

```
PROCEDURE SUM(Var x, y : Integer) ;
        Begin x := x + y ;
              y := x - y ;
              x := x - y;
        End.
```

① side effects ② aliasing

③ reference ④ scope rule

answer

16 처음에 10을 받아들인다. F = 10 + F(8), F(8) = 8 + F(6), …F(2) = 2 + F(0), F(0) = 0이 된다. 거꾸로 값을 대입해서 최종 F를 구하면 30이 된다.

17 x에 대한 정의가 서로 다른 두 문장이 있다. 하나의 기억장소에 서로 다른 것이 바인딩될 수 있으므로, 이명(aliasing)이 발생할 수 있다.

답 — 16.① 17.②

18 파스칼 언어에서 heap storages의 운영에 관여하는 프로시저가 아닌 것은?

① NEW
② MARK
③ NIL
④ RELEASE

19 파스칼 언어에서 사용되는 매개변수 전달방법은?

① call by value, call by name
② call by reference, call by result
③ call by value, call by reference
④ call by reference

20 다음 파스칼 프로그램에서 matrix에 대한 설명으로 옳은 것은?

```
type row = array[−5..10] of integer ;
var matrix : array[3..30] of row ;
```

① matrix는 28개의 요소를 갖는 배열이다.
② matrix는 row를 요소로 갖는 1차원 배열로 정수 type이다.
③ matrix는 16 * 28의 정수 type의 2차원이다.
④ matrix는 15 * 28의 2차원 배열로 정수 type이다.

❋ answer

18 ① NEW는 유휴공간의 기억장소를 가지고 와서 주소값을 변수에 부여하는 프로시저이다.
② MARK는 heap의 상태를 포인터 변수에 기록하는 프로시저이다.
③ NIL은 링크드 리스트에서 더이상의 연결이 없음을 표시하는 값이다.
④ RELEASE는 MARK에 의해 지정된 동적 변수를 없애주는 프로시저이다.

19 변수에 대한 선언 var가 있으면 call by reference로 매개변수를 전달하고, 단순히 인수만 존재하면 call by value가 된다.

20 1행은 −5부터 10까지 16개, 열은 3부터 30까지 28개가 있는 2차원 matrix이다.

답— 18.③ 19.③ 20.③

21 다음 중 파스칼 배열의 특징이 아닌 것은?

① random access   ② fixed size

③ same type   ④ variable size

22 파스칼의 자료형에 대한 종류가 아닌 것은?

① integer   ② real

③ file   ④ true

23 파스칼에서 반복 루프의 조건이 참은 경우 반복 수행을 중단하는 것은?

① for   ② while

③ do   ④ repert ~ until

24 파스칼에서 연산자의 순위가 가장 낮은 것은?

① NOT   ② OR

③ +   ④ >=

 answer

21 파스칼의 배열은 실행 전에 크기가 고정된다.

22 interger, real, file은 스칼라형 자료이다. 파스칼에서 true라는 자료형은 존재하지 않는다.

23 repert ~ until문은 조건이 거짓일 동안 루프를 반복하며 참이 되면 루프를 중단한다.

24 파스칼의 연산순위
1순위 : NOT
2순위 : *, /, DIV, MOD, AND
3순위 : +, − , OR
4순위 : <, <=, >, >=

답─ 21.④ 22.④ 23.④ 24.④

04 비주얼 베이직(VISUAL BASIC) 언어

1 비주얼 베이직(VISUAL BASIC) 6.0에서 데이터베이스를 처리할 때 SQL문을 사용한다. 데이터베이스 내의 테이블을 삭제하거나 인덱스를 삭제할 때 사용하는 SQL 명령문은?

① Alias
② Remove
③ Delete
④ Drop

2 다음 비주얼 베이직(VISUAL BASIC) 프로그램의 실행결과로 출력될 수 있는 값의 범위는?

```
Private Sub Form_Load()
For i = 1 To 1,000
    A = Int(Rnd(1) * 10 + 1)
    Dubug.Print A
Next
End Sub
```

① 0 ~ 1
② 0 ~ 10
③ 1 ~ 10
④ 1 ~ 11

 answer

1 Drop Table 명령은 테이블과 테이블에 있는 모든 레코드를 삭제하는 데 사용된다.

2 Rnd는 난수를 발생시키는 함수로 위 프로그램은 1에서 10 사이의 난수가 1,000개 발생한다.

答—1.④ 2.③

3 다음 두 개의 비주얼 베이직(VISUAL BASIC) 프로그램의 올바른 실행결과는 무엇인가?

가	나

Private Sub Command1_Click()
Dim intA As Integer
  intA = 1
  Do While intA < 5
    Debug.Print intA
    intA = intA + 1
  Loop
End Sub
	Private Sub Command1_Click()
	Dim intA As Integer
	  intA = 1
	  Do Until intA < 5
	    Debug.Print intA
	    intA = intA + 1
	  Loop
	End Sub

①

가	나
1 2 3 4	1 2 3 4 5

②

가	나
1 2 3 4 5	공백

③

가	나
공백	1 2 3 4 5

④

가	나
1 2 3 4 5	1 2 3 4

✳ answer

3 Do while은 조건을 비교하여 조건이 참이면 조건이 거짓이 될 때까지 실행하며, Do until은 조건이 거짓일 경우 조건이 참이 될 때까지 반복 실행한다.

답 3.①

4 비주얼 베이직에서 외부 데이터베이스와 연결하기 위해 사용하는 데이터컨트롤로 DB형식을 결정하는 것은?

① Connect   ② RecordSource
③ DatabaseName   ④ DataField

5 다음 중 비주얼 베이직에 대한 설명으로 옳지 않은 것은?

① Option Base를 1로 주면 배열의 시작 첨자는 1부터 시작한다.

② 옵션버튼은 같은 그룹 안에서 1개의 버튼만 선택할 수 있다.

③ 타이머로 지정할 수 있는 Interval의 최소값은 1초이다.

④ 리스트 박스의 인덱스는 0부터 시작한다.

 answer

4 ① 데이터베이스의 종류를 설정한다.
   ② 데이터베이스 테이블이나 쿼리의 이름, SQL문을 설정한다.
   ③ 데이터베이스의 경로와 파일명을 설정한다.
   ④ DataSource 속성에서 설정한 데이터컨트롤이 생성하는 RecordSet의 필드이름을 설정한다.

5 ③ Interval 속성은 1밀리초에서 64초 사이의 범위에서 타이머 발생빈도를 결정한다.

답— 4.① 5.③

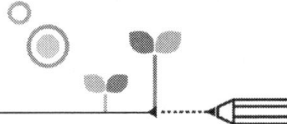

6 다음 중 아래 비주얼 베이직 프로그램의 결과값으로 옳은 것은?

```
Private Sub main()
  Dim R_X As Integer, R_Y As Integer
  R_X = 100
  R_Y = 100
  Call Sub_1(R_X, R_Y)
  PRINT R_X, R_Y
End Sub
Private Sub Sub_1(ByVal X, ByVal Y)
  Dim Total As Integer
  Total = X + Y + Total
End Sub
```

① 100, 100
② 100, 200
③ 200, 100
④ 200, 200

7 비주얼 베이직 언어에서 다음 프로그램의 출력 결과는?

```
i = 0 : j = 0
while(i < 4)
   while(j < 3)
        Print j ;
        j = j + 2
   WEnd
   i = i + 1
WEnd
```

① 0
② 0 2
③ 0 2 4
④ 0 2 4 6

✳ answer

6 Call By Value로 인수가 전달되므로 실매개변수의 값은 피호출 함수가 실행된 후에도 변하지 않는다.

7 안쪽의 while문은 j < 3인 경우에만 출력하므로 0, 2가 출력된 후에는 더 이상 안쪽의 반복문이 실행되지 않는다.

🔑— 6.① 7.②

8 비주얼 베이직 언어에서 변수 a는 Dim으로 선언되었고 변수 b는 Static으로 선언되었을 때 두 변수 모두 2씩 증가하는 수식으로 4번 호출하였을 경우 변수 a, b의 출력결과는?

① a = [2][2][2][2], b = [2][2][2][2]
② a = [2][2][2][2], b = [2][4][6][8]
③ a = [2][4][6][8], b = [2][2][2][2]
④ a = [2][4][6][8], b = [2][4][6][8]

9 다음 비주얼 베이직 프로그램의 실행결과는?

```
Private Sub Command_Chick()
    Dim a, b, c
    a = 17 : b = 9
    c = a \ b
    Select Case c
        Case 1 : Print "서울"
        Case 2 : Print "대전"
        Case 3 : Print "울산"
        Case 4 : Print "광주"
        Case Else : Print "Error"
    End Select
End Sub
```

① 서울
② 대전
③ 울산
④ 광주

---

answer

8 동적 변수와 정적 변수
ⓐ 동적 변수
• 함수가 호출될 때마다 기억장소가 확보된다.
• Dim은 동적 변수로 호출될 때마다 2의 값을 갖는다.
ⓑ 정적 변수
• 실행이 종료될 때까지 값을 보존하여 호출될 때마다 값이 증가한다.
• Static은 정적 변수로 호출시 값이 증가하므로 2, 4, 6, 8의 값을 갖는다.

9 Select ~ case문은 수식값과 동일한 값을 찾아 거기에 맞는 코드를 실행하는 것으로 c = a ₩ b에서 17 ₩ 9의 몫은 1이므로 case1을 출력한다.

답— 8.② 9.①

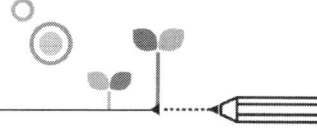

10 다음 중 비주얼 베이직의 타이머 컨트롤에 관한 내용으로 옳지 않은 것은?

① enabled 속성이 false이거나 interval 속성이 0으로 설정되면 동작은 이루어지지 않는다.

② 타이머 동작을 시작하기 위해서는 enabled 속성이 true로 설정되어야 한다.

③ interval 속성은 1밀리초에서 64초 사이의 범위에서 타이머 발생빈도를 결정한다.

④ 수행시에는 타이머 컨트롤이 화면에 표시된다.

11 비주얼 베이직 프로그램의 특징이 아닌 것은?

① 객체중심 언어이다.

② 이벤트 작성에 시간이 많이 걸린다.

③ 인터넷 응용 프로그램시 필요한 컨트롤을 많이 제공한다.

④ 윈도우에서 제공하는 객체들을 연결하고 포함하는 기능을 제공한다.

12 비주얼 베이직에서 하나 이상의 폼과 표준 파일을 포함한 것은?

① 프로젝트   ② 모듈

③ 함수   ④ 프로시저

answer

10 비주얼 베이직 타이머 … 이름, interval, enabled 속성을 가지고 있으며, 시간의 단위는 1/1,000초이다. timer 컨트롤의 작동여부를 결정하는 속성으로 'true' 면 timer가 interval 속성에 정해진 시간 간격마다 작동하고, 'false' 면 반응하지 않는다. 컨트롤러는 가시적으로 화면에 표시되지 않는다.

11 ② 비주얼 베이직은 이벤트 드리븐(event-driven) 언어로 이벤트 처리를 기술하는 언어이다.

12 ① 비주얼 베이직은 하나의 프로젝트로 구성되며, 프로젝트는 하나 이상의 폼 및 표준 파일을 포함한다.
② 주어진 업무를 독립적으로 수행하는 부분이다.
③ 값을 반환하는 부 프로그램이다.
④ 객체의 반응에 해당한다.

답 - 10.④ 11.② 12.①

13 비주얼 베이직에서 print.enddoc의 실행결과로 옳은 것은?

① 출력의 끝부분을 입력한다.　　② 파일을 종료한다.

③ 인쇄시작을 알린다.　　④ 출력을 한다.

14 비주얼 베이직에서 변수 n = 2.25일 경우 어떤 함수를 호출했을 때 실행결과가 1.5, 2가 나오는가?

① INT(n), ABS(n)　　② ABS(n), FIX(n)

③ SQR(n), FIX(n)　　④ VAL(n), EXP(n)

15 다음 중 비주얼 베이직의 확장자에 대한 설명으로 옳지 않은 것은?

① vbp − 프로젝트 파일　　② PAG − 속성페이지

③ ctl − 사용자 컨트롤 바이너리 파일　　④ frm − 폼 파일

16 다음 중 비주얼 베이직의 확장명과 설명이 잘못 짝지어진 것은?

① .bas − 표준 모듈　　② .cls − 클래스 모듈

③ .frm − 폼 모듈　　④ .dob − ActiveX 문서 폼 모듈

⑤ .pjt − 프로젝트 모듈

✽ answer

13 결과를 프린터로 보내기 위해 enddoc 메소드를 사용한다.

14 SQR은 제곱근을 구하는 함수로 SQR(2.25) = 1.5이고, FIX는 소수점 아래를 버린 정수값으로 FIX(2.25) = 2가 된다.

15 ③ ctl은 사용자 컨트롤 파일이고, 사용자 컨트롤 바이너리 파일은 ctx이다.

16 ⑤ 비주얼 베이직의 프로젝트 모듈은 .vbp이다.

🔑— 13.④　14.③　15.③　16.⑤

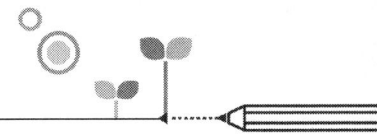

17 비주얼 베이직에서 인수 전달방식을 call by value 방식으로 하기 위해 변수명 앞에 기술해 주어야 할 것은?

① ByRef   ② ByVal
③ LET   ④ REF

18 비주얼 베이직에서 format에 대한 결과로 옳지 않은 것은?

① format(13345.678, "###,###") −> 13,345.678
② format(133.45, "###.##%") −> 133.45%
③ format(133.45, "####.##") −> 133.45
④ format(133.45, "0000.00") −> 0133.45

19 비주얼 베이직에서 수치 함수의 결과가 옳은 것은?

① SGN(2) = 1   ② SGN(−5) = 5
③ FIX(−3.7) = −4   ④ EXP(1) = 7.389

20 비주얼 베이직 속성 중 커맨드 단추의 이름을 command1에서 다른 이름으로 보이게 하는 것은?

① Caption   ② Visible
③ EnabledPicture   ④ Name

✳ answer

17 함수나 프로시저에서 입력받는 인수의 전달방법 중 ByVal은 값에 의한 전달, ByRef는 참조에 의한 전달이다.

18 ② %는 정수형을 의미한다.

19 ①② SGN(A)는 A > 0이면 1, A = 0이면 0, A < 0이면 −1이다.
③ FIX는 소수점 아래를 버린 정수값이다.
④ EXP는 e^A를 계산한다.

20 Caption 속성은 CommandButton 컨트롤에 표시될 문자열을 결정한다.

답– 17.② 18.② 19.① 20.①

21 비주얼 베이직에서 사용되는 컨트롤 중 같은 그룹 안에서 1개의 버튼만을 선택할 수 있는 것은?

① OptionButton   ② ComboBox

③ CheckBox   ④ PictureBox

22 다음 중 비주얼 베이직의 자료형 크기가 큰 순서로 바르게 나열한 것은?

① byte － single － long － object   ② integer － boolean － double － single

③ object － currency － double － data   ④ data － long － integer － byte

23 비주얼 베이직이 windows 환경에서 다른 응용 프로그램의 자료를 공유할 수 있는 것은?

① OLE 컨트롤   ② ListBox 컨트롤

③ ComboBox 컨트롤   ④ CheckBox 컨트롤

⑤ 포인터

answer

21 OptionButton은 중복할 수 없고, CheckBox는 중복이 가능하다.

22 integer, boolean은 2바이트, long, single, object는 4바이트, double, currency, data는 8바이트이다.

23 ② 여러 개의 텍스트 중에 하나 혹은 여러 개를 선택할 수 있도록 해주는 컨트롤이다.
③ 텍스트 박스와 리스트 박스를 하나로 합쳐 놓은 컨트롤이다.
④ 선택을 체크하는 컨트롤이다.
⑤ 객체에 대한 참조이다.

답— 21.①   22.④   23.①

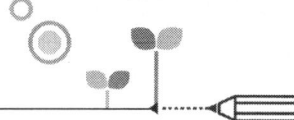

24 다음 중 비주얼 베이직에 사용되는 이벤트의 설명으로 옳지 않은 것은?

① MouseMove – 사용자가 마우스를 이동할 때 발생한다.
② Click – 마우스의 오른쪽 단추로 객체를 클릭할 때 발생한다.
③ LostFocus – 커서 포인터가 다른 객체로 이동될 때 발생한다.
④ Change – 텍스트 박스에서 텍스트 내용을 변경할 때 발생한다.
⑤ DragDrop – 객체를 클릭해서 끌어다가 다른 곳에 놓을 때 발생한다.

25 비주얼 베이직에서 다음과 같은 의미로 변수를 선언한 항은?

dim A as integer

① DIM A#　　　　　　　② DIM A!
③ DIM A%　　　　　　　④ DIM A@
⑤ DIM A&

26 다음 중 비주얼 베이직에 대한 설명으로 옳은 것은?

① event는 객체에 어떤 행위를 가하는 것을 말한다.
② 속성은 코드를 작성하는 것을 의미한다.
③ 스크립트 기반의 프로그래밍 언어이다.
④ 인터프리터 방식만으로 실행된다.

answer

24 ② 마우스의 왼쪽 버튼을 사용하여 클릭할 때 발생한다.

25 !, #은 실수형에 붙는 기호이며, %는 정수형을 의미한다.

26 이벤트는 객체에서 발생하는 어떠한 행위를 의미한다. 비주얼 베이직은 컴파일과 인터프리터 방식으로 실행된다.

답— 24.② 25.③ 26.①

27 비주얼 베이직에서 데이터 컨트롤 사용시 SQL문을 사용할 수 있게 해주는 것은?

① RecordSource()   ② DatabaseName

③ DataSource()   ④ Connect()

28 다음 중 비주얼 베이직에서 글자색과 관련되는 속성은?

① font   ② caption

③ forecolor   ④ backcolor

⑤ date

29 다음 중 비주얼 베이직의 속성만으로 바르게 짝지어진 것은?

---

forecolor, move, cls, print, visible

---

① move, cls, visible   ② forecolor, move, print

③ move, cls, print   ④ visible, forecolor

✳ answer

27 RecordSource 속성은 SQL을 사용하게 해주는 것으로 데이터 컨트롤이 데이터베이스로부터 어떤 데이터들을 갖고 올 것인가를 나타낸다. 데이터베이스 내에 테이블이 여러 개인 경우에는 이 중 사용할 테이블의 이름을 이 속성에 할당하면 된다. Data1.RecordSource = "SQL문장" 등을 이용하여 테이블이나 레코드를 선택해서 설정한다.

28 ① 글자와 관련된 속성이다.
② 메뉴 항목 캡션을 지정할 때 사용한다.
③ 컨트롤의 텍스트나 그래픽을 표시하는 데 사용되는 식과 관련된 속성이다.
④ 배경색과 관련된 속성이다.

29 cls, move, print는 메소드에 속한다.

답— 27.①   28.①   29.④

30 다음 중 비주얼 베이직에서 폼에 대한 설명으로 옳지 않은 것은?

① 컨트롤을 배치할 수 있는 도구이다.

② Start 명령에 의해 폼이 보여진다.

③ 폼의 색상을 변경시키는 속성 중에는 BackColor가 있다.

④ 비주얼 베이직 종료시 폼 창도 자동으로 닫힌다.

⑤ Caption은 폼의 제목을 설정해 주는 속성이다.

31 다음 중 비주얼 베이직에서 For ～ Next문, Do ～ Loop문 등의 블록을 강제로 종료시킬 때 사용하는 것은?

① End문

② Exit문

③ Break문

④ Stop문

32 비주얼 베이직에서 다음의 결과값을 순서대로 나열한 것은?

INT(1.3), INT(−2.5)

① 2, −2

② 2, −1

③ 1, −2

④ 1, −3

⑤ 1, −1

answer

30 ② 폼 디자인 창을 더블클릭하거나 프로젝트 탐색창에서 코드보기창 전환아이콘을 클릭하여 프로그램을 코딩한다.

31 Exit는 For ～ Next문, Do ～ Loop문, Function, Sub 등의 블록을 강제종료하는 경우 사용하는 구문이다.

32 INT는 값보다 크지 않은 정수값을 구하는 함수이다.

답— 30.② 31.② 32.④

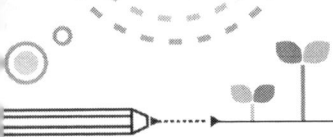

33 비주얼 베이직의 클래스에 대한 설명으로 옳지 않은 것은?

① 클래스는 일종의 사물이다.　　② 클래스는 비추상적이다.

③ 클래스는 일련의 공통된 특징을 포함한다.　④ 클래스는 추상적이다.

34 비주얼 베이직에서 직접 입력하거나 목록에서 선택하는 것이 가능한 컨트롤은?

① TextBox　　　　　　　　　② CheckBox

③ ComboBox　　　　　　　　④ OptionButton

35 다음 비주얼 베이직 프로그램의 결과값은?

```
dim a as integer
dim m as string
        a = 0
        for I = 1 to 3
                for j = 1 to 4
                        a = a + 3
                next j
        next i
m = m + trim(str$(a))
```

① 12　　　　　　　　　　　② 24

③ 36　　　　　　　　　　　④ 48

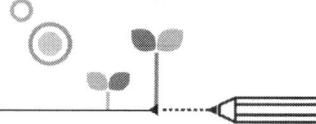

36 다음 비주얼 베이직 프로그램에서 A = 1일 때 결과값은?

```
private sub Command_click()
Form1.show
For i = 1 To 2
    For j = 1 To 3
        For k = 1 To 5
            A = A + 1
        Next
    Next
Next
Form1.Print A
End Sub
```

① 28   ② 29

③ 30   ④ 31

⑤ 32

37 다음 중 비주얼 베이직의 이벤트에 대한 설명으로 옳은 것은?

① 데이터를 출력하는 것   ② 프로그래밍을 종료하는 것

③ 값을 입력하는 것   ④ 마우스를 드래그하거나 클릭하는 것

36 중첩 For문으로 2 × 3 × 5 = 30번 실행되며 T값 1에 1씩 더해진다.

37 이벤트는 객체에 발생하는 행위로 마우스로 클릭, 드래그를 하여 객체의 변화를 일으킨다.

답 — 36.④ 37.④

38 다음 중 비주얼 베이직에서 폼을 이용하여 사용자와 응용 프로그램 간의 대화를 할 때 사용되는 것은?

① 속성　　　　　　　　　　　　② 컨트롤
③ 캡션　　　　　　　　　　　　④ 메뉴

39 파일의 확장자의 연결이 잘못된 것은?

① 폼 모듈→FRM　　　　　　　② 표준모듈→BAS
③ 클래스 모듈→CID　　　　　④ 리소스 모듈→RES

40 비주얼 베이직에서 곧바로 'HI' 라고 화면에 출력하는 명령은?

① print.debug "HI"　　　　　② debug.write "HI"
③ print "HI"　　　　　　　　④ debug.print "HI"

41 컨트롤이나 객체의 명칭, 색상, 위치 등을 결정하는 것은?

① 코드　　　　　　　　　　　　② 이벤트
③ 메소드　　　　　　　　　　　④ 속성
⑤ 캡션

✳ answer

38 여러가지 제공되는 컨트롤을 사용해 간편하게 시각적인 프로그램을 작성한다.

39 클래스 모듈의 확장자는 CLS이다.

40 출력은 print, 직접적인 것은 debug를 사용한다. debug가 더 큰 계층이므로 debug.print라고 표현한다.

41 프로퍼티(property, 속성)란 각 컨트롤이 갖는 속성을 의미한다. 예를 들어 텍스트 박스에 쓰여질 내용 등이 텍스트 박스에 있어서는 프로퍼티가 되는 것이다.

답— 38.② 39.③ 40.④ 41.④

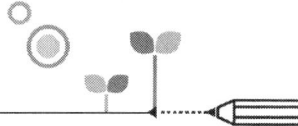

42 비주얼 베이직이 일반적으로 가지는 event에 대한 설명으로 옳지 않은 것은?

① Click – 마우스의 왼쪽 단추로 객체를 더블 클릭할 때 발생

② Load – 폼이 열릴 때 발생

③ DragDrop – 마우스의 왼쪽 단추로 객체를 클릭해서 끌어다가 다른 곳에 놓을 때 발생

④ LostFocus – 커서 포인터가 다른 객체로 이동될 때 발생

43 비주얼 베이직에서 파일 관련 컨트롤의 종류가 아닌 것은?

① DriveListBox   ② FileListBox

③ DirListBox   ④ ProjectListBox

44 다음 비주얼 베이직 문장에서 연산결과는?

```
a = 6 mod 2
b = 5 \ 2
```

① a = 0, b = 2   ② a = 2, b = 0

③ a = 1, b = 2   ④ a = 1, b = 0

❋ answer

42 ① Click은 단추를 한 번 누른다.

43 파일 시스템 컨트롤
ㄱ DriveListBox : 현재 컴퓨터에서 이용가능한 드라이브 목록을 보여준다.
ㄴ DirListBox : 드라이브 리스트와 유사하지만 현재 드라이브에 대한 디렉토리와 서브 디렉토리를 보여준다.
ㄷ FileListBox : 현재 드라이브와 폴더의 모든 파일을 보여준다.

44 /연산자는 앞의 수를 뒤의 수로 나누어 그 결과를 실수로 표시한다. 반면 \는 나누기의 결과를 정수로 표시한다. 그러므로 b의 값은 2가 된다.

정답 42.① 43.④ 44.①

45 다음 중 비주얼 베이직에서 변수에 대한 설명으로 옳지 않은 것은?

① 지역변수 dim이나 pubilc, 예약어를 사용하여 프로시저 내에서 선언한다.

② 취급되는 데이터형에 따라 dim문을 사용하여 선언한다.

③ 적용범위에 따라 지역변수 모듈변수, 전역변수로 구분된다.

④ 데이터형이 생략되면 그 변수 variant로 취급한다.

46 비주얼 베이직에서 버튼에 이름을 부여하는 것은?

① name   ② caption

③ text   ④ visible

47 A$의 문자열을 수식으로 변환하는 함수는?

① chr   ② asc

③ val   ④ len

❋ answer

45 ① 예약어는 변수의 이름으로 사용할 수 없다. 디폴트 변수는 variant이며, 프로시저 내에서 dim 문장으로 선언된 변수는 해당 프로시저 내에서만 유효하다.

46 버튼 컨트롤에 이름을 부여하는 속성은 name이 아닌 caption이다.

47 ① ASCII 코드값 67에 해당되는 문자로 변환한다.
② 변수 첫문자의 ASCII 코드값을 10진수로 변환한다.
③ 문자열을 수식으로 변환한다.
④ 문자열 변수 길이를 계산한다.

답— 45.① 46.② 47.③

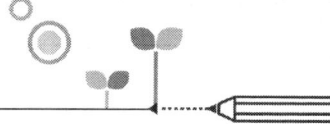

48 다음 비주얼 베이직에서의 논리 연산자들에 대한 우선순위를 높은 순에서 낮은 순으로 바르게 나타낸 것은?

㉠ And	㉡ Xor
㉢ Not	㉣ Eqv

① ㉢→㉠→㉡㉣

② ㉢→㉠㉡→㉣

③ ㉢㉠→㉣→㉡

④ ㉠→㉡→㉣→㉢

49 다음 비주얼 베이직 프로그램 수행 후의 출력되는 결과로서 옳은 것은?

```
Sub main()
    Dim a As Boolean, b As Integer, c As Byte
    a = True : b = a : c = a
    MsgBox a & b & c
End Sub
```

① True−1−1

② −1−1−1

③ True−11

④ −11−1

answer

48 논리 연산자는 Not, And, (Or, Xor, Eqv), Imp순이다. Not의 우선순위가 가장 높으며, ( )의 안은 연산자 우선순위가 같다.

49 a는 불리어이므로 그대로 True가 출력된다. b와 c는 True가 되는데, b는 정수형 변수이므로 논리값 True에 대한 정수 값은 −1이 되고, c는 Byte형의 True이므로 0 ~ 255사이 값이 저장된다.

답— 48.① 49.③

50 다음 비주얼 베이직 코드의 출력으로 옳지 않은 것은?

```
Private Sub Form_Click()
    A$ = "ABCDEFGHIJK"
    B = LEN(A$)
    C$ = LEFT$(A$, 4)
    D$ = MID$(A$, 3, 3)
    E$ = RIGHT$(A$, 2)
    Print B, C$, D$, E$
End Sub
```

① B = 11   ② C$ = ABCD

③ D$ = CDE   ④ E$ = KJ

51 메뉴 항목 중 자주 사용하는 것을 아이콘화한 것을 무엇이라고 하는가?

① 도구상자   ② 옵션

③ 툴바   ④ 인덱스

 answer

50 LEN은 스트링의 문자수를 구하는 함수이고, LEFT$, MID$, RIGHT$는 스트링의 왼쪽 마지막, 중간, 오른쪽 끝부분의 문자를 추출하는 함수이다. LEFT$(str, n)은 스트링 str의 처음 n개의 문자 스트링이고, RIGHT$(str, n)은 str의 끝 부분 n개로 구성된 문자이며, MID$(str, n, m)은 str의 n번째 문자부터 m개의 문자 스트링을 나타낸다.
④ E$는 JK이다.

51 툴바(toolbar) … 메뉴바의 메뉴항목 중 자주 사용하는 항목을 아이콘화한 것이다.

답— 50.④ 51.③

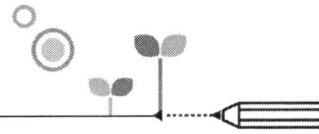

52 다음 비주얼 베이직 프로그램 수행 후의 출력결과는?

```
Sub main()
    MsgBox TypeName(3.5!)
End Sub
```

① single   ② double

③ currency   ④ date

53 비주얼 베이직에서 입력받을 문자열을 의미하는 속성은?

① Text1.text   ② Label2.caption

③ Check3.value   ④ Form4.caption

54 비주얼 베이직에서 변수선언 중 프로그램이 실행되는 동안 뿐만 아니라 끝나도 값이 유지되며 프로시저 또는 함수 내에서만 유효한 변수선언 방식은?

① public   ② private

③ static   ④ dim

 answer

52 함수 TypeName(varname)은 변수에 대한 정보를 제공하는 문자형 값을 반환한다. 3.5 뒤에 접미어로 !가 붙었는데, !는 자료형 single의 접미어이다. 정수형은 %, long은 &, double은 #, string은 $ 접미사가 붙는다.

53 문자열은 text 속성을 가지고, caption은 제목, value는 값을 나타낸다.

54 대체로 지역변수는 자신이 속한 프로시저나 모듈에서 실행 중에만 동작한다. 하지만 static을 이용하면 실행이 끝나도 선언된 변수는 메모리에 남게 된다.
① public은 프로그램의 전체의 모듈에 걸쳐 이용가능한 변수를 선언한다.
② private는 dim과 같은 지역변수이다.
④ dim으로 선언된 변수는 선언된 프로시저나 모듈에서만 사용가능한 지역변수이다.

답— 52.① 53.① 54.③

55 비주얼베이직 프로그램의 프로시저 형식이 아닌 것은?

① Sub   ② Method

③ Event   ④ Function

56 경고 대화상자를 만드는 것은?

① InputBox   ② AlertBox

③ MsgBox   ④ CommonDialog

57 비주얼 베이직에서 변수명 사용에 관한 규칙으로 옳지 않은 것은?

① 255자까지 사용한다.

② 예약어를 포함한 단어는 사용할 수 있다.

③ 영문자는 대소문자 모두를 사용할 수 있다.

④ 문자와 숫자 모두 첫 글자로 사용할 수 있다.

※ answer

55 프로시저 형식은 Sub, Function, Event 이다.

56 대화상자
    ㉠ 메세지 대화상자 : 어떤 사실을 알려주는 것으로 OK버튼을 클릭하는 형식으로 경고상자라고도 한다.
    ㉡ 입력 대화상자 : 사용자가 선택을 할 수 있도록 하는 것이다.
    ㉢ 범용 대화상자 : 특정 파일을 찾는 등의 동작을 위해 디렉토리 목록을 찾아 볼 수 있다.

57 ④ 변수명의 시작은 영문으로 한다.

답 55.② 56.③ 57.④

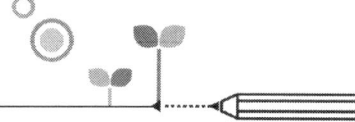

58 다음 프로그램의 출력값은?

```
Dim aString As String
aString = "Dog * 123 * Cat"
Print Mid(aString, Instr(aString, "*"), 4)
```

① Dog*

② *123

③ 123*

④ *Cat

59 다음 프로그램의 출력값은?

```
I = 2
DO While I < 10
  I = I + 1
  Loop
  Print I
```

① 9

② 10

③ 11

④ 12

60 프로그램 내부적으로 오브젝트를 구별하기 위해 사용하는 속성은?

① label

② command

③ name

④ caption

answer

58 Mid(str, n, m)은 str의 n번째 문자부터 m개의 문자 스트링을 나타낸다. Instr() 함수는 문자열에서 임의의 한 문자를 찾아 처음 발견된 위치를 반환하는 함수이다. *문자가 시작된 위치부터 그 값을 포함해서 4개의 문자를 찾는 프로그램이다.

59 DO While은 조건이 참이면 loop 내의 문장을 계속 수행한다. loop 이후에 print가 있으므로 마지막 값만이 출력된다.

60 name 속성은 프로그램에서 인식되는 컨트롤의 이름이며, caption 속성은 화면의 컨트롤 위에 나타나는 제목이다.

답— 58.② 59.② 60.③

05 베이직(BASIC) 언어

1 BASIC에서 다음 연산에 의해 출력되는 값은?

```
10 A = 6, B = 8, C = 10
20 IF NOT ( A > 8 AND B > 9) THEN 40
30 PRINT C : GOTO 60
40 C = C + 1
50 PRINT C
60 END
```

① 10

② 11

③ 12

④ 13

2 다음 중 베이직에 대한 설명으로 옳지 않은 것은?

① 명령을 연속으로 사용할 때에는 콜론(:) 기호로 구분한다.

② 문번호는 일반적으로 0 ~ 65,535까지의 정수를 사용하고, 10단위로 부여하는 게 좋다.

③ 프로그램의 수정이나 추가, 삭제가 용이하고 일정한 서식 없이 사용하기 편리하다.

④ 컴파일 언어이다.

❀ answer

1 A = 6, B = 8이므로 (A > 8 AND B > 9)는 거짓이 되고 NOT에 의해 거짓은 참이 되므로 행번호 40을 수행하여 C = 11이 된다.

2 ④ 베이직은 인터프리터 언어에 해당한다.

답—1.② 2.④

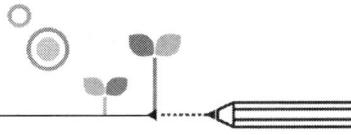

3 다음 베이직 프로그램의 출력값은?

```
10 FOR I = 12 TO 24 STEP 3
20 J = I MOD 4
30 PRINT J; SPC(1);
40 NEXT I
50 END
```

① 5 1 4 0 3
② 0 3 2 1 0
③ 5 2 6 3 2
④ 6 4 2 1 4

4 다음 베이직 프로그램에서 실행된 H값은?

```
FOR I = 1 TO 4
S = 0
   FOR J = 1 TO I
       S = S + J
   NEXT J
H = H + S
NEXT I
PRINT "SUM=" ; H
END
```

① 1
② 3
③ 10
④ 20
⑤ 26

5 베이직의 우선순위를 바르게 나열한 것은?

㉠ 덧셈	㉡ 곱셈
㉢ 괄호	㉣ 거듭제곱

① ㉠㉡㉢㉣　　　　　　　　　　② ㉡㉢㉣㉠

③ ㉢㉡㉣㉠　　　　　　　　　　④ ㉢㉣㉠㉡

⑤ ㉣㉢㉠㉡

6 베이직에서 2차 배열 A(2, 3)이 있을 때, A(0, 3)의 값은? (단, 열 우선이며, 값은 1, 2, 3, 4, …)

① 5　　　　　　　　　　② 7

③ 9　　　　　　　　　　④ 10

7 베이직에서 요소의 개수가 다른 것은?

① A1(1, 3, 2)　　　　　　　② A2(2, 12)

③ A3(3, 5)　　　　　　　④ A4(23)

✽ answer

5 일반적인 수학의 연산 우선순위와 동일하다. 그러므로 괄호, 거듭제곱, 곱셈, 덧셈 순으로 연산된다.

6 열 우선으로 1, 2, 3, …가 순차적으로 배분된다.

(0, 0) 1	(0, 1) 4	(0, 2) 7	(0, 3) 10
(1, 0) 2	(1, 1) 5	(1, 2) 8	(1, 3) 11
(2, 0) 3	(2, 1) 6	(2, 2) 9	(2, 3) 12

7 ① A1(1, 3, 2)는 $(1 + 1) \times (3 + 1) \times (2 + 1) = 24$
② A2(2, 12)는 $(2 + 1) \times (1 + 12) = 39$
③ A3(3, 5)는 $(3 + 1) \times (5 + 1) = 24$
④ A4(23)은 0 ~ 23까지이므로 $23 + 1 = 24$

답 - 5.④　6.④　7.②

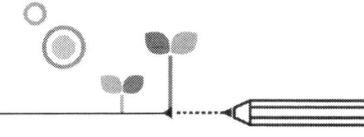

8 베이직의 시스템 명령어 중 줄번호 없이 실행되는 것은?

① LET   ② RUN
③ PRINT   ④ INPUT

9 다음 베이직 프로그램에서 출력되는 변수 X의 값은?

```
10 X = 0
20 FOR I = 1 TO 30 STEP 4
30 X = X + I
40 NEXT I
50 PRINT X
60 END
```

① X = 1 + 5 + 9 + ⋯ + 27   ② X = 1 + 5 + 9 + ⋯ + 29
③ X = 1 + 5 + 9 + ⋯ + 30   ④ X = 1 + 5 + 9 + ⋯ + 33

10 다음 중 베이직 프로그램에 대한 설명으로 옳지 않은 것은?

① 인터프리터 방식이다.
② 명령문은 행의 첫 번째 열에서 시작해야 한다.
③ 한 행에 여러 개의 문장을 기술할 수 있다.
④ 8진형 정수는 앞에 &o를 붙인다.

❋ answer

8 PRINT는 줄번호 없이 명령어를 쓰고 RETURN을 하면 RUN 명령 없이 바로 결과가 나온다.

9 1부터 30 사이의 범위에서 1부터 수를 4씩 증가하여 더하는 프로그램이다.

10 ② 행의 첫 번째 칸에서부터 프로그램을 작성할 필요는 없고, 사용자의 편의에 따라 유동성 있게 사용한다.

답─ 8.③ 9.② 10.②

11 베이직 언어의 특성이 아닌 것은?

① 컴퓨터에 대한 전문적인 지식이 없어도 쉽게 배울 수 있다.

② 문법과 규칙이 간단하며 프로그램 작성이 용이하다.

③ 명령의 종류가 많기 때문에 다양하고 강력한 기능을 제공한다.

④ 프로그램이 줄 번호를 중심으로 작성되므로 프로그램와 수정, 추가, 삭제가 용이하다.

⑤ 과학기술 계산 등의 간단한 문제를 해결하는 데 편리하다.

12 베이직의 기본구성요소가 아닌 것은?

① 줄번호   ② 명령어

③ 실행대상(operand)   ④ 종결자

13 주어진 문자열의 첫 번째 문자에 해당되는 ASC Ⅱ 로 변환 시켜주는 함수는?

① ASC   ② STR

③ CHR   ④ VAL

✳ answer

11 ③ 명령어가 적은 편으로 쉽고 간단하게 배울 수 있는 장점이 있다.

12 베이직은 같은 줄 끝에 종결자를 필요로 하지 않는다. 베이직은 "10 LET A = B + C" 같은 줄번호 명령어 실행대상의 형식으로 기술된다.

13 ASC는 주어진 문자열의 첫 번째 문자에 해당되는 ASC Ⅱ 로 변환 시켜주는 함수 이다.

답— 11.③ 12.④ 13.①

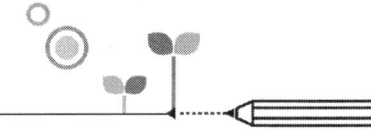

14 다음 베이직 프로그램에서 실행된 후 출력되는 결과는?

```
10 FOR I = 1 TO 4
20 FOR J = 1 TO 5
30 K = K + I
40 NEXT J, I
50 PRINT J
```

① 4

② 5

③ 6

④ 36

15 다음 프로그램의 결과는 무엇인가?

```
10 A% = 8
20 B% = 10.9
30 PRINT A%, B%
40 END
```

① 8, 10.9

② 8.0, 10.9

③ 8, 10

④ 8.0, 10.0

16 'PRINT' 라는 명령어 대신 간편하게 사용할 수 있는 문자는?

① !

② $

③ &

④ ?

✳ **answer**

14 J값만을 출력하는 것으로 J는 1에서 5까지 변화하며, NEXT문을 탈출하기 위해서는 제어변수값이 FOR문의 최종값을 벗어나야 하므로 J값은 6이 된다.

15 정수형 변수는 끝에 "%" 기호를 붙인다. A%, B%는 정수형 변수이므로 10.9는 10으로 저장된다.

16 ?문자는 PRINT 대신 사용할 수 있다. ?를 쓰고 enter키를 치면 자동적으로 PRINT로 바뀐다.

정답— 14.③ 15.③ 16.④

17 베이직 프로그램에서 다음의 결과는?

$$a = 10 - 3 * 3 \, \hat{} \, 2 / 3$$

① 1

② 9

③ 7

④ 8

18 다음 베이직을 실행시킨 결과는?

```
const c = 4
array a(4)
a(0) = 2
a(1) = 3
for i = 1 to c − 2
a(i + 1) = a(i) + a(i − 1)
next i
print a(i)
```

① 3

② 5

③ 8

④ 10

 answer

17 ^는 거듭제곱을 구하는 연산자이다. 연산자의 처리순서는 거듭제곱, (곱셈, 나눗셈), (덧셈, 뺄셈)순이다. 식의
순서는 다음과 같다. a = 10 − (3 * ((3^2) / 3) = 1

18 a(2) = a(1) + a(0) = 5, a(3) = a(2) + a(1) = 5 + 3 = 8이다. 프로그램은 a(3)까지 실행된 후 a(3)을 출력한다.

답— 17.① 18.③

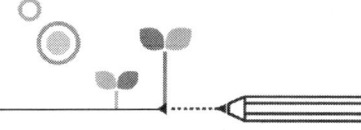

19 다음 중 REM 명령문에 대한 설명으로 옳은 것은?

① 메모리에 기억된 프로그램을 지운다.

② REM이 실행될 때 그 진행되는 과정을 보여준다.

③ REM 명령문은 PROGRAM상에서 실행되지 않는다.

④ 오류가 발생한 부분을 보여준다.

20 주기억장치의 프로그램을 보조기억장치에 저장시켜주는 것은?

① SAVE   ② LOAD

③ PRINT   ④ ENTER

✳ answer

19 REM은 주석문의 기능을 하는 명령문이다. ' 로 간단히 표시하기도 한다.

20 SAVE는 보조기억장치에 파일로 저장하는 명령으로 주기억장치에 있는 프로그램을 보조기억장치에 파일로 저장한다.

답 — 19.③ 20.①

1 어셈블리어에 대한 설명으로 옳지 않은 것은?

① 개발하기 어렵다.
② 명령어가 사람이 연상하기 쉬운 단어와 레지스터로 이루어져 심볼릭 언어라고도 한다.
③ 컴퓨터에 의해 바로 실행될 수 있는 유일한 언어이다.
④ 해석이 필요없어 속도가 빨라진다.

2 어셈블리에서 의사 명령을 설명한 것으로 옳지 않은 것은?

① EXTRN – 사용되는 이름이 해당 모듈의 외부에서 정의되어 있음을 선언하며, 외부 모듈에서는 해당 명칭이 public으로 선언되어야 한다.
② RET – DAA 명령으로 불려진 프로시저를 수행 후 복귀하는 명령이다.
③ EXITM – 조건의사명령과 함께 매크로 내에서 사용되며, 매크로 전개를 도중 중지할 경우 사용한다.
④ PUBLIC – 사용되는 이름은 해당 모듈에서 정의되며, 동시에 다른 모듈에서도 참조되는 것을 선언한다.

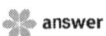
answer

1 ② 어셈블리어는 해석이 필요없이 바로 실행될 수 있는 언어이지만 개발하기 어려운 단점이 있다. 따라서 사람이 이해하기 쉬운 심볼릭 언어(고급언어)가 어셈블리어를 대체하게 되었다.

2 ② RET는 CALL 명령으로 불린 프로시저를 다시 Main으로 복귀시키는 명령어이다.

답 – 1.② 2.②

3 다음 중 어셈블러에서 논리합을 나타내는 연산자는?

① AND
② OR
③ SAR
④ XOR
⑤ NOT

4 다음 중 어셈블리어의 오퍼랜드에 대한 설명으로 옳은 것은?

① ':' 로 끝난다.
② 명령어의 앞이나 명령어의 왼쪽에 기재한다.
③ 작업대상이 되는 피연산자를 말한다.
④ 실제작업을 수행하는 명령어이다.
⑤ 주소 대신 사용한다.

5 다음 어셈블리어 명령어 형식으로 나타낸 수식은?

```
MOV E, A
ADD E, B
SUB E, C
DIV E, D
```

① A+B−C/D
② (E+B)−C/D
③ (A+B−C)/D
④ E+B−E−C/D

6 어셈블리 언어의 특징으로 옳지 않은 것은?

① 구현하기 힘든 컴퓨터의 기능을 최대한 활용할 수 있다.

② 컴퓨터의 속도를 빠르게 한다.

③ 주소 표현에 의한 값 연산과 주소 저장이 가능하다.

④ 명령어와 기계어가 1 : 1로 대응하기 때문에 메모리의 절약이 가능하다.

⑤ 전문 프로그래머가 코딩하기가 고급언어보다 훨씬 편리하다.

7 어셈블리의 데이터 레지스터에서 사칙연산 I/O 연산 및 부호 확장시에 필요한 것은?

① BX(Base) register   ② AX(Accumulator) register

③ CX(Count) register   ④ DX(Data) register

8 다음 중 MOV 명령의 사용이 옳지 않은 것은?

① MOV 메모리, 상수   ② MOV 메모리, 메모리

③ MOV 레지스터, 상수   ④ MOV 레지스터, 레지스터

9 다음 중 어셈블리 과정의 입력자료에 해당되는 항목은?

① 링키지 프로그램   ② 런 프로그램

③ 어셈블리 언어 파일   ④ 목적 프로그램

❋ answer

6 ⑤ 고급언어는 인간이 이해하기 편리한 언어이고, 어셈블리어는 기계어에 가까워 사용하기 어려운 언어이다.

7 ① 기억장소를 지정하는 데 사용하며, 인덱스로 사용되어 번지를 지정한다.
   ② 누산기라 하며 사칙연산, I/O 연산 및 부호 확장시에 사용한다.
   ③ 계수기 레지스터이다.
   ④ 입출력 주소 지정, 곱셈, 나눗셈 등에 AX 레지스터와 함께 큰 수를 표현한다.

8 어셈블리어는 메모리끼리의 연산은 허용하지 않는다.

9 어셈블리 과정에서 어셈블리 언어로 작성된 프로그램을 입력하면 원시파일 – 목적파일 – 실행파일 순으로 처리된다.

답 — 6.⑤ 7.② 8.② 9.③

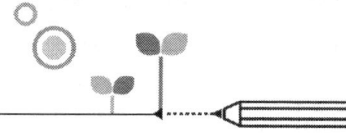

10 다음 프로그램에 대한 수식으로 옳지 않은 것은?

> ㉠ ADD A TO B
> ㉡ DIVIDE A INTO B
> ㉢ MULTIPLY A BY B GIVING E

① B = B/A 　　　　　　　　② E = A * B
③ B = A/B 　　　　　　　　④ B = B + A

11 어셈블리 언어에서 형태가 같은 두 연산자의 내용을 서로 교환할 수 있는 명령어는?

① DIV 　　　　　　　　② INC
③ XCHG 　　　　　　　　④ CBW

12 다음 중 포인터 레지스터에 속하는 것은?

① AX 　　　　　　　　② BX
③ CX 　　　　　　　　④ SP

13 다음 중 어셈블리 언어의 특징이 아닌 것은?

① 어셈블리 언어에서는 데이터가 기억되는 번지를 기호(symbol)로 지정한다.

② 어셈블리 언어는 기계어에 가장 가까운 언어이다.

③ 어셈블리 언어는 각종 수식을 그대로 표기할 수 있어서 편리하다.

④ 어셈블리 언어는 저급언어이나, 기계어보다는 프로그램을 작성하기가 쉽다.

14 다음 중 부호가 없는 연산은?

① IDIV   ② MUL

③ IMUL   ④ ADD

15 어셈블리에서 지원하는 자료형이 아닌 것은?

① 정수형   ② 문자형

③ 논리형   ④ 포인터형

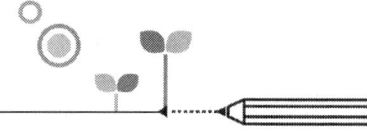

16 다음 결과로 옳은 것은?

```
MOV AX, 3
MOV BX, 5
XCHG AX, BX
```

① AX 레지스터와 BX 레지스터의 합을 구한다.

② AX 레지스터와 BX 레지스터가 같은지 비교한다.

③ AX, BX 모두 값이 5가 된다.

④ AX는 5, BX는 3으로 바뀐다.

17 다음 어셈블리 언어에서 조건 분기 명령문과 의미가 잘못 짝지어진 것은?

① JNB – 크면 분기   ② JNLE – 크면 분기

③ JB – 작으면 분기   ④ JAE – 크거나 같으면 분기

18 다음 중 수의 부호를 반전하는 명령어는?

① XOR   ② ROL

③ NEG   ④ TEST

answer

16 XCHG 명령은 내용을 교환하는 명령어이다.

17 ① JNB는 크거나 같으면 분기한다.

18 ① 두 조건이 서로 다를 때 참이 된다.
② 비트를 왼쪽으로 회전한 후, 바깥으로 밀려난 비트는 빈 영역에 채운다.
④ 특정 비트가 1로 되어 있는지를 체크한다.

답— 16.④ 17.① 18.③

19 다음 중 성격상 차이가 있는 명령문은?

① ADD   ② ADC

③ MUL   ④ DIV

20 GOTO와 같은 기능의 어셈블리어 명령은?

① LOOP   ② JP

③ JMP   ④ CLC

21 어셈블리에서 주석문을 표현하기 위해 사용하는 부호는?

① '   ② :

③ ;   ④ *

22 어셈블리 프로그램을 작성할 때 반복되는 연산을 효과적으로 하기 위해 사용하는 것은?

① 서브루틴   ② 매크로

③ 부 프로그램   ④ 예약어

※ **answer**

19 다음은 사칙연산과 관련있는 명령어이다. ADD, SUB, MUL, DIV는 부호가 없는 연산이고, ADC, SBB, IMUL, IDIV는 부호가 있는 사칙연산을 처리한다.

20 GOTO문은 무조건 분기 명령이다. 어셈블리어에서는 JMP가 무조건 분기 명령어이다. 반면, JP는 조건 분기 명령어이다.

21 문장 끝에 세미콜론을 찍고 설명을 쓴다.

22 매크로는 반복되는 명령어를 특정 이름으로 정의해서 필요한 부분에 이름을 적어서 사용한다.

답 19.② 20.③ 21.③ 22.②

23 변수를 선언만 하고 초기치를 부여하지 않을 때 사용하는 문자는?

① *

② #

③ $

④ ?

24 다음 보기는 유닉스(UNIX)의 어떤 작업과 가장 관계가 있는가?

vi, ed, emacs

① 컴파일

② CD 재생

③ 통신

④ 편집

25 90% 이상이 고급언어인 C로 구성되어 있으며, 시스템이 모듈화 되어있어 필요에 따라 변경 확장할 수 있고 다중 사용자를 위한 대화식 운영체제는?

① UNIX

② PASCAL

③ MS-DOS

④ Windows 98

✳ answer

23 "A DB ?"와 같이 선언을 하면, 워드 크기 변수 A를 선언했으나, 초기값을 부여하지 않았음을 의미한다.
(DB는 워드형 변수를 의미한다)

24 vi, ed, emacs는 Unix의 편집 툴이다

25 UNIX 운영체제의 90%는 C언어로 제작되어 있다.

답— 23.④ 24.④ 25.①

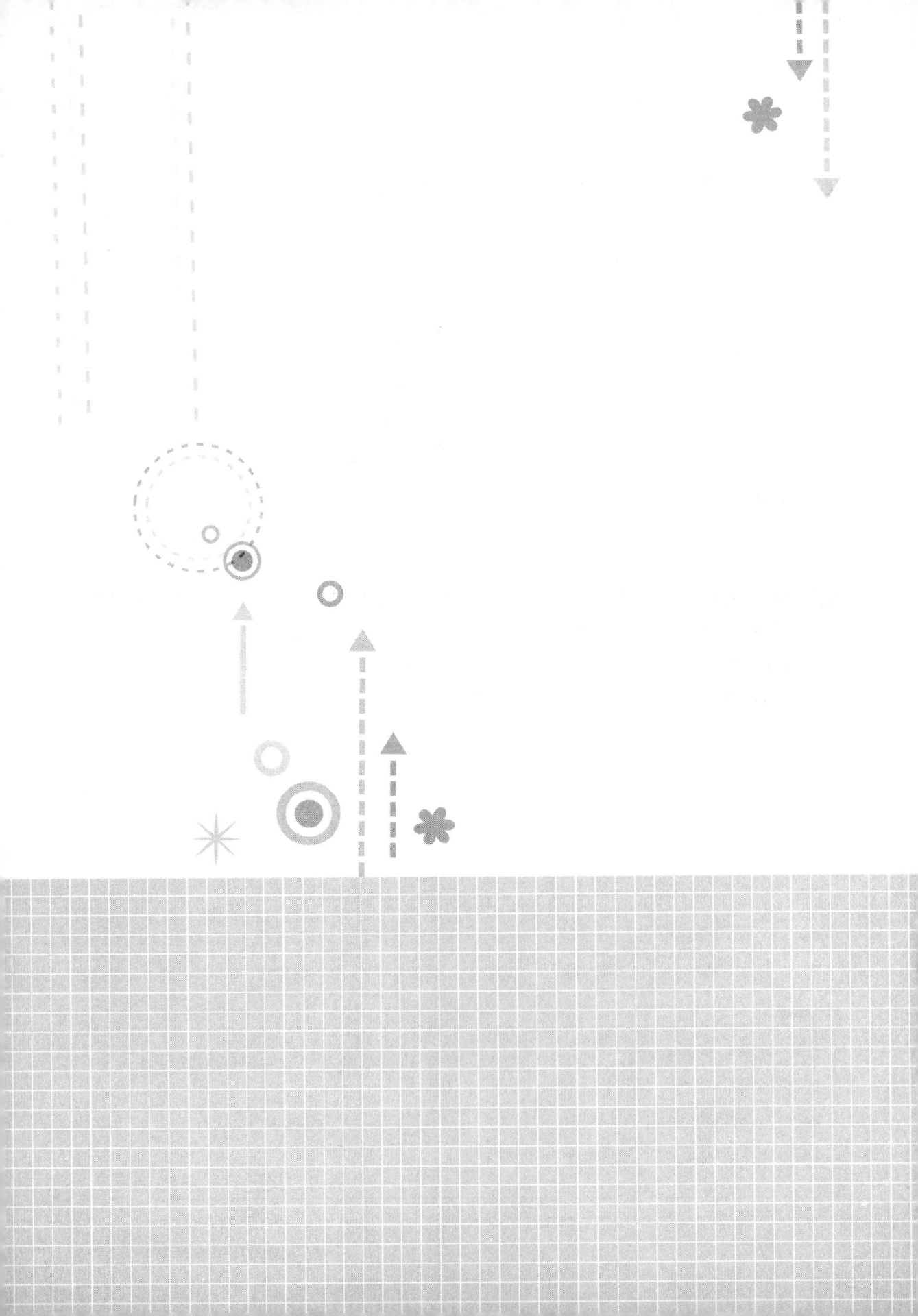

05

인터넷 프로그래밍

1 다음 HTML 문장을 실행할 경우 출력결과는?

```
<ol type = "a" start = "g"> name :
<li> 홍길동
<li> 성춘향
<li> 박문수
</ol>
```

① name :
   g. 홍길동
   h. 성춘향
   I. 박문수

② name :
   G. 홍길동
   H. 성춘향
   I. 박문수

③ name :
   a. 홍길동
   b. 성춘향
   c. 박문수

④ name :
   A. 홍길동
   B. 성춘향
   C. 박문수

❋ **answer**

1 OL은 항목 앞에 붙이는 순서항목으로 type = "a"는 알파벳 소문자로 목록의 형식을 지정해준다.
※ start … 1이 아닌 다른 숫자로 목록번호를 시작하게 해주는 속성으로 이 경우 start = "7"을 주어야 g부터
시작하게 된다.

답 – 1.③

---

2 HTML 문장을 사용하여 프레임을 수평으로 분할하려고 한다. ㉠, ㉡에 공통으로 들어갈 태그는?

```
<FRAMESET rows = "300, 400">
<FRAME ( ㉠ ) = "up.html">
<FRAME ( ㉡ ) = "down.html">
</FRAMESET>
```

① cols   ② src

③ name   ④ file

3 '대한민국'이라는 문자열에 'http://www.korea.go.kr' 이라는 웹사이트 주소를 하이퍼링크로 연결하도록 HTML 문장을 바르게 작성한 것은?

① <a href="http://www.korea.go.kr">대한민국</a>

② <img src="http://www.korea.go.kr">대한민국</img>

③ <title>대한민국:"http://www.korea.go.kr"</title>

④ <h3>대한민국<h4>http://www.korea.go.kr</h4></h3>

4 HTML 문서 작성시 <BODY>태그 안에서 사용하는 속성으로 한 번 이상 방문한 적이 있는 링크의 색상을 정의하는 것은?

① VLINK   ② LINK

③ FLINK   ④ ALINK

✳ answer

2 src는 프레임 창 하나하나에 URL을 연결해준다.

3 href는 연결하고자 하는 문서의 URL로 이동하는 속성으로
   <a href="http://www.korea.go.kr">대한민국</a>와 같은 형식으로 쓴다.

4 방문한 하이퍼링크의 색은 <BODY VLINK = "#6자리색상이름">의 형식으로 한다.

답- 2.② 3.① 4.①

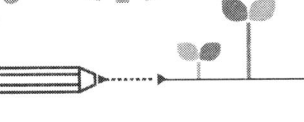

5 다음 중 프레임에 대한 설명으로 옳지 않은 것은?

① 프레임을 이용하면 뒤돌아가기의 번거로움을 덜 수 있다.

② Scrolling 속성을 이용하여 스크롤바의 표시 유무를 결정할 수 있다.

③ <frame>은 3개까지 분할할 수 있다.

④ 창을 가로로 나눌 경우 <rows>, 세로로 나눌 경우 <cols>를 사용한다.

6 HTML 언어에서 다음과 같이 코딩하기 위해 ㉠, ㉡, ㉢에 들어갈 태그를 순서대로 나열한 것은?

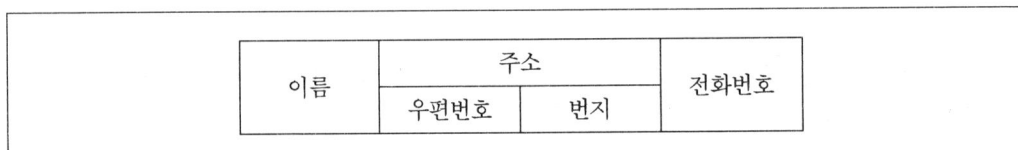

이름	주소		전화번호
	우편번호	번지	

```
<table border = 1>
<td ㉠ = 2>이름</td>
<td ㉡ = 2>주소</td><td ㉢ = 2>전화번호</td>
<tr><td>우편번호</td><td>번지</td></tr>
</table>
```

① Rowspan, Rowspan, Colspan   ② Rowspan, Colspan, Rowspan

③ Colspan, Colspan, Rowspan   ④ Colspan, Rowspan, Colspan

7 다음 중 HTML에서 프로그램에 애플릿 매개변수를 넘기는 방식으로 옳은 것은?

① <EMBED>   ② <OBJECT>

③ <CODE>   ④ <PARAM>

❋ **answer**

5 프레임 … 브라우저 윈도우의 한 화면을 복수 개의 영역으로 구분해서 사용할 수 있고, 그 페이지를 벗어나지 않고 링크(Link)된 페이지를 부를 수 있는 기능이다.

6 행을 합치는 것은 Rowspan, 열을 합치는 것은 Colspan이므로 Rowspan, Colspan, Rowspan이 차례로 들어간다.

7 PARAM … 프로그램에 매개변수를 전달하는 태그로 <OBJECT>나 <APPLET> 태그와 함께 쓰인다.

답— 5.③ 6.② 7.④

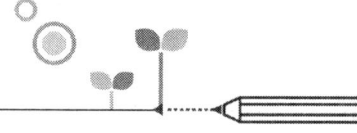

8 다음과 같은 HTML 프로그램의 출력값은?

```
<html>
<body>
<table border=1 width=300>
<caption>시간표</caption>
<tr align="center"><td>요일</td><td>시간</td></tr>
<tr><td>토요일</td>
<td><input type="radio">오전<br>
<input type="radio">오후</td><tr>
<tr align="center"><td>일요일</td>
<td><input type="radio" checked>오전<br>
<input type="radio">오후</td></tr>
</table>
</body>
</html>
```

① 시간표

요일	시간
토요일	◉오 전 ○오 후
일요일	○오 전 ○오 후

② 시간표

요일	시간
토요일	◉오 전 ○오 후
일요일	○오 전 ○오 후

③ 시간표

요일	시간
토요일	○오 전 ○오 후
일요일	◉오 전 ○오 후

④ 시간표

요일	시간
토요일	○오 전 ○오 후
일요일	◉오 전 ○오 후

8 토요일은 align의 속성값이 주어지지 않았으므로 왼쪽정렬이고 나머지는 center값을 갖는다. 또한, <input type="radio" checked>에서 일요일 오전에 check된다.

답 8.④

9 다음과 같은 결과가 나올 때 태그속성이 옳지 않은 것은?

★ 중앙
○ 인사
■ 위원회
● 시험

① <UL><LI type = "star">중앙</LI></UL>

② <UL><LI type = "circle">인사</LI></UL>

③ <UL><LI type = "square">위원회</LI></UL>

④ <UL><LI type = "disc">시험</LI></UL>

10 HTML 문서에서 가운데에 오목한 그림자가 있는 듯이 나타나게 하는 태그는 무엇인가?

① <pre></pre>

② <hr size = 20 width=20></hr>

③ <hr noshade></hr>

④ <hr align size = 20 width = 20></hr>

※ answer

9 <UL>은 번호를 매기지 않은 목록을 정의할 때 사용하는 것으로 circle(○), disc(●), square(■)의 3가지 속성값이 있다.

10 구분선에 size, width로 두께와 폭을 주어 입체적인 느낌을 줄 수 있다.

답— 9.① 10.②

11 다음 그림과 같이 프레임을 나눈 것은?

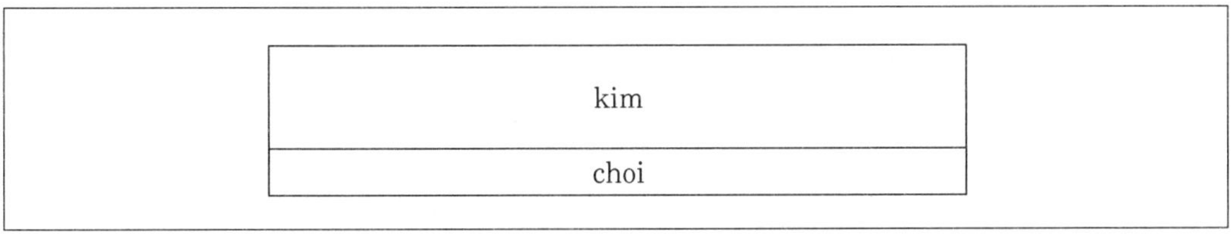

```
┌─────────────────────────────────────────────┐
│        ┌──────────────────────────┐          │
│        │           kim            │          │
│        ├──────────────────────────┤          │
│        │          choi            │          │
│        └──────────────────────────┘          │
└─────────────────────────────────────────────┘
```

① <FRAMESET COLS=30%, 70%>
   <FRAME SRC="kim">
   <FRAME SRC="choi">
   </FRAMESET>

② <FRAMESET COLS=70%, 30%>
   <FRAME SRC="kim">
   <FRAME SRC="choi">
   </FRAMESET>

③ <FRAMESET ROWS=30%, 70%>
   <FRAME SRC="kim">
   <FRAME SRC="choi">
   </FRAMESET>

④ <FRAMESET ROWS=70%, 30%>
   <FRAME SRC="kim">
   <FRAME SRC="choi">
   </FRAMESET>

12 다음 중 웹 페이지에서 경계선 없이 'k.gif'를 삽입하기 위한 명령은?

① <img src = "k.gif" border = "0">
② <img src = "k.gif" header = "0">
③ <img src = "k.gif" linesize = "0">
④ <img src = "k.gif" alt = "0">

13 다음 중 정적 웹 프로그램에 속하는 것은?

① CGI
② Perl
③ DHTML
④ HTML
⑤ VBScript

✳ answer

11 프레임을 가로로 나누는 방법은 rows이며, 차례대로 지정한다.

12 "border = 수치"는 표의 테두리 두께를 조정하는 것으로 표 두께를 0으로 하면 경계선 없이 삽입할 수 있다.

13 HTML은 정적인 프로그램에 해당하고, CGI, PERL, DHTML, ASP, VBScript는 동적 프로그램에 해당된다.

답— 11.④ 12.① 13.④

14 아래 그림과 같은 결과를 코딩하기 위해서 ㉠, ㉡, ㉢, ㉣에 들어갈 알맞은 것은?

알 림		
내 용	구 분	
	교 내	교 외
1	기 사	뉴 스

```
<㉠> <h1><caption>알림</h1></㉠>
<㉡ border = 1 >
<tr align = center>
<td ㉢ = 2>내용</td>
<td ㉣ = 2>구분</td></tr>
```

① center, table, rowspan, colspan
② rowspan, colspan, table, center
③ table, center, rowspan, colspan
④ center, rowspan, colspan, table
⑤ 답 없음

15 HTML에서 중심부분이 x1, y1인 좌표값과 원의 반지름 R 값인 원을 그리는 태그가 옳은 것은?

① <area = "circle" coords="x1, y1, R">
② <coords = "x1, y1, R" area shape = "circle">
③ <area shape = "circle" coords = "x1, y1, R">
④ <area coords = "circle" shape = "x1, y1, R">

※ answer

14 열을 합치는 것은 colspan이고, 행을 합치는 것은 rowspan이다.

15 <area shape = "종류" coords = "좌표값">으로 표시한다. 종류에는 사각형(rect), 원형(circle), 다각형(poly), 기본형(default)이 있다.

답— 14.① 15.③

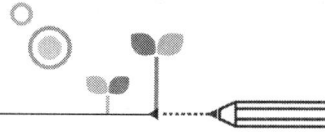

16 세 개의 행을 합치는 태그는?

① Colspan = 3

② Rowspan = 3

③ Frameset = 3

④ Cellpadding = 3

17 HTML에서 글씨를 클릭하면 해당 사이트로 이동하는 태그는?

① <a href = "www.naver.com">네이버</a>

② <a href = "www.naver.com", 네이버,/a>

③ <a href = "www.naver.com">네이버</a href>

④ <a href = "www.naver.com">네이버<a>

18 HTML 언어에서 다음 그림과 같은 태그에서 '이름'에 대한 태그로 옳은 것은?

이 름	설 명
패 턴	자바 패턴

① <TD>이름</TD>

② <TB>이름</TB>

③ <TR>이름</TR>

④ <TH>이름</TH>

 answer

16 ① 열을 병합
③ 프레임 지정
④ 셀과 내용 사이 간격 지정

17 <a href = "http://www.empas.net">클릭</a>과 같은 형식으로 쓴다.

18 <th>는 셀의 제목을 나타낸다. <td>는 셀을 만들어 주고, <tr>은 한 행을 만들어 준다. 이름은 셀의 제목이므로 <th>를 사용한다.

답— 16.② 17.① 18.④

19 HTML에서 태그 안의 내용 그대로를 웹 브라우저에 보여주는 것은?

① <PRE></PRE>
②
③ <SAMP>
④ <PREFROM></PREFROM>

20 HTML에서 다른 문서 연결시 이용하는 태그는?

① <href>
② <a>
③ <p>
④ <img>
⑤ <src>

21 HTML의 Image 태그의 속성이 아닌 것은?

① Border
② Vspace
③ Rowspan
④ Height

22 HTML에서 밑줄글자를 나타내는 태그는?

① <H>
② <B>
③ <U>
④
⑤ <I>

answer

19 <PRE>내용</PRE>는 내용을 그대로 출력한다.

20 <a href = "주소"> 형식으로 링크를 시킨다.

21 ③ Rowspan은 테이블에서 쓰는 태그이다.

22 ① 문서의 제목
② 진하게
③ 밑줄
④ 줄바꿈
⑤ 이탤릭체

답 – 19.① 20.② 21.③ 22.③

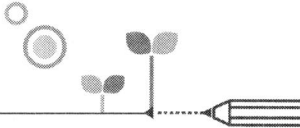

23 다음 중 HTML에 대한 설명으로 옳지 않은 것은?

① 태그 사이에 글자나 문서의 형식을 프로그래밍 한다.

② 공백의 정도는 구별이 불가능하다.

③ 태그는 대소문자 구분이 없다.

④ 기본적으로 여러 공백을 하나의 공백으로 취급한다.

24 아래 그림과 같은 결과를 코딩하기 위해서 ( ) 안에 들어갈 것은?

```
1. Breakfast
2. Lunch
3. Dinner
```

```
(              )
<LI VALUE = 1 > Breakfast
<LI> Lunch
<LI> Dinner
(              )
```

① <UL>, </UL>   ② <OL>, </OL>

③ <DT>, </DT>   ④ <LI>, </LI>

25 다음 중 표에 가로줄을 표시하기 위한 태그로 옳은 것은?

① <TH>   ② <CAPTION>

③ <TR>   ④ <TD>

✳ answer

23 ② <pre> 같은 태그는 여러 칸의 공백을 구별할 수 있다.

24 <OL>은 순서가 있는 목록을 쓸때, <UL>은 순서가 없는 목록을 적을 때 쓴다.

25 <TR>은 한 행(가로)을 만들어 준다.

답— 23.② 24.② 25.③

26 다음 중 HTML에 대한 설명으로 옳지 않은 것은?

① 컴퓨터에 비의존적이다.　　　　② 태그를 사용해서 줄을 바꾼다.

③ 정적 웹 프로그램이다.　　　　　④ 컴파일이 필요하다.

27 다음 중 웹 브라우저가 아닌 것은?

① 모자익　　　　　　　　　　　② 넷스케이프

③ Kawa　　　　　　　　　　　　④ 익스플로러

28 웹상에서 구조화된 문서를 보낼 수 있도록 개발된 마크업 언어는?

① HTML　　　　　　　　　　　② XML

③ DHTML　　　　　　　　　　　④ CGI

29 도메인 네임을 ip값으로 바꿔주는 것은?

① DNS　　　　　　　　　　　　② Main Server

③ HTTP　　　　　　　　　　　④ FTP

✳ answer

26 ④ HTML은 컴파일이 필요한 컴파일 언어가 아닌 markup 언어이다.

27 ③ Kawa는 자바 프로그램을 실행할 수 있는 환경을 제공하는 프로그램이다.

28 HTML은 웹페이지에서 데이터베이스처럼 구조화된 데이터를 지원할 수 없지만, XML은 사용자가 구조화된 데이터베이스를 뜻대로 조작할 수 있다. 구조적으로 XML 문서들은 SGML(standard generalized markup language) 문서형식을 따르고 있다.

29 Domain NAme Server(DNS)는 도메인 네임을 ip값으로 바꿔준다.

정답— 26.④　27.③　28.②　29.①

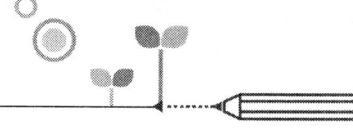

30 HTML의 <MARQUEE>의 사용이 잘못된 것은?

① behavior = slide

② behavior = scroll

③ behaivior = alternate

④ behavior = drag

31 XML에 대한 설명으로 옳지 않은 것은?

① 대소문자를 구별한다.

② 처리문은 <?   ?>로 나타낸다.

③ 태그 이름은 문자, 숫자, 기호 모두를 쓸 수 있다.

④ 문서는 형식에 따라 CSS, XLS의 두 가지가 있다.

32 다음 중 HTML에 대한 설명으로 옳지 않은 것은?

① HTML은 WWW의 홈페이지를 만들때 사용하는 언어로 WWW 문서의 표준이다.

② HTML은 ASCII 형식의 일반 텍스트이어야 하며, 한글은 반드시 KSC 완성형을 지원하여야 한다.

③ HTML의 태그들은 <HTML> … </HTML>과 같이 시작태그와 마감태그가 반드시 쌍으로 이루어져야 한다.

④ HTML은 컴퓨터 언어에 비의존적이다.

33 마크업 언어에 대한 설명으로 옳지 않은 것은?

① 문서에 추가되는 마크업(마크업 정보)을 표현한다.

② 마크업 언어는 문서 내에 매입(embed)되는 일련의 부호로 구성된다.

③ HTML, Java, SGML이 이에 해당한다.

④ 마크업 언어는 기종과 독립적으로 응용 프로그램간에 교환될 수 있도록 이식성을 높이기 위해 설계되었다

34 HTML 언어에서 '언어' 라는 문구에 하이퍼링크를 연결해서 lang.jpg라는 그림파일을 실행시키려 한다. 옳은 것은?

① <A href = "lang.jpg">언어</A>　　② <A href = 언어>lang.jpg</A>

③ <A 언어><href = "lang.jpg" /A>　　④ <A 언어> href = "lang.jpg"/A>

35 다음과 같은 화면결과가 나타나기 위한 HTML 소스로 옳은 것은?

2005년 <컴퓨터>

① 2005년 &gt ; 컴퓨터&lt ;　　② 2005년 &lt ; 컴퓨터&gt ;

③ 2005년 <컴퓨터>　　④ 2005년 "<컴퓨터>"

🌸 answer

33 ③ Java는 마크업 언어가 아닌 객체지향 언어이며, WWW, XML 등이 마크업 언어에 해당한다.

34 하이퍼링크의 형식은 <A href = "help.html">help me</A>와 같이 사용한다.

35 greater than(>)은 '&gt ;' 으로, less than(<)은 '&lt ;' 로 표시한다.

🔢 33.③　34.①　35.②

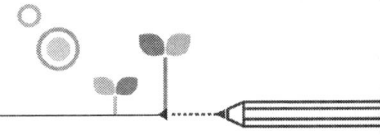

36 다음 <DL> 태그는 용어를 정의하거나 설명할 때 사용한다. 빈칸에 들어갈 태그로 옳은 것은 ?

```
<DL>
< ㉠ >HTML
< ㉡ >HTML 연습
</DL>
```

① ㉠DD, ㉡DT
② ㉠DT, ㉡DD
③ ㉠DL, ㉡DD
④ ㉠DL, ㉡DT

37 다음 중 옳지 않은 것은?

```
<html>
<META name = "프로그래밍 공부" content = "홈페이지 내용">
<META http-equiv = "refresh" content="5 ; url = http://korea.or.kr">
<title>프로그래밍</title>
<body>프로그래밍 언어</body>
</html>
```

① 키워드는 '프로그래밍 공부' 이다.

② 타이틀은 '프로그래밍' 이다.

③ 본문내용은 '프로그래밍언어' 이다.

④ 내용을 보여준 후 5초 후 http://korea.or.kr로 이동한다.

❇ answer

36 <DL> 태그는 설명형 목록을 설정할 때 사용되며, <DL>로 정의된 목록은 <DT>와 <DD>로 나누어진다. <DT> 태그는 반드시 <DL> 안에서 사용되며, 목록에 대한 제목이나 설명을 기재할 때 사용된다. <DD> 태그는 설명형 목록 안에서 항목을 추가할 때 사용된다.

37 위의 태그는 메타 태그이다. 홈페이지에서 메타 태그라 하면 홈페이지가 검색되었을 때 검색 로봇에 의해 읽혀지는 부분이다. 일반적인 형식은 <META name = "이름" content = "내용">이다.

답— 36.② 37.①

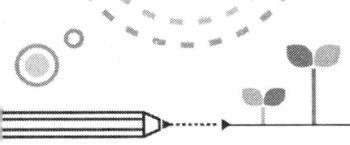

38 다음 중 쌍으로 쓰이지 않는 것은?

①
                          ② <html>

③ <pre>   ④ <a>

39 다음은 무엇에 대한 설명인가?

국제표준기구인 ISO에 의해 1986년 표준으로 채택되었으며, 사용자의 문제를 논리적으로 표현할 수
있게 해주는 언어이다. 문서의 레이아웃이나 포맷 등 문서의 물리적 표현방식은 배제하고 문서의
구성요소와 구조 등 논리적 특성을 기술할 수 있다.

① XML   ② SGML

③ HTML   ④ ASP

40 다음 중 XML에 대한 설명으로 옳지 않은 것은?

① HTML의 표현력 부족과 브라우저 종속적인 면을 해결하였다.

② SGML의 단점을 극복하고자 만들어졌다.

③ SGML의 전체집합이다.

④ 전자상거래 등의 분야에서 활용 가능성이 높다.

✳ answer

38 ①
은 줄 바꿈 태그로 </br>과 쌍으로 쓰이지 않는다.

39 SGML(Standard Generalized Markup Language)는 문서로부터 특정 시스템이나 프로그램에 종속적인 물리적
특성을 제외함으로써 완전한 문서 호환이 가능하게 되었다.

40 ③ XML은 SGML의 표현력과 HTML의 단순성 등 두 개의 장점만을 취한 언어로, SGML의 복잡한 부분을
제외하고 필수부분만을 선택한 SGML의 부분집합이다.

답 - 38.① 39.② 40.③

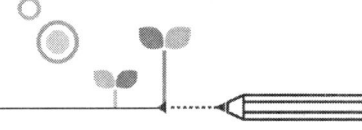

41 DHTML에 대한 설명으로 옳지 않은 것은?

① 확장된 태그를 쓴다.

② CGI나 자바 애플릿이 웹서버에 의존적인 단점을 해결하기 위해 등장하였다.

③ 플러그 인이 필요하다.

④ 브라우저끼리 서로 호환이 안 된다.

42 HTML 문서로 홈페이지를 제작하는 데 활용되는 도구가 아닌 것은?

① 나모 웹 에디터   ② 드림위버

③ 프론트 페이지   ④ 포토샵

43 HTML 4.0에 포함된 기능이 아닌 것은?

① CSS   ② UCS 문자 set

③ 점자와 음성 합성   ④ 자바 애플릿

 answer

41 ③ DHTML은 브라우저마다 다른 DOM의 정의와 사용방법이 다르다. 내장된 확장 태그를 사용하여 작성하기 때문에 별도의 서버나 플러그 인이 필요하지 않아 실행시간이 빠르다.

42 기본적으로 메모장과 같은 에디터를 이용하여 확장자를 html 또는 htm으로 저장하는 방법과 HTML 전용에디터 라고 하는 것이 있는데 이것은 HTML 작성작업을 좀더 효율적으로 도와주는 것들이다. Front Page, Hot Dog, Namo web editor, Dream wiber, Composer 등 다양한 종류가 있다. 한글이나 MS Word에서도 HTML 편집을 지원한다.

43 자바 애플릿 사용은 HTML 3.2에서 제공되었다. 4.0에서는 SCC(Cascading Style Sheet)를 이용하여 색깔과 폰트, 웹 문서의 레이아웃을 자유롭게 조정한다. 국제 표준인 Universal Multiple Octec Coded Charater Set을 채택하여 아랍어나 히브리어를 HTML로 표현할 수 있게 되었으며, 장애인을 위한 점자 음성도 제공된다.

답 41.③ 42.④ 43.④

44 태그에 대한 기존 구조 설명 중 옳지 않은 것은?

① 태그는 시작과 종료 태그로 구성된다.

② 대소문자를 구별하지 않는다.

③ 공백이 여러 개 있어도 하나로 인식된다.

④ 태그는 중첩할 수 없다.

45 링크 사용 후의 문자색을 지정하는 속성은?

① link   ② alink

③ vlink   ④ color

46 다음 빈칸에 공통으로 들어갈 태그의 종류는?

```
<html>
   <        >
      <title>제목표시줄에 표시될 문서의 제목</title>
   </        >
      <body>본문의 내용</body>
</html>
```

① start   ② head

③ table   ④ end

✳ **answer**

44 ④ 태그는 중첩하여 쓸 수 있다. 이때는 먼저 사용한 태그가 나중에 사용한 태그를 포함하도록 종료 태그의 지정을 순서대로 해주어야 한다.

45 link는 링크로 설정한 글자색을, alink는 링크된 문자를 클릭할 때 변화되는 색을 지정하며, vlink는 링크 후 문자색을 지정한다.

46 위의 형식은 HTML의 기본형식으로, <html>은 HTML 문서를 시작한다는 의미이다. <head>문서의 머리 부분은 웹문서에 대한 정보가 들어가는 곳으로 head 태그 내에 들어가는 태그에는 몇 가지가 있는데 대표적으로 title 태그가 있다. head 태그 내의 내용은 브라우저에 표시되지 않는다. <body>문서는 본문에 해당하는 곳으로, 문서 대부분의 내용이 이 body tag 내에 들어가게 된다.

📖 44.④   45.③   46.②

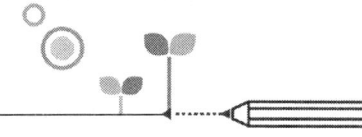

47 다음 중 \<body\>태그의 속성에 해당하지 않는 것은?

① text
② link
③ backgroundcolor
④ background

48 검정색을 나타내는 RGB값은?

① #000000
② #FFFFFF
③ #FF0000
④ #0000FF

49 다음은 무엇에 대한 설명인가?

> HTML 문서의 제목을 쓰는 tag이다. 이곳에 들어간 제목은 HTML 문서를 실행했을 때 웹브라우저의 상단 제목 표시줄에 나타나게 된다.

① \<html\>
② \<head\>
③ \<title\>
④ \<body\>

50 다음 중 주석 태그의 형식으로 바른 것은?

① <//   >   ② <*/   >

③ < − −   − − >   ④ <! −   − − >

51 제목 태그 중 글씨의 크기가 가장 크게 나타나는 것은?

① <h1>   ② <h2>

③ <h5>   ④ <h6>

52 문자 크기 지정에 대한 설명으로 옳지 않은 것은?

① <font>태그를 이용한다.

② 6단계로 글자크기를 조절할 수 있다.

③ 숫자가 작으면 글 크기가 작다.

④ <font size = "n"> ~ </font>의 형식으로 사용된다.

53 다음 중 글꼴과 관련된 태그가 아닌 것은?

① <B>는 굵은 문자이다.

② <I>는 이탤릭체를 나타낸다.

③ <SMALL>은 글자크기를 현재보다 작게 한다.

④ <S>는 윗첨자를 나타낸다.

❋ **answer**

50 주석은 부수적인 설명이나 해설이 필요할 때 사용하며 내용은 브라우저에 나타나지 않는다. 주석의 형식은 <! − 내용 − − >이다.

51 제목은 h1 ~ h6까지 단계로 표현할 수 잇으며, 숫자가 작을수록 제목의 크기가 크다.

52 ② <font>태그는 7단계로 글자크기를 조정할 수 있고, 숫자가 작을수록 글 크기도 작아진다. 6단계로 글자를 조절할 수 있는 것은 제목 태그인 <H>이다.

53 ④ <S>는 취소선을 나타내고, <SUP>가 윗첨자를 나타낸다.

🔑 50.④ 51.① 52.② 53.④

54 다음 중 문자색을 지정하는 속성은?

① fcolor   ② textcolor

③ color   ④ bgcolor

55 다음 설명 중 옳지 않은 것은?

①
은 줄바꿈 태그이다.

② <p>는 줄바꿈을 하고 한 줄의 공백을 더 만든다.

③
을 두 번 사용하면 <p>와 같은 효과를 얻을 수 있다.

④ <p>를 여러 번 사용하면 계속적으로 공백이 늘어난다.

56 HTML 태그에서 </> (닫는태그) 가 없는 것은?

① p   ② BODY

③ HTML   ④ H2

57 번호 없는 리스트의 <UL>의 속성이 아닌 것은?

① disk   ② triangle

③ circle   ④ square

 answer

54 문자의 색을 지정하는 속성은 color이다. 색번호 이름을 직접 사용하거나 GRB값을 쓴다.

55 ④ <p>태그는 여러 번 사용하여도 한 번 사용하는 것과 동일한 결과를 얻는다.

56 p 태그는 단독 태그로 닫지 않는다.

57 <UL>은 번호가 없이 나열되는 목록을 작성할 경우 사용된다. 항목별로 선두에 <LI>를 붙이고 검은원, 흰원, 사각형의 세 종류의 마크를 type 속성에서 지정할 수 있다. 검은원은 disk, 흰원은 circle, 사각형은 square를 쓴다.

답— 54.③ 55.④ 56.① 57.②

58 다음과 같은 기능을 하는 문장은?

> <CENTER>

① <DIV ALIGN = "CENTER"> ② <ALIGN = "CENTER">

③ <DIV ALIGN = "MIDDLE"> ④ <ALIGN = "MIDDLE">

59 입력한 그대로를 나타내기 위해서 사용하는 태그는?

① <p> ②

③ <pre> ④ <blockquote>

60 다음 중 종료 태그를 쓰는 것은?

① pre ② br

③ p ④ li

61 번호가 있는 리스트 <ol>의 type 속성에 대한 설명 중 옳지 않은 것은?

① A는 영어 대문자로 순서를 표시한다. ② a는 영어 소문자로 순서를 표시한다.
③ I는 로마숫자 대문자로 순서를 표시한다. ④ 기본값은 영문 대문자로 표시된다.

✳ **answer**

58 <DIV>는 문단을 정렬하는데, LEFT, RIGHT, CENTER 속성을 가지고 있다.

59 공백의 크기를 그대로 브라우저에 출력한다. pre태그를 사용하지 않으면 HTML에서는 공백이 여러 개 있어도 하나로 취급된다.

60
, <p>, <li>는 쌍으로 이루어지지 않은 태그이고, <pre>는 종료 태그와 쌍을 이룬다.

61 속성에는 A, a, I, i, 1이 있는데 i를 쓰면 로마숫자 소문자로 표시되고, 1을 쓰면 숫자로 표시된다. 기본값은 1이다.

정답 — 58.① 59.③ 60.① 61.④

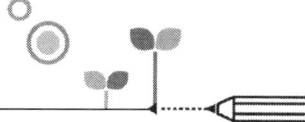

62 URL을 통한 링크를 바르게 쓴 것은?

① <A HREF = www.daum.net>다음</A>

② <A = "www.daum.net">다음</A>

③ <A HREF = "www.daum.net">다음</A>

④ <A HREF = "www.daum.net">다음<A>

63 이미지 삽입과 관련된 다음 설명 중 옳지 않은 것은?

① width를 이용해 가로 크기를 조절할 수 있다.

② height를 이용해 세로 크기를 조절할 수 있다.

③ vspace는 이미지의 좌우 여백을 준다.

④ width, height는 픽셀과 비율(%)을 값으로 준다.

64 테이블과 관련된 태그 설명 중 옳지 않은 것은?

① <table>은 테이블을 선언한다.

② <tr>은 각 행의 셀을 만든다.

③ <th>는 행에 있는 셀을 제목으로 지정하여 강조되게 표시한다.

④ <caption>은 테이블 제목이다.

answer

62 <A HREF = "URL">나타나는 텍스트</A> 형식으로 사용한다.

63 ③ vspace는 이미지의 상하 여백을, hspace는 좌우 여백을 준다.

64 ② <tr>은 테이블 내의 행, <td>는 각 행의 셀을 나타낸다.

답— 62.③ 63.③ 64.②

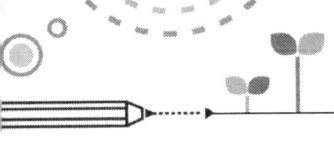

65 다음과 같은 화면이 나타나기 위해서 <　　>에 들어갈 태그는?

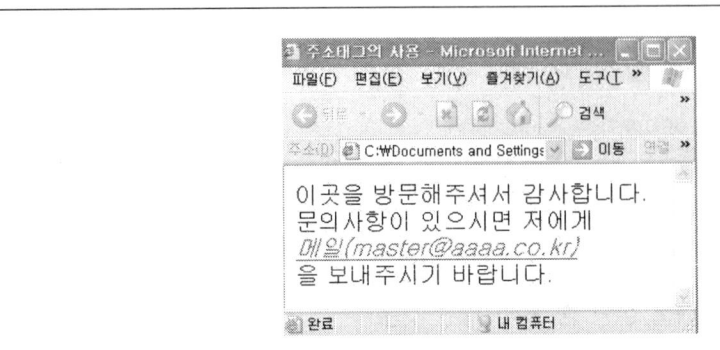

```
<html>
<head>
<title>주소태그의 사용</title>
</head>
<body>
이곳을 방문해주셔서 감사합니다.<br>
문의사항이 있으시면 저에게
<　　><a href = mailto : master@aaaa.co.kr>
메일(master@aaaa.co.kr)</a>
</　　>을 보내주시기 바랍니다.
</body>
</html>
```

① mail   ② address

③ email   ④ center

 answer

65 <address>는 특정 주소를 명시할 때 사용하는 태그로서, 주소에 대한 특별한 작업을 수행하는 것이 아니고, 단지 이탤릭체와 같이 명시된다. 즉, 특정 주소와 연결(link)하기 위해서는 연결태그를 사용해야만 한다. 일반적으로 전자우편 주소를 명시할 때 사용된다.

답— 65.②

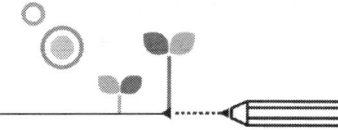

66 다음과 같은 화면이 출력되기 위해서 ㉠, ㉡, ㉢에 들어갈 것을 순서대로 나열한 것은?

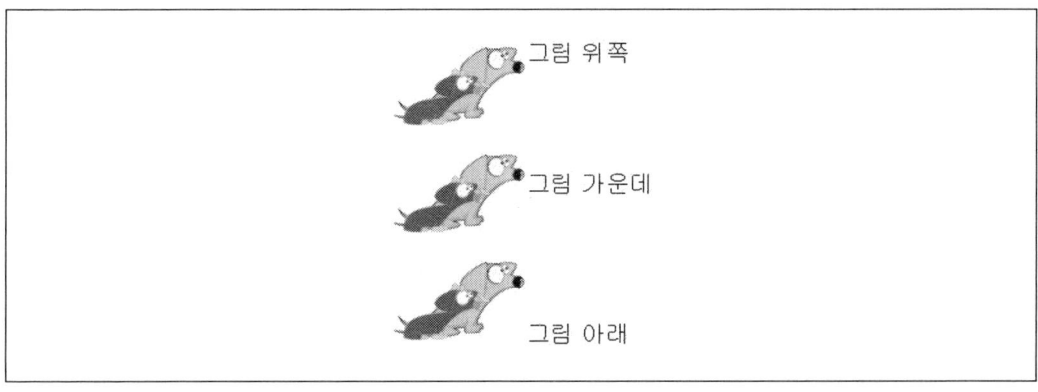

```
</html>
<html>
<head><title>주소태그의 사용</title></head>
<body>
<IMG SRC = "dog.gif" ALIGN = "㉠">그림 위쪽<p>
<IMG SRC = "dog.gif" ALIGN = "㉡">그림 가운데<p>
<IMG SRC = "dog.gif" ALIGN = "㉢">그림 아래<p>
</body>
</html>
```

① TOP, CENTER, BOTTOM
② TOP, MIDDLE, BOTTOM
③ TOP, MIDDLE, BASELINE
④ HIGH, CENTER, BOTTOM
⑤ HIGH, MIDDLE, BASELINE

67 <td valign>의 속성 중 사용 불가능한 것은?

① top
② center
③ bottom
④ baseline

✳ **answer**

66 이미지 태그의 속성값은 TOP, MIDDLE, BOTTOM, LEFT, RIGHT가 있다.

67 셀 내의 데이터에 대한 상하 정렬을 나타내는 것이 <td valign>이다. bottom과 baseline은 같은 것이고 중앙에 위치하는 것은 middle이다.

답— 66.② 67.②

68 다음과 같은 테이블을 만들려고 한다. 빈칸 ㉠㉡㉢에 들어갈 태그를 순서대로 바르게 나열한 것은?

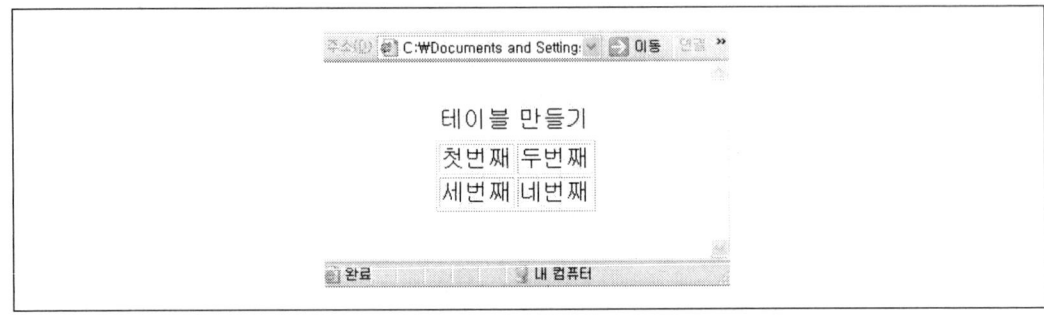

```
<html>
<head><title>테이블</title></head>
<body>
<CENTER><BR>
<TABLE BORDER>
<㉠ ALIGN="TOP"> 테이블 만들기
</㉠>
   <㉡>
        <㉢>첫번째</㉢>
        <㉢>두번째</㉢>
   </㉡>
   <㉡>
        <㉢>세번째</㉢>
        <㉢>네번째</㉢>
   </㉡>
</TABLE>
</CENTER>
</body>
</html>
```

① CAPTION, TR, TD   ② CAPTION, TD, TR

③ CAPTION, TR, TR   ④ ROWSPAN, TR, TD

 answer

68 <TR>은 테이블 내의 행, <TD>는 각 행의 셀을 나타낸다. <CAPTION>은 테이블 제목이다.

답— 68.①

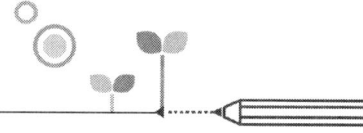

69 <A TARGET>에 대한 설명으로 옳지 않은 것은?

① 링크 문서를 어떤 위치에서 열 지정해 준다.

② 속성으로는 _self, _parent, _blank, _top, 특정창의 이름이 있다.

③ 지정하지 않으면 기본값으로 _blank가 적용된다.

④ top 속성은 현재 창 전체에 문서를 출력한다.

70 <TABLE CELLPADDING = "픽셀">에 대한 설명으로 옳은 것은?

① 셀과 셀 사이의 여백 조절   ② 테이블의 높이 조절

③ 셀과 문자 사이의 여백 조절   ④ 테이블의 폭 조절

71 프레임에 대한 설명으로 옳지 않은 것은?

① 픽셀 단위로 지정한다.

② <FRAMESET>은 프레임을 사용하기 위한 선언이다.

③ <FRAME>은 실제로 창을 나눈다.

④ 나머지를 나타내는 *를 사용해서 지정할 수 없다.

 **answer**

69 ③ 지정하지 않으면 기본값으로 _self(현재의 문서가 있는 창에 문서를 출력)가 선택된다. _blank는 새로운 창을 만들어 문서를 출력한다.

70 ① <TABLE CELLSPACING>
② <TABLE HEIGHT>
④ <TALBE WIDTH>

71 ④ 프레임은 웹 브라우저 크기에 대한 비율이나 픽셀로 지정하고, 나머지는 *로 나타낼 수 있다.

답 - 69.③ 70.③ 71.④

02 CGI와 ASP

1 ASP가 처리되는 순서가 바르게 나열된 것은?

㉠ 서버용 JScript ㉡ HTML 코드와 <% %>태그
㉢ Global.asa 처리 ㉣ 서버용 VBScript

① ㉡㉣㉠㉢ ② ㉠㉢㉡㉣

③ ㉣㉢㉡㉠ ④ ㉠㉡㉢㉣

⑤ ㉢㉠㉡㉣

2 CGI에 대한 설명으로 옳지 않은 것은?

① 웹 서버의 기능을 확장한다.

② Java와 C로만 구현할 수 있다.

③ URL을 요청할 때 CGI를 따로 요청할 필요가 없다.

④ 일반적으로 스크립트라고 부른다.

✽ **answer**

1 ASP는 Global.asa, 서버용 JScript, 태그 부분, 서버용 VBScript 순으로 처리된다.

2 C 또는 Perl, Java, JavaScript 등은 Unix와 PC(DOS체제)에서 모두 사용이 가능하고 기타 C++, Visual Basic, Delphi, Unix Shell, TCL/Tk, PHP/FI 등 대부분 알려진 언어로도 CGI를 작성할 수 있다.

답—1.⑤ 2.②

3 다음 중 스크립트 언어에 속하는 것은?

① CGI   ② C

③ Assembler   ④ Fortran

⑤ Java

4 ASP의 특징 중 옳지 않은 것은?

① HTML 페이지를 작성하고 ASP를 삽입하는 형태이다.

② ASP는 클라이언트 서버 컴퓨터에서 실행된다.

③ ASP는 서버에서 실행하여 그 결과를 HTML로 만들어 클라이언트에게 제공하기 때문에 그 소스를 볼 수 없다.

④ ASP는 클라이언트의 요청을 받아 결과를 전달할 때에 스레드(thread)를 이용하기 때문에 서버에 부하를 적게 준다.

5 ASP 스크립트 코드를 나타내는 태그 기호로 옳은 것은?

① <//   >   ② <--   >

③ <% %>   ④ <!- -->

✳ answer

3 ASP, PHP, JSP, Perl, CGI 등을 스크립트 언어라고 부르는데, 이 언어들이 하는 일은 동적인 HTML 문서를 만드는 것이다.

4 ② ASP는 서버 컴퓨터에서 실행된다.

5 <% %> 태그 사이에 스크립트를 쓴다.

답 – 3.① 4.② 5.③

6 괄호 안에 들어갈 말은 무엇인가?

웹 클라이언트가(웹 브라우저)가 웹 서버에게 (   )의 동작을 요청하게 되면 서버가 (   )을 실행하여 그 결과를 HTML 형태로 클라이언트에게 보여 준다. 즉 (   )은(는) 서버가 제공하는 정보를 클라이언트가 읽을 수 있는 형태로 전환하여 준다.

① CGI 프로그램   ② ASP 프로그램
③ Java   ④ Plug-In 프로그램

7 ASP가 사용하는 변수에 대한 설명 중 옳지 않은 것은?

① VBScript의 변수를 그대로 사용한다.
② 명시적으로 선언할 경우는 dim을 사용한다.
③ <dim 변수이름>으로 사용한다.
④ 선언을 하지 않으면 자동으로 변수가 할당된다.

6 CGI는 웹 서버와 외부 프로그램 간의 표준 인터페이스로서, 사용자가 클라이언트를 통하여 웹 서버로 보낸 데이터를 서버의 프로그램에 전달함으로써 데이터를 처리하게 되며, 처리된 데이터는 다시 클라이언트로 전달된다.

7 <% dim 변수이름 %>의 형식으로 사용한다.

답— 6.① 7.③

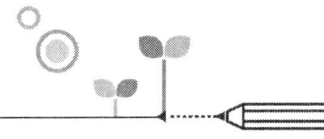

8 ASP에 관한 설명으로 옳지 않은 것은?

① HTML과 같이 쓴다.　　　　② DB와 연동된다.

③ 게시판을 만든다.　　　　　 ④ 리눅스에 쓰인다.

9 CGI 프로그래밍에 사용할 수 있는 언어가 아닌 것은?

① C++　　　　　　　　　　② Perl

③ ASP　　　　　　　　　　 ④ HTML

❊ **answer**

8 ASP는 1995년 말에 등장한 IIS(Internet Information Server)의 세 번째 버전으로 MicroSoft사 NT 머신의 IIS 3.0 이상에서만 동작하는 페이지이다. Web을 프로그래밍 할 수 있도록 해 주는, 서버에서 동작하는 페이지로서 기존의 HTML 페이지와는 상당히 다른, 동적인 구성을 가질 수 있게 해준다. 가장 큰 특징은 기존 HTML이 코드작업을 거쳐야 하는 데 비해 텍스트 파일을 업데이트하는 것만으로도 웹페이지나 데이터베이스의 목차를 편집할 수 있다.

9 CGI는 C, C++, Perl, ASP 등 실행파일이 생성 가능한 언어를 사용하며, HTML의 기능을 확장하기 위해서 외부의 프로그램을 HTML과 연결시키려는 의도이다.

답— 8.④　9.④

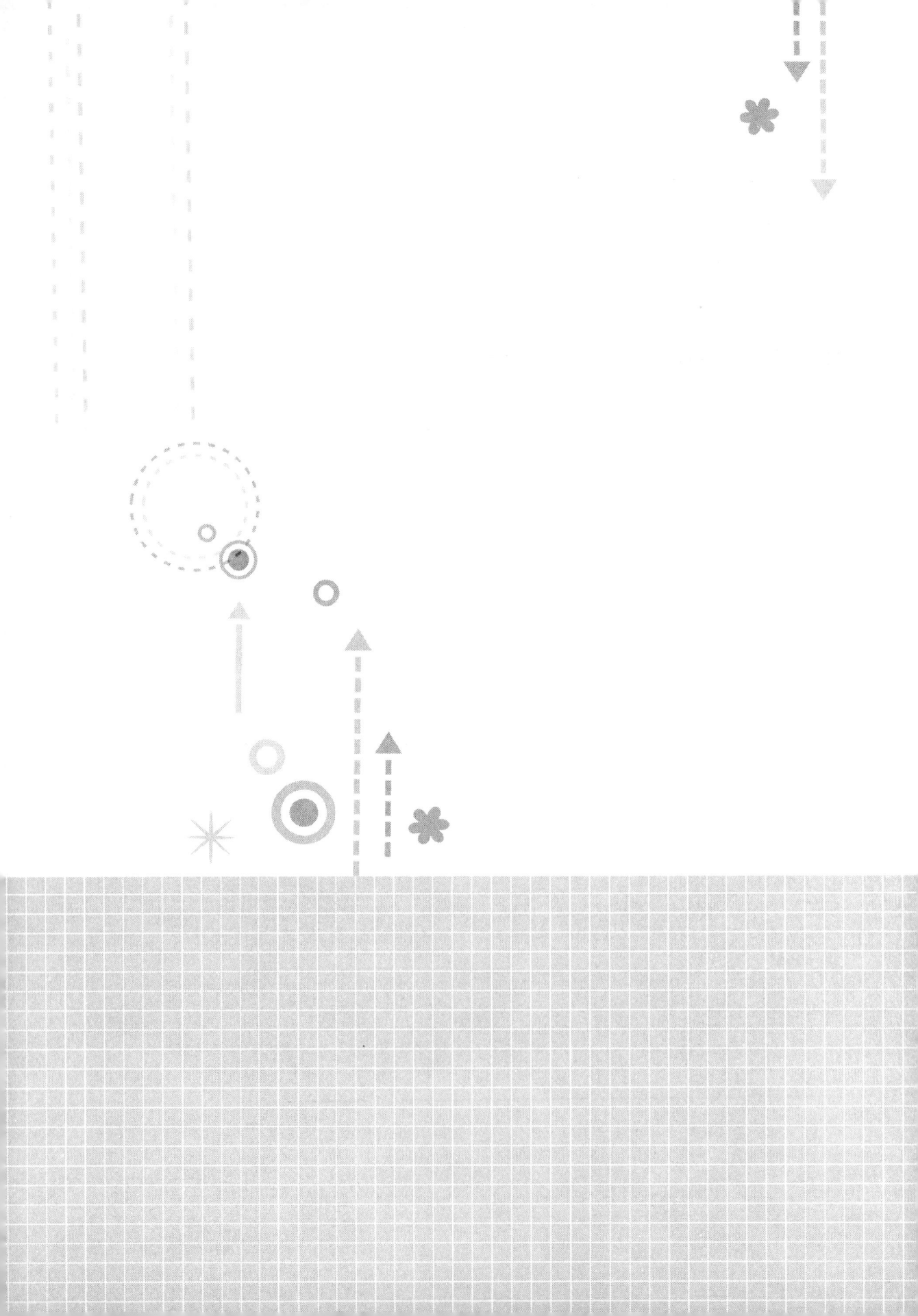

부록 l

실력평가모의고사

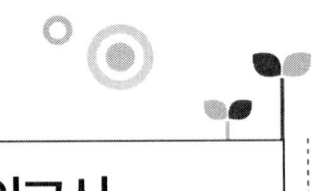

제1회 실력평가모의고사

정답 및 해설 P. 327

1 다음 중 이식성을 가지는 언어의 종류가 아닌 것은?

① Ada

② 포트란

③ C

④ 파스칼

2 프로그래밍 언어의 특징을 설명한 것 중 옳지 않은 것은?

① PL/1은 과학기술계산 및 일반사무처리 공용언어이다.

② 컴퓨터는 한가지 컴파일러만 있으면 어떤 언어로 작성한 프로그램이라도 처리할 수 있다.

③ 기계어를 기호화한 어셈블리어는 기계어와 일대일로 대응한다.

④ 코볼은 파일처리 및 데이터의 편집에 유리하며, 보고서 및 분류기능을 가진 사무처리 언어이다.

3 컴파일러에 대한 설명으로 옳지 않은 것은?

① 크게 전단부와 후단부로 나눈다.

② 전단부는 소스 프로그램을 분석하고 중간코드를 만든다.

③ 후단부는 중간코드를 기계를 위한 목적코드로 번역한다.

④ 전단부는 목적기계당 하나씩 필요하며, 후단부는 언어마다 하나씩 필요하다.

4 다음 중 유한 오토마타에 대한 설명으로 옳지 않은 것은?

① 유한 오토마타는 어휘분석기를 고안하고 구현하는 방법에 사용된다.

② 문법과 마찬가지로 4개의 요소로 정의된다.

③ 상태 전이 함수에 따라 결정적 유한 오토마타와 비결정적 유한 오토마타로 구분된다.

④ 상태수는 항상 유한개여야 한다.

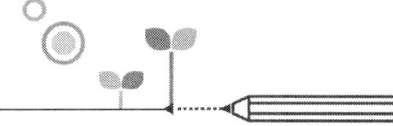

5 다음 모형화 중 객체지향 분석기법에 속하지 않는 것은?

① 객체 모형화(object modeling)　　② 동적 모형화(dynamic modeling)

③ 클래스 모형화(class modeling)　　④ 기능 모형화(functional modeling)

6 호출된 부 프로그램이 형식매개변수에 대응되는 기억장소를 유지하는 방법은?

① call by value　　② call by reference

③ call by address　　④ call by result

7 부작용에 대한 설명으로 옳지 않은 것은?

① 별칭과 관계있다.

② 지역변수를 사용할 경우 발생 가능성이 높아진다.

③ call by copy를 사용하면 부작용을 줄일 수 있다.

④ COMMON 변수를 많이 사용할 경우 발생할 가능성이 커진다.

8 다음 C 언어에서 계산식의 값은?

y = 5 * 8 % 9 ;

① 4　　② 5

③ 6　　④ 7

9 C 언어에서 고수준 파일처리 블록 단위의 입출력 함수로 묶인 것은?

① getc(), putc()　　② fread(), fwrite()

③ fgets(), fputs()　　④ read(), write()

10 C 언어의 int a[5] ; 선언시 배열요소의 위치를 지정한 것으로 옳지 않은 것은?

① a = &a[2]

② a + 3 = &a[3]

③ a + 5 = &a[5]

④ a + 4 = &a[4]

11 C 언어의 제어문자에 대한 설명으로 옳지 않은 것은?

① ₩b − backspace

② ₩f − 16진수 문자

③ ₩v − 수직tab

④ ₩r − 현재 위치에서 맨 처음

12 다음 Java 프로그램의 출력결과는?

```
class Test
{
public static void main(String[] args)
{
    int x = 11, y = 55 ;
    System.out.println("(" + x + Y + ")") ;
}
}
```

① (66)

② 66

③ (11 + 55)

④ (1155)

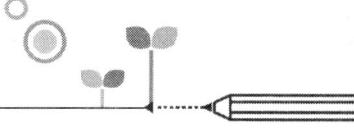

13 코볼 프로그램의 실행결과 I와 J의 값은?

```
AA. MOVE 0 TO J.
    MOVE 0 TO I.
    ADD 1 TO J.
    IF J > 5 GO TO DD ELSE GO TO CC.
    MOVE 5 TO I.
BB. GO TO CC.
CC. ADD 2 TO I.
DD. IF J > 5 SUBTRACT 1 FROM I.
    STOP RUN.
```

① 2, 1   ② 1, 2

③ 1, 1   ④ 2, 2

14 다음 포트란에서 배열 선언을 DIMENSION A(1 : 3, 2 : 5)와 같이 선언하였다. 첫 번째 기억장소의 시작번지를 200번지라 한다면 A(2, 3)의 위치에 대한 번지로서 옳은 것은? (단, 한 기억 장소에 1씩 증가하는 번지로 계산한다)

① 203   ② 204

③ 205   ④ 206

15 기존 구조체 형식의 자료형으로 aaa를 선언하려고 할 때, ㉠에 들어갈 말로 옳은 것은?

```
struct test
{
int chapter ;
int number ;
char name[10] ;
} ;
( ㉠ ) aaa ;
```

① struct test   ② test

③ struct   ④ same struct

16 다음은 비주얼 베이직 언어에서 두 수를 비교하는 프로그램이다. (   )에 들어갈 알맞은 것은?

```
dim a, b
private Sub Cmn( )
        a = val(text1.text)
        b = val(text2.text)
        if a < b then
                msgbox "a가 b보다 더 작다.", "두 수 비교"
        else
                msgbox "a가 b보다 더 작지 않다.", "두 수 비교"
        (                    )
end Sub
```

① exit sub   ② end if

③ exit   ④ end

17 비주얼 베이직의 이벤트(event)에 대한 설명으로 옳은 것은?

① 윈도우가 행한 동작으로 타이머를 설정하는 것이다.

② 프로그램이 어떤 메시지를 전송하는 것을 말한다.

③ 사용자가 키보드를 누른다.

④ 폼이 메모리에서 제거되는 명령을 받았을 때는 terminate이다.

18 JDK에서 제공하는 자바 API 문서 생성기로서 HTML 파일을 생성하는 것은?

① javac   ② javadoc

③ javah   ④ jar

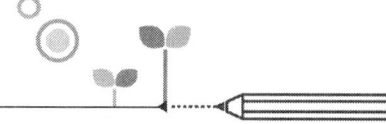

19 HTML 등에서 이용하는 hyper text 형식에 대한 설명으로 옳지 않은 것은?

① hyper text 문서란 단어 또는 문장에 다른 여러 문서들이 동적으로 연결(hyper link)되어 있는 문서를 말한다.

② hyper text 형식으로 이루어진 문서는 관련 정보에 대한 검색을 쉽게 할 수 있는 환경을 제공한다.

③ 다른 링크로 이동가능한 경로를 제공한다.

④ hyper text 형식은 관련된 정보를 일련번호에 메뉴를 붙인 형식으로 제공하여 사용자들이 편리하게 선택할 수 있도록 한다.

20 다음과 같이 순서목록을 만드는 데 가장 적절한 HTML문서는?

A. Spring
B. Summer
C. Fall
D. Winter

---

① <OL TYPE = A><LI>Spring<LI>Summer<LI>Fall<LI>Winter</OL>

② <UL TYPE = A><LI>Spring<LI>Summer<LI>Fall<LI>Winter</UL>

③ <DL><LI>Spring<LI>Summer<LI>Fall<LI>Winter</DL>

④ <LI><LI>Spring<LI>Summer<LI>Fall<LI>Winter</LI>

제2회 실력평가모의고사

정답 및 해설 P. 329

1 다음 중 4세대 언어의 특징으로 옳은 것은?

① 생산성이 높다.   ② 전문가들이 사용한다.

③ 비절차적 언어이다.   ④ 인공지능에 기반을 둔 언어가 개발되었다.

2 컴파일러와 인터프리터의 공통점은?

① 번역하는 방법이 같다.   ② 실행 프로그램을 만든다.

③ 처리속도가 같다.   ④ 전처리기로 확장한다.

3 FORTRAN의 COMMON문에 선언된 변수의 처리법과 관계있는 매개변수 전달방식은?

① 참조 전달   ② 이름 전달

③ 값-결과 전달   ④ 값 전달

4 다음 중 토큰의 개수는 몇 개인가?

A := CD + 1 ;

① 5개   ② 6개

③ 7개   ④ 8개

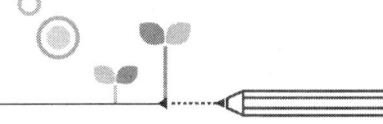

5 다음 중 객체지향 언어의 특징으로 옳지 않은 것은?

① 구조적 프로그래밍 기법을 사용한다.

② 객체간의 상속 관계를 바탕으로 자연스럽게 프로그램이 가능하다.

③ FLAVOUR(LISP 언어의 확장)에 적용된 후, Smalltalk 언어에서 개념적으로 완성되었다.

④ 메시지 교환(message passing)에 의한 객체간의 정보전달이 가능하다.

6 연산자 오버로딩에 대한 설명으로 옳은 것은?

① 프로그램 언어에서 연산자에 대한 연합성을 변경시킬 수 있도록 한다.

② 프로그램 언어에서 연산자간의 우선순위를 변경한다.

③ 연산자의 구체적인 수행내용이 다르더라도 의미적으로 같으면 같은 기호로 연산자를 표현할 수 있도록 한다.

④ 프로그램 언어에서 불필요한 연산자를 제거할 수 있도록 한다.

7 다음 C 프로그램의 결과값은?

```
int x = 2 ;
int y = 5 ;
printf("%d", x || y) ;
printf("%d", x && y) ;
printf("%d", !x) ;
```

① 0 0 1   ② 0 1 1

③ 1 1 0   ④ 8 1 1

8 아래의 C 언어 프로그램을 수행하고 난 후의 출력결과는?

```
main(){
    char a[2][4] ;
    printf("%6d", sizeof(a)) ;
}
```

① 2   ② 4

③ 6   ④ 8

9 줄 단위 입출력 함수끼리 짝지어진 것은?

① getc, putc   ② fread, fwrite

③ fgets, fputs   ④ read, write

10 a[i][j] 배열에서 원소를 참조하는 방법으로 옳지 않은 것은?

① *(a[i] + j)   ② *(a + i + j)

③ *((*(a + i)) + j)   ④ (*(a + i))[j]

11 JAVA의 기본형에 대한 설명으로 옳지 않은 것은?

① 실수의 표현방법과 연산은 IEEE754 표준을 따른다.

② 실수형에는 float형과 double형이 있다.

③ 문자형 16비트 유니코드를 사용한다.

④ 기본형으로 byte, short, int, long, float, double, char, string형이 있다.

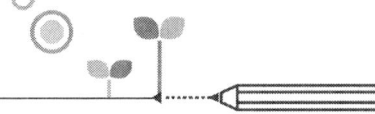

12 다음 JAVA 프로그램의 결과값은?

```
class Test
{
public static void main(String[] args)
{
String[] a = {"programing", "language"} ;
System.out.println(a[1].length()) ;
}
}
```

① 7

② 8

③ 9

④ 10

13 코볼의 PICTURE에 대한 규칙 설명이 옳지 않은 것은?

① elementary item과 group item에 쓸 수 있다.

② imdepernet item도 PICTURE를 쓴다.

③ RECORD인 경우 단일 item이면 PICTURE를 쓴다.

④ PICTURE와 PIC 어느 것을 사용하여도 괜찮다.

14 포트란 문장에 관한 설명 중 옳은 것은?

① 선언문은 비실행문이다.

② DATA문은 프로그램 어디에나 삽입이 가능하다.

③ INTEGER, ISAM, SAM, KKK라고 선언하는 것은 옳다.

④ 선언문에 대한 오류는 실행시간 중에 발견할 수 있다.

15 다음 포트란에서 A(1, 2)에 기억된 값은?

```
DIMENSION A(2, 3)
DATA A/1.0, 2.0, 3.0, 4.0, 5.0, 6.0/
```

① 2.0   ② 3.0

③ 4.0   ④ 5.0

16 비주얼 베이직에서 다음과 같은 명령에 대한 설명으로 옳은 것은?

```
"frm.Example.FontSize = 8"
```

① 출력 글자의 크기를 8로 고정   ② 입력 데이터의 수치에 8 추가
③ 최대 폼 크기를 8로 제한   ④ 폼 글자의 크기를 8로 초기화

17 다음 비주얼 베이직 프로그램의 실행결과는?

```
Private Sub Command1_Click( )
        Dim A, H
        A = 1 : H = 1
        Do
                A = A + 2
                H = H + A
                        Loop Until A > 6
        Print H
End Sub
```

① $2 + 4 + 6 + 8 = 20$ ② $1 + 3 + 5 + 7 = 16$

③ $1 + 3 + 5 = 7$ ④ $2 + 4 + 6 + 8 = 20$

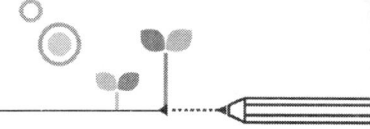

18 다음 중 어셈블리어의 문자 데이터 표현으로 옳지 않은 것은?

① ABC DW 'XY'

② ABC DB 'GOOD'

③ ABC DW 'ABCD'

④ ABC DB 'A', 'B', 'C'

19 테이블에 대한 태그 설명으로 옳지 않은 것은?

① <td>는 테이블 안에 데이터를 쓸 때 사용된다.

② <th>는 테이블의 머릿글을 쓸 때 사용된다.

③ <tr>은 한 줄이 끝났을 때 줄 바꾸기를 한다.

④ <caption>은 표 제목을 나타낸다.

20 HTML에서 사용되는 특수문자에 대한 형식 중 옳지 않은 것은?

① < − &gt ;

② & − &amp ;

③ " − &quot ;

④ 공백 −   ;

제3회 실력평가모의고사

정답 및 해설 P. 331

1 <u>프로그래밍 언어를 선택하는 기준으로 옳지 않은 것은?</u>

① 프로그래머가 그 언어를 쉽게 이해하고 사용할 수 있어야 한다.

② 어느 컴퓨터에서나 쉽게 설치되고 실행되어야 한다.

③ 주어진 문제의 응용 목적에 맞는 언어이어야 한다.

④ 최신 언어를 선택한다.

2 다음 언어 중 최초의 블록중심 언어로 블록개념으로부터 변수영역(scope), 전역(global)변수, 지역(local)변수들의 개념이 뚜렷해진 언어는?

① ALGOL 60   ② Ada

③ LISP   ④ C

3 다음 인터프리터 기법에 관한 설명으로 옳지 않은 것은?

① 효율성을 강조한 처리   ② 명령 단위별로 번역 즉시 실행

③ 동적 자료구조   ④ 기억장소가 적게 필요

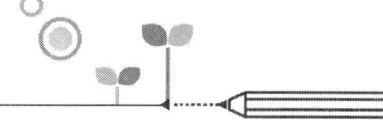

4 다음 중 LR parser의 장점이 아닌 것은?

① back track 없이 사용할 수 있다.   ② 모호하지 않은 CFG 언어에 적용된다.

③ symbol table이 간단하다.   ④ 입력을 scan할 때 error를 찾는다.

5 ALGOL의 Switch문은 PASCAL의 어느 문장과 비슷한가?

① If   ② Case

③ For   ④ Perform

6 부 프로그램의 호출과 반환에 대한 설명으로 옳지 않은 것은?

① 부 프로그램은 실행이 완료되면 자신을 호출한 프로그램으로 제어를 넘긴다.

② 부 프로그램은 다시 부 프로그램을 호출하거나 자신을 부른 함수로 반환한다.

③ 부 프로그램으로부터 제어를 받는 프로그램은 부 프로그램을 호출한 문장의 다음을 계속 실행한다.

④ 호출한 프로그램은 부 프로그램을 호출한 후 자신도 계속해서 실행하므로 전체 실행시간을 단축할 수 있다.

7 다음 C 언어 프로그램의 수행 후의 출력결과는?

```
#define A 1 + 3
#define B A * 2
void main()
{
printf("[%d]", A * B);
}
```

① [7]   ② [9]

③ [8]   ④ [10]

8 C 언어에서 #include문을 사용하는 이유는?

① 매크로 정의를 하기 위해서　　　② 실행파일의 길이를 최소화하기 위해서

③ 외부파일을 사용하기 위해서　　　④ 사용자 정의함수를 호출하기 위해서

9 다음 C 프로그램에서 실행순서는?

```
int aaa(int n)
{
    int i, j = 0 ;
    for (i=1; i<=n; ++i)
        j += i ; ·············································································· ㉠
    return (j) ; ·············································································· ㉡
}

 void main ( ) ······························································································· ㉢

    int h = 0, k = 3 ;
        h = aaa(k) ;
    printf("%d\n", h) ; ······························································· ㉣
}
```

① ㉠→㉡→㉢→㉣　　　　　　② ㉢→㉡→㉠→㉣

③ ㉢→㉣→㉠→㉡　　　　　　④ ㉢→㉠→㉡→㉣

10 다음 배열 선언 중 옳지 않은 것은?

① static double a[4] ;　　　　② auto int b[4] ;

③ extern float c[6] ;　　　　④ register char b[10] ;

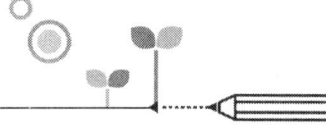

11 구구단을 2단부터 9단까지 출력하고자 할 때, ㉠, ㉡ 들어갈 말로 옳은 것은?

```c
#include <stdio.h>
main()
{
    int a, b ;
        for (a = 2 ; a <= 9 ; ㉠)
        {
            printf("\n<%d단>", a) ;
            for(b = 1 ; b <= 9 ; ㉡)
                    printf("\t%d * %d=%d", a, b, a * b) ;
        }
}
```

① a++, b++   ② a++, b--

③ a--, b++   ④ a--, b--

12 다음 Java 프로그램의 수행 후의 출력결과는?

```java
class Array
{
    public static void main(String[] args)
    {
        String[] a = {"DOG", "CAT", "BIRD", "TREE", "SUN", "MOON"} ;
        int sum = 0 ;
        for(int i = 0 ; i < a[i].length() ; i++)
                sum++ ;
        System.out.println("[" + sum + "]") ;
    }
}
```

① [4]   ② [5]

③ [6]   ④ [7]

13 다음의 코볼 프로그램에서 A에 기억되는 값은?

```
03 A PIC 9V99.
        :
    COMPUTER A ROUNDED = 10/3.
```

① 3.33   ② 3.34
③ 3   ④ 4

14 다음은 포트란 수식이다. 연산 후 k의 값은?

$$k = 5/3 + 0.9$$

① 1   ② 2
③ 3   ④ 4

15 다음 중 "10 < K ≤ 15" 를 포트란 조건문으로 바르게 서술한 것은?

① K .GT. 10 .AND. K .LE. 15

② (K .GT. 10) .AND. (K .LT. 15)

③ 10 .LT. K .LE. 15

④ 10 .GE. K .GE. 15

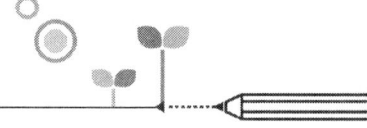

16 비주얼 베이직의 다음과 같은 변수 선언에 대한 설명으로 옳은 것은?

```
Dim A, B
Dim C, D As Integer
```

① A, B는 가변형이고 C, D는 정수형

② A, B는 가변형이고, D는 정수형

③ A, B는 오류이고, C, D는 정수형

④ A, B는 오류이고 C는 가변형, D는 정수형

17 비주얼 베이직에서 dim a(3, 5) as integer로 선언된 배열의 개수는?

① 15

② 18

③ 20

④ 24

18 다음은 베이직 프로그램이다. 보기의 내용을 잘 설명하고 있는 것은?

```
Aim a, b
if a < b then
        swap a, b
end if
```

① a가 b보다 작은 경우 a에 b를 대입하는 명령이다.

② a가 b보다 작은 경우 a와 b를 교환하는 명령이다.

③ a가 b보다 작은 경우 a에서 b를 감산하는 명령이다.

④ a가 b보다 작은 경우 a에 b를 비교하는 명령이다.

19 다음 중 HTML에서 주로 문서의 마지막 부분에서 주소나 서명을 표현하는 것은?

① <font>

② <address>

③ <code>

④ <blockquote>

20 다음과 같이 테이블을 작성할 때 ㉠에 들어갈 알맞은 식은?

비타민	A	C
	당근	레몬

```
<TABLE BORDER>
  <TR>
      [              ㉠              ]
      <TH>A</TH>
      <TH>C</TH>
  </TR>
  <TR>
      <TD>당근</TD>
      <TD>레몬</TD>
  </TR>
</TABLE>
```

① <TH ROWSPAN = "2">비타민</TH>

② <TH COLSPAN = "2">비타민</TH>

③ <TH ROWSPAN = 2>비타민<TH>

④ <TH ROWSPAN = "2">비타민<TH>

제4회 실력평가모의고사

정답 및 해설 P. 333

1 다음 언어를 시대 순으로 정렬한 것으로 옳은 것은?

> 델파이, C, 포트란, 베이직, 코볼, 파워빌더

① 코볼 – 포트란 – 베이직 – C – 델파이 – 파워빌더
② 포트란 – 코볼 – 베이직 – C – 파워빌더 – 델파이
③ 포트란 – 코볼 – 베이직 – C – 델파이 – 파워빌더
④ 포트란 – 베이직 – 코볼 – C – 델파이 – 파워빌더

2 고급언어로 작성된 원시코드 명령문들을 한번에 한 줄씩 읽어 들여서 실행하는 프로그램은?

① 로더
② 컴파일러
③ 프리프로세서
④ 인터프리터

3 다음 중 형 선언의 장점으로 옳지 않은 것은?

① 형의 변환시간 감소
② 정적 형 검사 가능
③ 다양한 자료구조의 표현 가능
④ 효율적인 주기억장치의 관리 가능

4 다음 중 프로그램 언어 정의시간 바인딩에 대한 설명으로 옳지 않은 것은?

① 각 데이터형의 표현범위가 결정된다.
② 프로그램 언어에서 사용되는 자료의 구조가 결정된다.
③ 프로그램 언어에서 사용할 수 있는 순서제어의 구조가 결정된다.
④ 프로그램 언어 정의시 결정되는 사항을 말한다.

5 다음 중 캡슐화와 정보은닉의 이점에 해당되는 것은?

① 개발의 용이성　　　　　　　② 유지보수의 용이성

③ 비확장성　　　　　　　　　　④ 실행 속도의 증가

6 정적 기억장소 할당방법에 관한 설명으로 옳은 것은?

① 프로그램 시행동안 변수의 기억장소는 항상 확보되어 있다.

② 단순하여 쉽게 구현할 수 있지만 융통성이 적어진다.

③ 대표적인 언어에 PASCAL, C 등이 있다.

④ sub-program은 되부름이 허용되지 않는다.

7 관계 연산자에 대한 설명으로 옳지 않은 것은?

① 결과는 0, 1이다.

② 산술 연산보다 우선순위가 낮다.

③ ==는 두 비교값이 동일한 경우 1이 된다.

④ 비교값으로 문자는 안 된다.

8 C 언어에서 다음과 같이 1 ～ 100까지 합을 구할 때 ( ) 안에 들어갈 문장은?

```
main( )
{
    count, sum = 0 ;
    for(count = 1 ; count < 101 ; count++)
    (            ) ;
    printf("1부터 100까지의 합 : %d\n," sum) ;
}
```

① sum = count　　　　　　　　② sum += count

③ sum -= count　　　　　　　　④ sum *= count

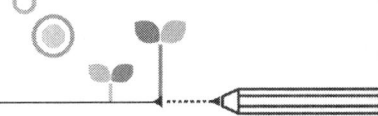

9 다음 함수 F(10, 2)의 결과는?

```
int F(int x, int y){
return y? (f(y, x%y) : x ;
}
```

① 2   ② 4
③ 5   ④ 10

10 다음과 같이 선언하였을 경우에 배열 x의 3번째 요소의 값을 나타내는 것이 아닌 것은?

```
int x[5], *q ;
q = x ;
```

① x[2]   ② *(x+2)
③ *(q+2)   ④ *q+2

11 자바 언어에서 다음 x에 들어갈 수 있는 것은?

```
switch(x) {
default :
System.out.println("Hello") ;
}
```

① Long   ② long
③ char   ④ float

12 보기의 scanf() 함수와 배열에 관한 설명 중 옳지 않은 것은?

```
int a ;
char b[10] ;
scanf("%d", &a) ;
scanf("%s", b) ;
```

① 일반변수와 포인터에는 &을 붙이고, 배열명에는 붙이지 않는다.

② 배열 b에 문자열 자료를 입력받는다.

③ 배열 b는 자체가 주소이다.

④ 정수형 변수 a에 자료를 입력받는다.

13 다음 포트란 프로그램의 결과값은?

```
    IA = 0
    DO 22 N = 1, 10
    IA = IA + N
22  CONTINUE
    WRITE(6, 44) IA
44  FORMAT(1X, I4)
    STOP
    END
```

① 1   ② 10

③ 50   ④ 55

14 포트란에서 A = 20.5, B = 10.5, C = 20일 때 관계 연산자의 결과가 참인 것은?

① A.EQ.B   ② A+B.GE.C

③ B.GT.C−5   ④ B.LE.C−A

15 파스칼의 산술식 "19 DIV 4 * 4 + 25 MOD 4" 의 값은?

① 13　　　　　　　　　　　　② 16

③ 17　　　　　　　　　　　　④ 20

16 비주얼 베이직 프로그램이다. 첫 번째 줄에 있는 문장의 역할은?

```
Option Explicit
Private Sub Command1_click( )
………..
End
```

① 명시적인 프로그램임을 의미　　② 변수를 미리 정의

③ 컴파일 방식으로 처리　　　　　④ 인터프리터 방식으로 처리

17 비주얼 베이직에서 다음 중 옳지 않은 것은?

① dim a, b, c as Integer　　　② dim n as String *5

③ dim number$　　　　　　　　④ dim 2_kim as string

18 베이직 프로그래밍에서 SIN(60)을 구하는 방법은?

① SIN(60 * 180 / 3.14)　　　　② SIN(60 * 3.14 / 180)

③ SIN(60 * 180 / 60)　　　　　④ (SIN60) * 3.14

19 다음 그림과 같이 프레임을 나누려고 할 때 옳은 것은?

A.HTML(60%)	B.HTML(40%)

① <FRAMESET COLS = "60%, 40%">
　<FRAME SRC = "A.HTML">
　<FRAME SRC = "B.HTML">
　</FRAMESET>

② <FRAMESET COLS = "60, 40">
　<FRAME SRC = "A.HTML">
　<FRAME SRC = "B.HTML">
　 </FRAMESET>

③ <FRAMESET ROWS="40%, 60%">
　<FRAME SRC = "A.HTML">
　<FRAME SRC = "B.HTML">
　</FRAMESET>

④ <FRAMESET ROWS="40, 60">
　<FRAME SRC = "A.HTML">
　<FRAME SRC = "B.HTML">
　 </FRAMESET>

20 수평선을 나타내는 태그 <HR>의 속성에 대한 설명 중 옳은 것은?

① size는 길이를 지정한다.
② width는 픽셀수만을 써야 한다.
③ align은 수평선의 위치를 지정한다.
④ noshade는 음영을 없애주는 것이다.

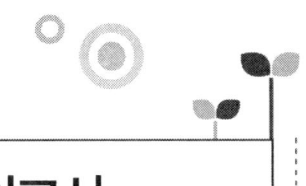

제5회 실력평가모의고사

정답 및 해설 P. 335

1 프로그래밍 언어 평가에 대한 부분 중 '비용'에 대한 설명으로 옳은 것은?

① 실행비용 – 초기 컴퓨터 시절 뿐만 아니라 현재에도 가장 중요한 비용이다.

② 프로그램 번역비용 – 효율적인 실행과 컴파일을 하는 것이 중요하다.

③ 작성 테스팅 사용비용 – 빠르고 효율적인 컴파일러를 통해 최적화된 코드를 작성한다.

④ 유지보수비용 – 프로그램을 작성하는데 드는 전체 비용 중 가장 많은 비중을 차지한다.

2 시스템 프로그래밍에 가장 적합한 언어는?

① 비주얼 C++   ② 비주얼 BASIC

③ HTML   ④ C

3 다음 설명 중 옳지 않은 것은?

① 구문분석기를 통해서 구문구조를 만드는 데 트리 형태로 출력한다.

② 구문분석 단계에서 형 검사가 이루어진다.

③ LEX는 어휘분석 자동화 도구이다.

④ YACC은 파서생성기이다.

4 다음 중 표기의 일치성과 관련이 없는 내용은?

① 구문과 의미가 일치해야 하는 것과 유사한 개념이다.

② 프로그램 언어의 통일성과 관련된 사항이다.

③ 연산의 의미가 같더라도 구체적인 수행내용이 다르면 다른 표기법을 사용해야 한다.

④ 수식에서 사용되는 사칙연산이 대표적인 예이다.

5 서브루틴 부 프로그램에 대한 설명으로 옳지 않은 것은?

① 인수가 하나도 없을 수도 있다.

② 적어도 하나의 인수는 있어야 한다.

③ name은 프로그램에 붙여진 이름이고 값을 갖지 않는다.

④ 호출 형식을 취하기 때문에 결과를 계산에 사용할 때는 일단 호출한 후 산술식 안에서 사용하지 않으면 안 된다.

6 다음 자료 추상화(data abstraction)에 대한 설명으로 옳은 것은?

① 문자열 또는 수, 탐색트리와 같은 계산의 주체를 가지고 있는 특징을 추상화한다.

② 프로그램 구조에 대한 정보를 수집한다.

③ 실행 순서들을 위한 제어의 특성을 추상화한다.

④ 알고리즘 추상화라고도 부른다.

7 다음 C 언어 연산식에 대한 변수 a의 결과값은?

$$a = (b = 3, c = 4, d = 5) + (e = 6, f = 7, g = 8);$$

① 8   ② 9

③ 11   ④ 13

8 다음 C 언어의 제어구조를 조건 연산자로 가장 잘 표현한 것은?

```
if (a > 8)
    y = a + 8;
else
    y = a - 8;
```

① (a > 8) y = ? a - 8 : a + 8 ;   ② y = (a > 8)? a - 8 : a + 8 ;

③ y = (a > 8)? a + 8 : a - 8 ;   ④ (a > 8) y = ? a + 8 : a - 8 ;

9 다음 프로그램에서 b는 어떤 값을 갖는가?

```
int a = 5, b, *p ;
p = &a ;
b = *p ;
```

① a의 주소가 b에 대입된다.　　　　② a의 값 5가 b에 대입된다.

③ 5번지에 기억된 값이 b에 대입된다.　　④ p의 주소가 b에 대입된다.

10 두 문장을 비교한 것으로 옳지 않은 것은?

```
㉠ if ((fp = fopen("aaa.dat", "w")) == null) exit(1) ;
㉡ fp = fopen("aaa.dat", "w") ;
```

① ㉡은 파일이 열리지 않아도 다음 문장이 실행되는 오류의 발생이 가능하다.

② ㉠은 파일을 못열게 되면 프로그램을 종료한다.

③ open 실패시에 ㉠, ㉡의 fp가 갖는 값은 다르다.

④ 정상적으로 오픈이 되면 두 문장이 같은 결과이다.

11 다음 중 Java 언어에 대한 설명으로 옳은 것은?

① Java는 예외처리를 지원하지 않는다.

② Java는 객체지향 프로그램 방법론을 지원하지 않는다.

③ Java 프로그램 언어는 기계에 종속적인 언어이다.

④ Java 컴파일러는 번역작업의 결과로 이진형태의 코드를 생성한다.

12 다음 프로그램의 출력값은?

```
String a = "ABCD";
String b = a.toLowerCase();
System.out.print
```

① abcd   ② ABCD

③ dccd   ④ dcba

13 다음 COBOL 프로그램의 결과값으로 옳은 것은?

```
ADD A B TO B.
DIVIDE C INTO B.
MULTIPLY B BY D GIVING E.
```

① E = (A + B)/C * D   ② E = A + B/C * D

③ E = A + 2B/C * D   ④ E = (A + 2B)/C * D

14 포트란 산술식에 대한 설명으로 옳지 않은 것은?

① 정수끼리의 연산결과는 정수이다.

② 정수와 실수의 혼합연산은 정수연산이 된다.

③ 괄호는 계산순서를 지정하는 용도로만 사용된다.

④ 2개의 연산자를 계속해서 쓸 수 없다.

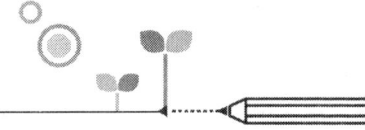

15 파스칼 언어의 수식 ABS(ROUND(−4.7))의 값은?

① 4

② 4.5

③ 4.7

④ 5

16 다음 설명 중 옳은 것은?

① 이벤트는 윈도우 프로그래밍을 위한 라이브러리를 말한다.

② 객체는 윈도우 운영체계가 인식할 수 있는 일종의 사건을 말한다.

③ 비주얼 베이직에서는 폼(form)이나 컨트롤(control) 등이 이벤트에 해당한다.

④ OLE 기능이란 외부 응용 프로그램들을 비주얼 베이직에 포함하여 이용할 수 있도록 하는 기능이다.

17 다음 베이직 프로그램을 실행했을 때 결과값은?

```
10 DIM A(5)
20 FOR I = 0 TO 5
30 A(I) = I + 5
40 NEXT I
50 FOR I = 0 TO 5
60 PRINT A(I) ;
70 NEXT I
80 END
RUN
```

① 5 6 7 8 9

② 5 6 7 8 9 10

③ 6 7 8 9 10

④ 6 7 8 9 10 11

18 다음 중 어셈블러의 기능이 아닌 것은?

① 기계에 배정되는 주소를 기억한다.

② 프로그램 계수기로 해독 중인 명령어의 위치를 추적한다.

③ 기호에 주소를 배정한다.

④ 언어 구문을 분석한다.

19 목록 태그의 종류가 아닌 것은?

① 번호가 없는 리스트　　　　　　② 번호가 있는 리스트

③ 디렉토리 리스트　　　　　　　④ 파일 리스트

20 다음의 기능을 수행할 수 있도록 태그를 작성한 것은?

> • 홈페이지에 이미지를 삽입하는데 이미지의 이름은 "fish.jpg" 이다.
> • 그림에 마우스를 가져다 대면 "금붕어" 라는 설명이 보인다.

① <IMG SRC = "fish.jpg" ALT = 금붕어>

② <IMG SRC = fish.jpg ALT = 금붕어>

③ <IMG SRC = "fish.jpg" ALT = "금붕어">

④ <IMG = "fish.jpg" ALT = "금붕어">

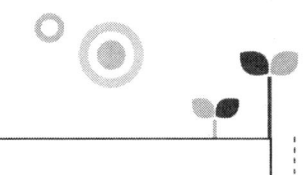

정답 및 해설

✳ answer 제1회

1. ③	2. ②	3. ④	4. ②	5. ③	6. ①	7. ②	8. ①	9. ②	10. ①
11. ②	12. ④	13. ①	14. ②	15. ①	16. ②	17. ③	18. ①	19. ④	20. ①

1 C 언어를 제외한 나머지 언어들은 작성된 프로그램이 다른 컴퓨터에서도 실행될 수 있는 이식성이 가능하도록 표준화되어 있다.

2 ② 언어마다 컴파일러가 다르다.

3 ④ 전단부는 언어마다 하나씩 필요하며, 후단부는 목적기계마다 하나씩 필요하다.

4 문법은 4개의 요소로 정의되는데 반해, 유한 오토마타는 5개의 요소로 정의된다.
　※ FA(유한 오토마타)의 구성요소 M = (Q, Σ, δ, q0, F)
　　㉠ Q : 상태들의 유한집합
　　㉡ Σ : 입력 심벌의 유한집합
　　㉢ δ : 사상함수
　　㉣ q0 : 시작상태
　　㉤ F : 종결상태의 집합

5 객체지향 분석기법
　㉠ 객체 모형화 : 정보 모형화라고도 부르며 시스템에서 요구하는 객체를 찾아내어 그 특성과 객체들 사이의 관계를 구별한다.
　㉡ 동적 모형화 : 객체 모형화에서 규명된 객체들의 행위와 상태를 포함하는 수명주기를 보여준다.
　㉢ 기능 모형화 : 객체 모형화에서 규명된 객체와 동적 모형화에서 밝혀진 각 객체의 형태 변화에서 새로운 상태로 들어있을 때 수행되는 동작들을 기술하는 데 사용된다.

6 부 프로그램은 call by value를 통해 값 자체를 전달한다. 그러므로 값이 실인수, 가인수 양쪽에 모두 있다.

7 ② 전역변수를 사용할 때 발생 가능성이 높아지고 지역변수를 사용하면 가능성은 낮아진다.

8 곱셈연산이 %보다 연산자 우선순위가 높으므로 곱셈이 먼저 계산되어야 한다.

9 getc()와 putc()는 한 문자 단위이고, fgets(), fputs()는 줄 단위이다.

10 배열의 이름은 배열의 시작주소를 갖고 있다. 그러므로 a와 &a[0]은 같은 주소이고, a + 1과 &a[1]도 같은 주소이다.

11 제어문자의 종류

종류	내용	종류	내용
\a	Beep 음 발생	\0	NULL문자
\b	Back space(한 칸 뒤로)	\\	\
\n	다음줄	\'	작은 따옴표
\r	현재 위치에서 맨 처음	\"	큰 따옴표
\f	프린터의 종이를 다음 페이지로	\x??	16진수 문자
\t	수평tab	\0??	8진수 문자
\v	수직tab		

12 정수를 문자열로 받아들여 혼합연산 concatenation을 수행한다.

13 MOVE는 TO 앞의 값을 TO 뒤의 변수에 저장하는 명령어이다. ADD와 SUBTRACT는 더하기, 빼기 연산을 나타낸다. 'GO TO 문번호'는 조건이 참일 경우 해당 문번호로 실행을 이동한다. ADD 1 TO J에서 J는 1값을 갖고 J > 5에서 J는 5보다 작은 값이므로 GO TO CC문을 실행하게 된다. CC항에서 I는 2값을 갖게 된다.

14 A(1, 2), A(2, 2), A(3, 2), A(1, 3), A(2, 3), A(3, 3), A(1, 4), A(2, 4), A(3, 4), A(1, 5), A(2, 5), A(3, 5)의 순이다. A(1, 2)의 위치가 200이므로 A(2, 3)의 위치는 204번지이다.

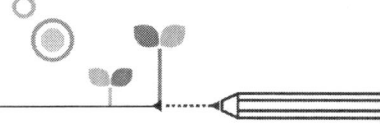

15 aaa가 구조체 'test'로 선언된 것을 의미한다.

16 비주얼 베이직의 if문은 end if로 종료한다.

17 이벤트는 객체에 일어나는 사건이며, 어떤 객체에 일어난 사건에 대해서 반응함으로써 작업이 이루진다. 만약, 버튼이 눌렸다면 버튼에는 클릭 이벤트가 일어난다.

18 ① 자바 소스 프로그램을 클래스 파일로 생성한다.
③ 클래스를 위한 C 헤더파일을 생성한다.
④ 자바 압축 파일을 풀면 생성된다.

19 ④ 일련번호를 붙여 메뉴 형식으로 제공하여 이용자들이 편리하게 선택할 수 있도록 하는 서비스는 gopher 서비스이다.

20 순서가 있으므로 OL을 사용한다. OL(ordered list)은 TYPE = 1|a|A|i|I가 있다.

❋ answer 제2회

| 1. | ③ | 2. | ④ | 3. | ① | 4. | ② | 5. | ① | 6. | ③ | 7. | ③ | 8. | ④ | 9. | ③ | 10. | ② |
| 11. | ④ | 12. | ② | 13. | ① | 14. | ① | 15. | ② | 16. | ④ | 17. | ② | 18. | ③ | 19. | ① | 20. | ① |

1 제4세대 언어 … 비절차적 언어이며, 응용 문제를 쉽고 빠르게 수행하기 위한 사용자 중심의 언어로 데이터베이스, 스프레드시트 등 응용 프로그램의 기능을 이용할 수 있는 언어이다.

2 둘다 번역기의 일종으로 전처리기에 의하여 확장된다. 전처리기는 프리프로세서라고도 하며 프로그램 번역 전에 주석문을 없애고, 매크로를 확장한다.

3 COMMON문은 주 프로그램과 부 프로그램 사이에서 기억장소를 공유하기 위해 사용하는 것으로 인수를 통하지 않고 정보를 전달한다.

4 토큰을 나누면, A, :=, CD, +, 1, ;로 6개이다.

5 ① 객체지향 언어는 OOP(object orient programing) 개념을 사용한 언어이다. 기존의 구조적 프로그래밍 언어의 단점을 극복하고자 만들어졌다.

6 연산자 오버로딩은 일반 메소드의 오버로딩과 차이점이 별로 없다. 단지 메소드가 아닌 연산자 자체를 오버로딩하는 것으로 생각하면 된다. 예를 들어 정수형 덧셈이나 실수형 덧셈이나 덧셈에는 모두 +기호를 사용하는 것이다.

7 &&는 둘 다 참일 때 참이고, ||는 둘 중 하나만 참이어도 참이다. !는 부정을 나타낸다. 2와 5는 참값이므로 첫 번째와 두 번째는 참이므로 1의 결과값을, !x는 참인 2의 부정이므로 거짓인 0의 결과값을 갖는다.

8 char는 기억장소 크기가 1바이트이므로, 전체는 2 * 4 = 8이다.

9 getc, putc는 문자 단위로, fread, fwrite는 블록 단위로 입출력을 실행한다.

10 a[i][j] = *(a[i] +j) = *((*(a + i)) + j) = (*(a + i))[j]와 같다.

11 ④ string은 자바의 기본형에 속하지 않는다.

12 'language'의 길이를 알아 보는 프로그램이다.

13 PICTURE를 elementary item에는 써줘야 하지만, group item은 성격에 따라 기술하지 않아도 된다. 세분화되지 않은 group item PICTURE를 쓴다.

14 ② DATA문은 실행문 이전에 기술해야 한다.
③ INTEGER는 예약어이므로 사용할 수 없다.
④ 오류는 번역시에 발견된다.

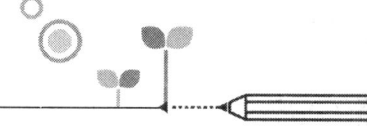

15 A(1, 1), A(2, 1), A(1, 2), A(2, 2), A(1, 3), A(2, 3)순으로 기억된다. 순서에 맞춰 1.0 ~ 6.0 값이 기억된다.

16 글꼴의 크기를 8로 초기화하여 기본글 값을 8로 선택한다.

17 프로그램 가장 마지막은 End sub으로 종료하는 형식을 지닌다.

18 ③ DB는 3글자 이상이 저장되지만 DW는 불가능하다.

19 <td>는 하나의 셀을 만드는 것이다.

20 <는 &lt, >는 &gt로 나타낸다.

✳ **answer** 제3회

| 1. | ④ | 2. | ① | 3. | ① | 4. | ③ | 5. | ② | 6. | ④ | 7. | ④ | 8. | ③ | 9. | ④ | 10. | ④ |
| 11. | ① | 12. | ① | 13. | ① | 14. | ① | 15. | ① | 16. | ② | 17. | ④ | 18. | ② | 19. | ② | 20. | ① |

1 ④ 프로그래밍 언어는 응용 목적에 맞는 것 중에서 프로그래머에게 익숙하고 선호하는 것을 선택하는 것이 효율적이다.

2 ALGOL 60은 블록구조와 지역변수를 위한 scope rule을 도입한 최초의 형식 언어로, BNF방식으로 표현하였다.

3 효율성은 컴파일 기법의 특징이며, 인터프리터 언어는 메모리를 적게 사용하고, 즉시 번역하여 실행하는 동적 자료 구조를 가진다.

4 ③ LR parser는 심볼 테이블 작성이 복잡하지만, LL에 비해 속도가 빠른 장점을 지닌다.

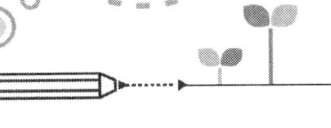

5 Switch문은 다중 선택문이다. PASCAL에서는 Case문이 다중 선택문에 해당한다. If는 조건문, For는 반복문에 해당하며, Perform은 코볼에서 배열을 선언하는 문장이다.

6 ④ 호출한 프로그램은 부 프로그램의 실행이 끝날 때까지 기다려야 한다.

7 $A * B = A * A * 2 = 1 + 3 * A * 2 = 1 + 3 * 1 + 3 * 2 = 1 + 3 + 6 = 10$

8 전처리를 통해 사용자가 정의한 외부파일을 사용할 수 있다.

9 main() 함수를 시작으로 aaa()를 만나면 aaa()가 실행되고, aaa()가 끝나면 main() 함수로 돌아와 나머지를 실행한다.

10 기억 클래스는 auto, static, register, extern이 있는데 이 중 register는 배열을 선언할 수 없다.

11 첫번째 for문은 단의 수를 나타내고 두번째 for문은 같은 단에 곱해지는 수를 나타낸다.

12 i < a[i].length의 값이 참인 경우까지를 카운트하는 프로그램이다.
※ **수행과정**
　　㉠ 0 < a[0].length()은 0 < 3이므로 참
　　㉡ 1 < a[1].length()은 1 < 3이므로 참
　　㉢ 2 < a[2].length()은 2 < 4이므로 참
　　㉣ 3 < a[3].length()은 3 < 4이므로 참
　　㉤ 4 < a[4].length()은 4 < 3이므로 거짓
　　㉥ 5 < a[5].length()은 5 < 4이므로 수행하지 않음

13 ROUNDED는 반올림해서 기억한다.

14 5 / 3의 값은 1이고, 1+0.9는 소수점을 버려 1이 된다.

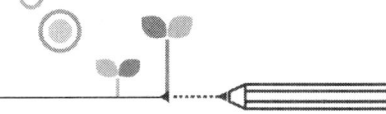

15 .LT.는 <, .LE.는 <=, .GT.는 >, .GE.는 >=를 의미한다.

16 A, B, C는 가변형이고, D는 정수형이다.

17 개수는 (3 + 1) ×(5 + 1) = 24이다.

18 swap은 서로의 값을 바꾸라는 뜻의 명령문이다.

19 메일주소, 연락처 등을 기록할 때 <address>를 쓴다.

20 세로방향으로 행을 합치는 것은 ROWSPAN을 사용하고, 셀의 개수를 지정하면 개수만큼 합쳐서 하나의 셀을 만든다.

※ **answer** 제4회

1. ③	2. ④	3. ①	4. ①	5. ②	6. ③	7. ④	8. ②	9. ①	10. ④
11. ③	12. ①	13. ④	14. ②	15. ③	16. ②	17. ④	18. ②	19. ①	20. ④

---

1 프로그래밍 언어의 역사
　㉠ **포트란** : 1950년대에 개발된 최초의 고급언어이다.
　㉡ **코볼** : 1960년대 초에 개발되어 사무처리용으로 가장 많이 사용하는 언어이다.
　㉢ **베이직** : 1960년대 후반 구조적 언어로 개발되었다.
　㉣ **C** : 1970년대에 시스템 프로그램 작성용 언어르 설계되었다.
　㉤ **델파이** : 1995년 파스칼을 객체 파스칼로 업그레이드한 것으로 비주얼 프로그래밍 언어로 윈도우 프로그래밍을
　　지원하는 사용 소프트웨어이다.
　㉥ **파워빌더** : DB기반의 애플리케이션 프로그램을 작성하는 개발도구이다. 데이터베이스 기반이라는 점에서 C, C++
　　같은 어플리케이션 프로그램과는 차이가 있다.

2 인터프리터는 한 줄씩 읽어들여 프로그램을 실행하는 것으로 목적 프로그램을 만들지 않는다.

3 ① 형을 선언하면 형 변환을 해야하기 때문에 그에 따른 시간이 필요하다.

4 ① 데이터형의 표현범위가 결정되는 것은 언어 구현시간이다.

5 캡슐화, 정보은닉, 추상화는 모두 소프트웨어의 유지보수성을 증가시켜 재사용을 높이고자 한다.

6 **정적 기억장소 할당방법** … 사용하는 대표적인 언어로 COBOL, FORTRAN이 있다. 기억장소의 낭비가 발생할 수 있으나, 동적으로 관리할 필요가 없기 때문에 쉽게 기억장소 관리를 할 수 있는 장점이 있다.

7 관계 연산자는 <, >, <=, >=, ==, !=가 있다. 비교는 숫자문자 모두 가능하며 결과는 거짓이면 0, 참이면 1이다.

8 sum = sum + count와 같은 의미이다.

9 삼항 연산자는 "식1 ? 식2 : 식3"의 형식으로 식1값이 참이면 식2를, 거짓이면 식3을 취한다.

10 ④ *q의 값에 더하기 2를 한 값을 나타낸다.

11 Hello가 문자이므로 char가 들어간다.

12 배열은 포인터를 통한 값주소 참조를 수행할 수 있다.

13 1부터 10까지의 합을 구하는 프로그램이다.

14 ① A와 B는 같다.
② A+B가 C보다 크거나 같다.
③ B는 C−5보다 크다.
④ B는 C−A보다 작거나 같다.

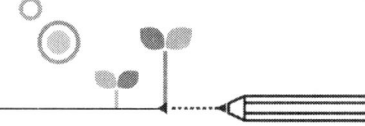

15 19 DIV 4는 나누기로 값은 정수형 4가 된다. 4 * 4는 16이고, 25 MOD 4는 1이다. 16과 1을 더하면 결과는 17이다.

16 변수의 명시적 선언으로 폼이나 모듈 내부의 모든 변수는 항상 선언하고 사용해야 한다.

17 ④ 변수명의 첫 글자는 언제나 영문이어야 한다.

18 각도 A를 라디안 값(X)으로 바꾸는 공식은 X = A * 3.14 / 180이다.

19 열을 두 개 작성한 것이므로 COLS = "60%, 40%"로 표현한다.

20 ① size는 픽셀수를 세어 수평선의 두께를 지정한다.
② width는 픽셀수 또는 가로폭에 대한 비율(%)을 사용하여 수평선의 길이를 정한다.
③ align은 좌우 상하 정렬방식이다.
④ noshade는 음영을 없애서 보통선으로 표현한다.

❋ **answer** 제5회

1.	④	2.	④	3.	②	4.	③	5.	②	6.	①	7.	④	8.	③	9.	②	10.	③
11.	④	12.	①	13.	①	14.	②	15.	④	16.	④	17.	②	18.	④	19.	④	20.	③

1 ① 실행비용은 초기 컴퓨터 시절에는 가장 중요한 비용이었지만 오늘날에는 개발, 유지보수의 편리성에 비하면 중요하게 여겨지는 부분이 아니다.
② 프로그램 번역은 최적화된 실행 코드를 만드는 컴파일과 빠르고 효과적인 컴파일러가 중요하다.
③ 작성테스팅 사용비용은 최소한의 시간과 비용을 들여 프로그램을 작성하는 것으로 이와 같은 비용은 효율적인 실행과 컴파일과 같이 중요한 요소 중 하나이다.
④ 유지보수비용은 프로그램에 드는 전체 비용 중 가장 많은 부분을 차지한다.

2 C 언어는 자기 자신으로 컴파일러를 구현할 수 있는 시스템에 근접 가능한 언어이다.

3 ② 의미분석 단계에서 형 검사가 이루어진다.

4 ③ 의미가 같으면 같은 표기를 사용한다.

5 ② 서브루틴 부 프로그램은 인수가 꼭 있어야 하는 것은 아니다.

6 자료 추상화 … 하나의 자료형(data type)과 관련된 조작(operation)들과 그 형태를 결합하여 캡슐화하는 방법이다.

7 a는 두 괄호의 더한 값이 저장된다. 괄호에는 여러 변수가 있는데, 마지막 변수가 최종값이다. 그러므로 덧셈의 결과는 13이 된다.

8 삼항 연산자는 (조건)? 문장1 : 문장2의 형식을 가지며 조건이 옳으면 문장1이 실행되고 틀리면 문장2가 실행된다.

9 p에 a의 주소, *p에 a의 값이 사상된다.

10 ③ 두 문장 모두 fp의 값은 null이 된다.

11 Java는 기계 독립적인 객체지향 방법론을 바탕으로 개발된 언어로 강력한 예외처리 기능을 지니고 있으며, 번역의 결과 byte code를 생성한다.

12 toLowerCase() 메소드는 대문자를 소문자로 바꿔준다.

13 A와 B를 더하여 B에 저장한 후, B를 C로 나눈다. 이 값에 D를 곱한 후 결과를 E에 저장한다.

14 ② 정수와 실수의 연산결과는 실수가 된다.

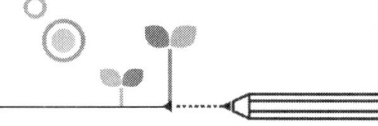

15 ROUND는 그 수를 넘지 않는 최대 정수를 구하는 것으로 −5이다. ABS(−5)는 −5의 절대값을 구하는 것이다.

16 폼(form)이나 컨트롤(control)은 객체에 해당하고, DLL은 윈도우 프로그래밍을 위한 라이브러리를 말한다. 이벤트는 윈도우 운영체계가 인식할 수 있는 일종의 사건을 말한다.

17 6개짜리 배열에서 0부터 5까지의 수에 5씩을 더해서 저장한다.

18 ④ 언어의 구문분석은 컴파일러의 기능이다.

19 목록 태그에는 번호 없는 리스트, 번호 있는 리스트, 메뉴 리스트 디렉토리 리스트, 용어 리스트가 있다.

20 <IMG SRC = "이미지 파일이름" ALT = "설명">과 같은 형식으로 사용한다.

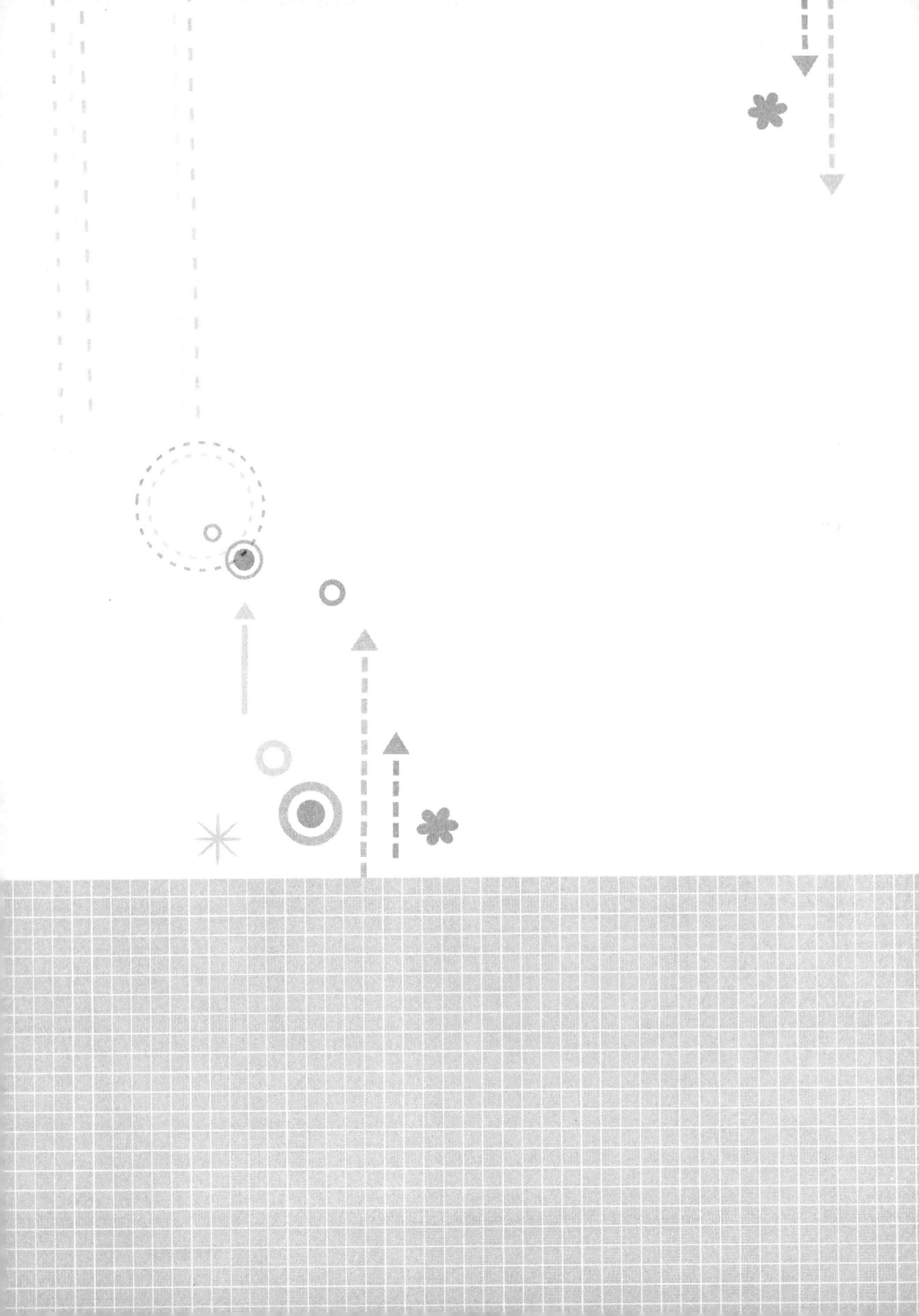

부록II

최근기출문제분석

2012. 4. 7 안전행정부 시행

2013. 7. 27 안전행정부 시행

2012. 4. 7 안전행정부 시행

1 언어의 문법(grammar)을 구성하는 요소로 옳지 않은 것은?

① 시작 기호(start symbol)

② 심볼테이블(symbol table)

③ 생성규칙들(production rules)의 집합

④ 비단말 기호들(non-terminal symbols)의 집합

💡 **Advice** 언어의 문법(grammar)은 시작 기호(start symbol), 생성규칙(Production Rule) 단말 기호(Terminal Symbol) 비단말 기호(Nonterminal Symbol)로 이루어져 있다.

2 HTML 문서의 하이퍼링크에서 target 속성의 미리 정의된 속성값으로 옳지 않은 것은?

① _blank   ② _child

③ _top   ④ _self

💡 **Advice** ① _blank : 새로운 창 열기
③ _top : 새로운 창으로 열기, 기존 프레임은 꺼진다.
④ _self : 현재의 창으로 열기

3 C# 언어가 지원하는 기능으로 옳지 않은 것은?

① 델리게이트(delegate)   ② 이벤트(event)

③ 멀티쓰레드(multithread)   ④ 애플릿(applet)

💡 **Advice** 애플릿(Applet)은 자바(Java)에서 지원하는 웹(HTML)에서 code로 동작 하는 어플리케이션이다.

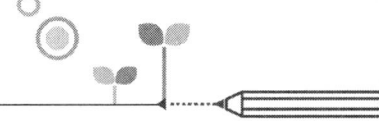

4 다음 Visual Basic 프로시저를 sum(10, 10)의 형태로 두 번 호출하고 난 후, 두 번째 메시지 박스에 출력된 내용이 100 200이 되게 하려 한다. ㉠과 ㉡에 들어갈 키워드로 옳은 것은?

```
Private Sub sum(unitprice, number)

    ㉠ num1 As Integer
    ㉡ num2 As Integer
    Dim result As String

    result = ""

    num1 = unitprice * number + num1
    num2 = unitprice * number + num2

    result = num1 & " " & num2
    MsgBox(result)
End Sub
```

	㉠	㉡
①	Dim	Static
②	Static	Dim
③	Dim	Dim
④	Static	Static

💡 **Advice** Dim은 함수가 새로 호출 될 때 새로 값이 초기화 되지만 Static는 처음 함수가 호출될 때 읽은 값이 계속 누적이 된다. num1은 지역변수 Dim으로 선언하고 num2는 정적변수 static으로 선언해야 한다.

5 Java 언어의 추상클래스(abstract class)에 대한 설명으로 옳은 것은?

① 추상클래스는 다중상속(multiple inheritance)을 지원한다.

② 추상클래스는 추상메소드(abstract method)만 갖는다.

③ 추상클래스는 인터페이스(interface)의 수퍼클래스(superclass)가 될 수 있다.

④ 추상클래스는 인터페이스(interface)를 구현(implements)할 수 있다.

Advice 추상클래스란, 추상 메소드를 갖고 있는 클래스를 말한다. 추상메소드란, 실질적인 구현을 갖지 않고 메소드 선언만 있는 경우를 의미한다. 즉, 구현없이 메소드 이름과 선언형태만 있는 것을 말한다. 추상 클래스는 구현을 완료하지 않고 단지 외형만을 제공하므로 반드시 다른 클래스에 의해 상속된 후에 사용 되어야 하므로 추상클래스는 기능을 제시할 클래스라 할 수 있다. 추상클래스를 상속하여 그 메소드를 Override하는 현상을 통해 재정의가 이루어질 수 있다. 추상 클래스는 단일 상속을 지원하며 일반 메소드와 추상 메소드를 갖는다. 인터페이스는 클래스를 상속 받을 수 없다.

6 다음 Java 프로그램의 실행 결과는?

```java
class Ref {
    int a;
    Ref(int x) {
        a = x;
    }
    int sum(Ref obj) {
        int k;
        k = obj.a - a;
        a = 10; obj.a = 20;
        return k;
    }
}
class PassRef {
    public static void main(String[] args) {
        Ref obj1 = new Ref(3);
        Ref obj2 = new Ref(4);
        int k1 = obj2.sum(obj1);
        System.out.print("k1 = "+k1);
        System.out.print(" obj1.a = "+obj1.a);
        System.out.print(" obj2.a = "+obj2.a);
    }
}
```

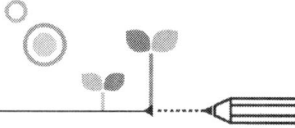

① k1=−1 obj1.a=10 obj2.a=20   ② k1=−1 obj1.a=20 obj2.a=10

③ k1=1 obj1.a=3 obj2.a=20   ④ k1=1 obj1.a=20 obj2.a=3

💡 **Advice** int k1=obj(obj1);

sum을 호출하면 k=obj.a −a=3 − 4=−1 이므로 k=−1

a=20

obj2 의 멤버변수 a=10

7 다음은 Visual Basic 프로그램에서 버튼을 클릭했을 때 실행되는 프로시저의 본체이다. 프로그램에 대한 설명으로 옳지 않은 것은?

```
Dim sum As Integer
Dim counter As Integer
sum = 0
counter = 0
Do While sum <= 100
  sum = sum + CInt(Textbox1.Text)
  counter = counter + 1
Loop
MsgBox(CStr(counter))
```

① Textbox1.Text에 입력된 수만큼 루프를 반복 수행한다.

② counter = 0을 counter = sum으로 변경해도 된다.

③ CInt(Textbox1.Text)에서 CInt 함수를 사용하지 않고 Textbox1.Text만을 사용하여도 된다.

④ CStr(counter)에서 CStr 함수를 사용하지 않고 counter만을 사용하여도 된다.

💡 **Advice** sum 에 누적된 값이 100보다 크거나 같을 때까지 루프를 수행하며 CInt를 정수형(int)로 변경한다.

8 다음 C 프로그램의 실행 결과는?

```c
#include <stdio.h>

void swap(int a, int *b) {
  int temp;
  temp = a;
  a = *b;
  *b = temp;
}

void main() {
  int value = 3, list[4] = {1, 3, 5, 7};
  int i;

  swap(value, &list[0]);
  swap(list[2], &list[3]);
  swap(value, &list[value]);
  for (i = 0; i < 4; i++)
      printf("%d ", list[i]);
}
```

① 1 3 5 7

② 3 3 3 3

③ 3 3 5 3

④ 3 3 5 5

💡 **Advice** list[4] = {1, 3, 5, 7}
swap(value, &list[0]) : 3 3 5 7
swap(list[2], &list[0]) : 3 3 5 5
swap(value, &list[value]) : 3 3 5 3

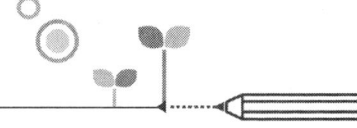

9 다음 C++ 프로그램은 계승(factorial)을 계산하는 프로그램이다. ㉠과 ㉡에 들어갈 내용으로 옳은 것은?

```cpp
#include <iostream>
using namespace std;

double factorial(int n) {
    if (n == 0)   ㉠
    else   ㉡
}

void main() {
    int r;
    cout << "r=? "; cin >> r;
    cout << r << "!=" << factorial(r) << endl;
}
```

	㉠	㉡
①	return 1;	return (n * factorial(n−1));
②	return 0;	return (n * factorial(n−1));
③	return 1;	return ((n−1) * factorial(n));
④	return 1;	return ((n−1) * factorial(n−1));

💡 **Advice** 팩토리얼(Factorial)을 계산하는 알고리즘이다.
누적된 n 값에 자신을 계속 호출 하므로 return(n * factorial(n−1))이다.

10 다음 C++ 프로그램의 실행 결과는?

```cpp
#include <iostream>
using namespace std;
const int MAX_SIZE = 50;

template<class TYPE>
class classA {
    TYPE data[MAX_SIZE];
    int nCount;
public:
    classA() { nCount = 0; }
    void f1(TYPE in) {
        data[nCount++] = in;
        if (nCount == MAX_SIZE)
            cout << "Overflow" << endl;
    }
    TYPE f2(void) {
        if ( nCount <= 0 ) {
            cout << "Empty" << endl;
            return data[0];
        }
        else return data[--nCount];
    }
};
void main() {
    classA<int> S1;
    int i;
    for (i = 0; i < 10; i += 2)  S1.f1( i );
    for (i = 0; i < 5; i++)
        cout << S1.f2();
}
```

① 01234   ② 02468
③ 43210   ④ 86420

💡 **Advice** class A<int> S1 : int형 클래스가 정의되고 모든 타입은 int로 변경되어 정의된다.
count는 0부터 5보다 작을 때까지 5번까지 5번 반복되어 호출된다.
f20 맴버함수에 dta[4]부터 dta[0]까지 값이 출력되므로 86420이 출력된다.

11 객체지향 언어의 특징으로 옳지 않은 것은?

① 다형성(polymorphism)을 지원한다.

② 클래스라는 추상 데이터 타입을 제공한다.

③ 데이터와 메소드의 분리를 통해 독립성을 높여준다.

④ 재사용성을 높여준다.

💡 **Advice** 객체는 시스템을 구성하는 기본단위로 자료와 행위의 결합체이다.

12 웹페이지에 세로 길이 70픽셀의 수직선을 표현하는 방법으로 옳은 것은?

① <vr width="70" height="2">　　　　② <hr width="2" height="70">

③ <vr width="70" size="2">　　　　④ <hr width="2" size="70">

💡 **Advice** hr : 수직선 표현　width : 굵기　size : 크기(길이)

13 다음 C++ 프로그램의 실행 결과는?

```
#include <iostream>
using namespace std;

void main()
{
                              int i;
                              int &j = i;
                              i = 2;
                              j = 3;
                              cout << i + j;
}
```

① 3　　　　　　　　　　　　② 4

③ 5　　　　　　　　　　　　④ 6

💡 **Advice** int &j = i

　　　i = 2

　　　j = 3 이므로 i도 3으로 바뀐다.

　　　i + j = 3 + 3 = 6

🔆 **ANSWER**　10.④　11.③　12.④　13.④

14 Java 언어의 java.lang 패키지에 대한 설명으로 옳은 것은?

① 자바 프로그램의 기본적인 기능을 제공하는 패키지이며, 프로그램에서 지정하지 않아도 묵시적으로 포함된다.

② ArrayList 클래스와 같은 유용한 유틸리티 클래스를 포함하는 패키지이다.

③ 네트워킹과 관련된 기능을 제공하는 패키지로 telnet, ftp, http와 같은 프로토콜을 사용할 수 있는 클래스를 제공한다.

④ GUI(Graphic User Interface)를 구축하기 위한 다양한 컴포넌트를 제공하는 패키지이다.

💡 **Advice** ② ArrayList는 java.util의 패키지이다.
　　　　　 ③ java.net 패키지는 telnet, ftp, http와 같은 프로토콜을 사용할 수 있는 클래스를 제공한다.
　　　　　 ④ GUI를 구축하는 패키지는 java.awt이다.

15 다음 Java 프로그램의 실행 결과는?

```
class A {
    int i;
    public A(int i) { this.i = i; }
    int get() { return i; }
}
class B extends A {
    int i;
    public B(int i) { super(2*i); this.i = i; }
    int get() { return i; }
}
class MAIN {
    public static void main(String args[]) {
        A ab = new B(7);
        System.out.println(ab.i + ", " + ab.get());
    }
}
```

① 7, 7　　　　　　　　　　　　② 7, 14

③ 14, 7　　　　　　　　　　　 ④ 14, 14

💡 **Advice** A ab = new B(7)의 구문으로
　　　　　 A 클래스의 멤버변수 i = 14
　　　　　 B 클래스의 멤버변수 i = 7
　　　　　 ab.i = 14, ab.get() = 7

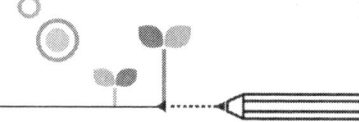

16 병행(concurrent) 프로그래밍을 지원하는 언어로 옳지 않은 것은?

① Ada 95 　　　　　　　　　　② Java

③ HTML 　　　　　　　　　　④ C#

💡 **Advice** HTML은 병행프로그램(동기화, 통신개념)을 지원하지 못한다.

17 다음은 Visual Basic 프로그램에서 버튼을 클릭했을 때 실행되는 프로시저의 본체이다. 메시지 박스에 출력되는 내용은?

```
Dim i As Integer
Dim mat() As Integer
Dim result As String
i = 1
result = ""
ReDim mat(i + 2)
mat(0) = 0
mat(1) = 1
mat(2) = 2
ReDim Preserve mat(UBound(mat) + 1)
For i = 0 To UBound(mat)
    result = result & mat(i) & " "
Next i
MsgBox(result)
```

① 0 0 0 0 　　　　　　　　　② 0 0 0 0 0

③ 0 1 2 0 　　　　　　　　　④ 0 1 2 0 0

💡 **Advice** Preserve는 배열의 차원을 변경할 때 기존의 데이터를 보존하기 위한 명령어이다.
기존에 할당받은 0, 1, 2, 0의 추력에 추가로 할당된 0을 출력한다.

18 바인딩 시간(binding time)에는 언어 설계 시간, 언어 구현 시간, 번역 시간, 링크 시간, 적재 시간, 실행 시간이 있다. 다음 바인딩들 중에서 바인딩 시간이 가장 이른 것은?

① C 언어의 int 데이터 타입에 가능한 값의 범위를 바인딩

② int x; 와 같은 C 언어에서 변수 x에 데이터 타입 int를 바인딩

③ * 기호에 곱셈 연산자라는 의미를 바인딩

④ 라이브러리 부프로그램에 대한 호출에 부프로그램 코드를 바인딩

> **Advice** ① 언어 구현 시간
> ② 번역 시간
> ③ 언어 설계 시간
> ④ 링크 시간

19 Visual Basic 용어에 대한 설명으로 옳지 않은 것은?

① 개체(object)의 구성요소는 속성, 메소드, 이벤트이다.

② 컨트롤(control)은 응용 프로그램에서 사용되는 자원을 모아놓은 파일이다.

③ 이벤트(event)는 폼이나 개체에 의해 인식되는 동작 또는 개체의 반응이다.

④ 폼(form)은 컨트롤들을 배치할 수 있는 개체이다.

> **Advice** 컨트롤은 툴바에 있는 단축 아이콘이다. 컨트롤은 사용자의 조작(키보드, 마우스 등)에 반응하기에 모양을 정의해주는 속성을 정의하고 이벤트 프로시져와 연동되는 방식을 정해 주어야 한다.

20 HTML(Hyper Text Markup Language), SGML(Standard Generalized Markup Language), XML(eXtensible Markup Language)에 대한 설명으로 옳지 않은 것은?

① SGML과 XML은 마크업 언어를 정의할 수 있는 메타언어이다.

② XML은 SGML과 HTML처럼 태그의 종류가 고정되어 있다.

③ XML은 SGML의 강력한 기능과 HTML의 편리한 사용성과 같은 장점들을 취하였다.

④ SGML은 구성과 문법이 복잡해서 문서를 작성하기 힘들다.

> **Advice** XML은 태그 사용에 제한이 없다. 임의로 태그를 만들 수 있다.

1 다음 보기의 설명과 관계가 있는 C 언어의 변수들로 묶은 것은?

> 프로그램의 실행 시작 시점에 기억장소를 할당받아 실행이 끝날 때까지 지속적으로 기억장소를 유지한다.

① 전역변수, 지역변수   ② 전역변수, 정적변수

③ 지역변수, 동적변수   ④ 정적변수, 동적변수

🔆 **Advice** 지역변수나 동적변수는 함수가 종료되면 기억장소를 유지하지 못한다. 전역변수나 정적변수는 함수가 종료되어도 기억장소를 유지하며 프로그램이 종료할 때까지 기억장소를 유지한다.

2 초기 FORTRAN 컴파일러는 재귀적인 프로시저(recursive procedure)를 지원하지 못했다. 그 이유는 '어떤 것'을 구현하는 차이 때문인데, 여기서 '어떤 것'으로 옳은 것은?

① 해시 테이블(hash table)   ② 정적 체인(static chain)

③ 중앙 테이블(central table)   ④ 활성 레코드(activation record)

🔆 **Advice** 프로그램을 수행할 때 프로그램 내의 부프로그램이 수행되는 동안에 필요로 하는 수행 환경에 대한 정보. 이 범위에 속하는 대표적인 정보로는 호출 함수의 매개변수, 부프로그램의 결과 부프로그램 내의 지역 변수, 수행 환경 간의 관계 등에 관한 것들이 있다.

3 다음은 웹 페이지에서 사용자의 입력을 다른 페이지로 전달하는 HTML form 태그의 사용 예이다. ㉠ ~ ㉢에 들어갈 내용으로 옳은 것은?

<form (㉠) = "text/plain" (㉡) = "another.jsp" (㉢) = "post"> ... </form>

㉠	㉡	㉢
① type	method	value
② size	enctype	action
③ enctype	action	method
④ checked	method	action

💡 **Advice** 폼 태그

```
〈form method= action= enctype= 〉
〈input type= name= size= 〉
〈select name= 〉
〈option〉 〈/option〉
〈option〉 〈/option〉
〈/select〉
〈textarea cols= rows= name= 〉〈/textarea〉
〈/form〉
```

폼 태그 내부의 객체의 순서는 상관없다.

```
〈form enctype= "text/plain" action= "another.jsp" method= "post" 〉
...
〈/form〉
```

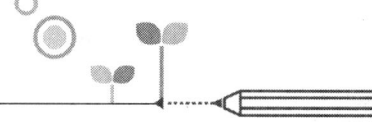

4 다음 C++ 프로그램의 실행 결과로 옳은 것은?

```cpp
#include <iostream.h>
class A {
  public:
    A(int aa=10) { a = aa; }
    void setA() { a = b; }
    int getA() { return a; }
    static void setB(int bb) { b = bb; }
    static int getB() { return b; }
  private:
    int a;
    static int b;
};
int A::b = 20;
int main() {
    A obj1;
    A obj2(30);
    obj1.setA();
    obj1.setB(40);
    obj2.setA();
    obj2.setB(50);
    cout << obj1.getA() << " " << obj1.getB() << endl;
    return 0;
}
```

① 0 40

② 20 50

③ 20 40

④ 40 50

 Advice

A obj1;	a = 10 b = 20
A obj2(30);	a = 10 b = 20
obj1.setA();	a = 20 b = 20
obj1.setB(40);	a = 20 b = 40
obj2.setA();	a = 20 b = 40
obj2.setB(50);	a = 20 b = 50

5 다음 C++ 프로그램의 실행 결과로 옳은 것은?

```
#include <iostream.h>
int f(int x=0, int y=1, int z=2) {
    return (x+y+z);
}
int main() {
    cout << f() + f(3) + f(3, 4) + f(3, 4, 5);
    return 0;
}
```

① 40　　　　　　　　　　　　　　② 30

③ 22　　　　　　　　　　　　　　④ 12

 Advice

f()	3
f(3)	6
f(3, 4)	9
f(3, 4, 5)	12
f() + f(3) + f(3, 4) + f(3, 4, 5)	3 + 6 + 9 + 12 = 30

6 C 언어에 대한 다음 설명 중 옳지 않은 것은?

① 배열명은 첫 번째 배열 원소의 주소를 나타내는 상수이다.

② a[i][j][k]는 *(*(*(a+i)+j)+k)와 동일한 의미이다.

③ void형 포인터는 아무것도 가리키지 않는 포인터이다.

④ char ca[2][2];와 같이 배열이 정의될 때, ca와 ca[0]과 &ca[0][0]은 동일한 메모리 위치를 나타낸다.

 Advice void 형 포인터는 자료형에 대한 정보가 제외된, 주소 정보를 담을수 있는 형태인 변수이다.
포인터연산, 메모리 참조와 관련된 일에 활용할 수 있다.

```
int main()
{
int num;
int m = 10;
void * vp;      //void 포인터
vp = &c;
..
}
```

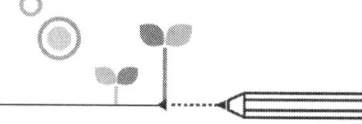

7 다음 C++ 프로그램에서 같은 결과를 출력하는 문장(statement)들로 묶은 것은?

```cpp
#include <iostream.h>
class Base {
  public :
    virtual void vf(void) { cout << "hello\n"; }
    void f1(void) { cout << "hello world\n"; }
};
class Derived : public Base {
    virtual void vf(void) { cout << "world\n"; }
};
void foo(Base *bp) {
    bp->vf();
};
int main() {
    Base b;
    Base *bp = &b;
    Derived d;
    foo(&b);   // ·································· ㉠
    bp->vf();   // ·························· ㉡
    bp = &d;
    bp->vf();  // ···························· ㉢
    foo(&d);  // ····························· ㉣
    return 0;
}
```

① ㉠, ㉡　　　　　　　　　　　　　② ㉡, ㉢

③ ㉠, ㉣　　　　　　　　　　　　　④ ㉡, ㉣

 Advice

㉠ foo(&b);	hello
㉡ bp->vf();	hello
㉢ bp->vf();	world
㉣ foo(&d);	world

㉠, ㉡ 이 같은 출력이고 ㉢, ㉣이 같은 출력을 한다.

8 C 언어의 변수 선언문에 대한 설명으로 옳지 않은 것은?

① 변수의 자료형에 대한 정보를 제공한다.

② 변수의 저장공간 크기에 대한 정보를 제공한다.

③ 프로그램이 실행되는 도중에 참조되면서, 배정(assign)되는 값에 따라 메모리 공간이 동적으로 할당될 수 있게 한다.

④ 번역시간(컴파일 단계)에 프로그램 수식에 사용된 연산자가 적절한지 검사할 수 있게 한다.

💡 **Advice** 프로그램은 동전 선언을 하기 위해서는 malloc나 new를 이용하여 동적으로 메모리 공간을 미리 할당한 후 사용한다.

9 다음 중 XML 문서의 포맷(format)을 변환하기 위하여 사용하는 표준으로 XML에 기반을 둔 것은?

① XHTML

② XSLT

③ XLink

④ CSS

💡 **Advice** XSLT(Extensible Stylesheet Language Transformations)는 XML 문서를 다른 XML 문서로 변환하는데 사용하는 XML 기반 언어이다. W3C에서 제정한 표준으로 XML 변환 언어를 사용하여 XML 문서로 바꿔주며, 탐색하기 위해 XPath를 사용한다. 원본 문서는 변경되지 않으며, 원본 문서를 기반으로 새로운 문서가 생성된다. 새 문서는 표준 XML 문법 또는 HTML, 일반 텍스트 형식으로 출력된다. XSLT는 XML 데이터를 웹 페이지로 표시하기 위해 HTML 또는 XHTML 문서로 변환할 때 자주 사용된다. 변환은 클라이언트나 서버에서 동적으로 수행되거나, 퍼블리싱 단계에서 수행되기도 한다. XML을 PDF, PostScript, AWT, PNG와 같은 다양한 형태로 바꿀 수 있는 XML-FO로 변환할 때도 사용한다. XSLT는 일반적으로 서로 다른 XML 스키마를 사용하는 XML 메시지를 변환하거나, 하나의 스키마 안에서 문서를 변경하기 위해 사용한다.

10 다음은 C 언어로 작성된 함수들이다. fun(10)을 호출할 때, 이들 중에서 반환 값이 다른 것은? (단, 배열 f[]는 이미 정의되어 있고, 배열의 모든 원소는 −1로 초기화 되어 있다고 가정한다)

①
```
int fun(int n) {
    if (n <= 0) return n;
    else return fun(n−1) + 2;
}
```

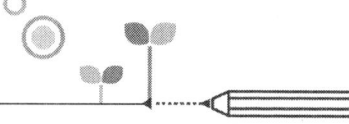

```
② int fun(int n) {
       int i;
       f[0] = 0;
       for (i = 1; i <= n; i++)
           f[i] = f[i−1] + 2;
       return f[n];
   }
```

```
③ int fun(int n) {
       int i = n;
       f[0] = 0;
       while (i >= 1) {
           f[i] = f[i−1] + 2;
           i−−;
       }
       return f[n];
   }
```

```
④ int fun(int n) {
       if (n <= 0) f[n] = n;
       if (f[n] < 0)
           f[n] = fun(n−1) + 2;
       return f[n];
   }
```

💡 **Advice** 메인에서 fun(10)으로 호출을 했을 때의 결과

① 20

② 20

③ 쓰레기 값 출력

④ 20

③번의 함수에서 while 안에서 f[i]는 처음부터 쓰레기 값이 출력되며 배열에 저장이 된다. 마지막에 10번째 출력에서 f[i]는 0이 출력된다. 리턴 되는 f[10] 쓰레기 값이 저장되어 있다.

11 다음 Java 프로그램의 실행 결과로 옳은 것은?

```java
class A {
    A() {  System.out.printf("%d ", 10); }
}
class B extends A {
    B(int a)  {  System.out.printf("%d ", a); }
}
class C extends B {
    C(int a) {
        super(a/10);
        System.out.printf("%d ", a);
    }
}
class Test {
    public static void main(String args[]) {
        A b = new C(1000);
    }
}
```

① 10 100 1000
② 100 1000
③ 100
④ 1000

⭐ **Advice** main에서 A b = new C(1000); 객체를 생성
class C 는 class B를 상속
class B 는 class A를 상속
실행순서는 class A→class B→class C 순이다.

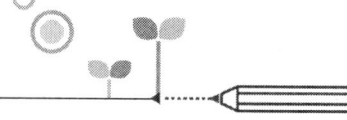

12 다음 Java 프로그램의 실행 결과에서 4번째 줄에 출력되는 것은?

```java
public class TestException {
    public static void main(String[] args) {
        try {
            System.out.println("문장 A");
            foo();
            System.out.println("문장 B");
        }
        catch( Exception e) {
            System.out.println("문장 C");
        }
        System.out.println("문장 D");
    }
    public static void foo() throws Exception {
        try {
            System.out.println("문장 E");
            throw new Exception();
        }
        catch (Exception e) {
            System.out.println("문장 F");
            throw e;
        }
        finally {
            System.out.println("문장 G");
        }
    }
}
```

① 문장 C   ② 문장 D

③ 문장 F   ④ 문장 G

💡 **Advice** 출력순서

    문장 A→문장 E→문장 F→문장 G→문장 C→문장 D

13 다음 Java 프로그램에 대한 설명으로 옳은 것은?

```java
interface InterfaceA {
    public void up();
    public void down();
}
class AB implements InterfaceA {
    int value;
    public void up() {
        value++;
    }
    public void down() {
        value--;
    }
    void printValue() {
        System.out.println(value);
    }
    public static void main(String[] args) {
        AB ab = new AB();
        InterfaceA ia = ab;
        ia.up();
        ab.printValue();
    }
}
```

① 인터페이스를 구현하기 위해서는 extends 키워드를 사용해야하므로 클래스 AB에서 컴파일 오류가 발생한다.

② main() 메소드에서 인터페이스의 레퍼런스 변수 ia에는 클래스 레퍼런스 변수 ab를 배정 (assign)할 수 없으므로 컴파일 오류가 발생한다.

③ 컴파일 오류는 없으며, 실행 후 출력되는 value 값은 0이다.

④ 컴파일 오류는 없으며, 실행 후 출력되는 value 값은 1이다.

🔎 **Advice** AB ab = new AB();   // AB() 객체생성
        InterfaceA ia = ab;
        ia.up();   // value++ = 1
        ab.printValue();   // value 출력

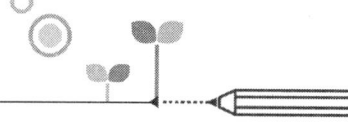

14 다음 Java 프로그램의 실행 결과로 옳은 것은?

```java
import java.util.*;
class ListTest {
    public static void main(String args[]) {
        LinkedList<Integer> myLL =
                    new LinkedList<Integer>();
        myLL.addFirst(new Integer(10));
        myLL.addFirst(new Integer(20));
        myLL.addFirst(new Integer(30));
        while (!myLL.isEmpty()) {
            Integer num = myLL.removeFirst();
            System.out.printf("%d ", num);
        }
    }
}
```

① 10 20 30   ② 30 10 20

③ 10 30 20   ④ 30 20 10

✎ **Advice** inkedList〈Integer〉 myLL = new LinkedList〈Integer〉();

// inkedList를 스택으로 사용하는 코드

스택이므로 입출력은LIFO(Last in First out) 방식이다.

㉠ 리스트의 끝 부분을 스택의 입구로 사용할 때
  • 데이터를 넣을 때 : addLast
  • 데이터를 꺼내올 때 : removeLast

㉡ 리스트의 앞 부분을 스택의 입구로 사용할 때
  • 리스트 추가 : addFirst
  • 리스트 삭제 : removeFirst
  • 데이터를 가져올 때 : getFirst

15 다음 Java 프로그램의 실행 결과로 옳은 것은?

```
import java.io.*;
class Triangular {
    public static void main(String[] args) {
        int value = tri(100);
        System.out.println("결과 = " + value);
    }
    public static int tri(int n) {
        if (n == 1)
            return 1;
        else
            return (n + tri(n-1));
    }
}
```

① 결과 = 100   ② 결과 = 199

③ 결과 = 5500   ④ 결과 = 5050

💡 **Advice** int value = tri(100);   // tri 메소드의 인자에 100
          if (n == 1)   // n = 1이 될 때 까지
          return (n + tri(n-1)); // 아니면 n을 하나씩 줄여가며 n값 누적
          // n = 1이 되면 리턴
          System.out.println("결과 = " + value); //최종값 5050 출력

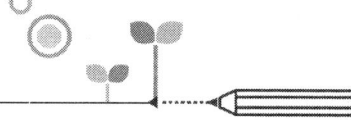

16 다음 Java 프로그램이 배열 numbers의 모든 원소들을 출력하기 위해 ㉠에 들어갈 것으로 옳은 것은?

```
public class SaTest {
    public static void main(String args[]) {
        String numbers[] = {"first", "second", "third"};
        for (          ㉠          )
            System.out.println(s);
    }
}
```

① int s = 0; s < numbers.length; s++

② int s = numbers.length; s > 0; s--

③ String s: numbers

④ String s: numbers[]

💡 **Advice** String numbers[] = {"first", "second", "third"};
// 문자형 numbers[]배열에 데이터 초기화
//numbers[0] = first
//numbers[1] = second
//numbers[2] = third
for (String s: numbers) // number 배열의 데이터를 하나씩 순회하면서 System.out.println(s); //
데이터를 출력

17 다음은 Visual Basic 프로그램의 일부이다. 이것이 실행된 직후 변수 TheComp의 값은?

```
Str1 = "ABC"
Str2 = "abc"
TheComp = StrComp(Str1, Str2, 1)
```

① 0   ② 1

③ -1   ④ 6

💡 **Advice** 비주얼베이직은 대소문자 구별을 하지 않는다. 즉 StrComp(문자값,'문자값')를 비교하여 값이 같다면
0의 값을 그렇지 않다면 1값을 출력한다.

18 다음 C++ 프로그램의 실행 결과로 옳은 것은?

```cpp
#include <iostream.h>
int main() {
    int result = 10, a = 2, b = 5;
    result += a++ * --b;
    cout << "result=" << result << ", a=" << a << ", b=" << b;
    return 0;
}
```

① result = 18, a = 2, b = 4   ② result = 18, a = 3, b = 4

③ result = 22, a = 3, b = 4   ④ result = 22, a = 3, b = 5

  Advice int result = 10, a = 2, b = 5;
result += a++ * --b;
result = result + a++ * --b;
result = 10 + a++ * -- b;
result = 10 + 2++ * -- 5;
result = 10 + 2 * 4;
result = 18
a = 연산 후 ++ 연산이 되어 3
b = 4

19 다음 C 프로그램의 실행 결과로 옳은 것은?

```c
#include <stdio.h>
int main() {
    struct list {
        int *fp;
    } data, *p;
    int x[] = {100, 200, 300, 400};
    p = &data;
    p->fp = x+1;
    printf("%d", *(++p->fp));
    return 0;
}
```

① 100   ② 200

③ 300   ④ 400

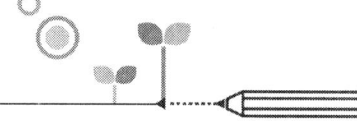

20 다음과 같은 표를 HTML을 이용하여 만들려고 한다. HTML 코드의 ㉠～㉢에 들어갈 것으로 옳은 것은?

	월요일	화요일	수요일	목요일	금요일
1교시	C++			상담	상담
2교시		Java	C#		
3교시					
4교시	방과후학습				

```
<html><head><title></title></head><body>
<table border=1><tr><th>㉢</th><th>월요일</th>
<th>화요일</th><th>수요일</th><th>목요일</th>
<th>금요일</th></tr><tr><td>1교시</td>
<td ㉠=2>C++</td><td>㉢<td>㉢</td><td ㉠=3>상담
</td><td ㉠=3>상담</td></tr><tr><td>2교시</td>
<td ㉠=2>Java</td><td ㉠=2>C#</td></tr>
<tr><td>3교시</td><td>㉢</td></tr><tr><td>4교시
</td><td align=center ㉡=5>방과후학습</td>
</tr></table></body></html>
```

	㉠	㉡	㉢
①	rowspan	colspan	
②	colspan	rowspan	
③	rowspan	colspan	&lt;
④	colspan	rowspan	&amp;

🔅 **Advice** rowspan은 셀을 세로방향 줄로 병합하는 태그이다.
colspan은 셀을 가로방향 줄로 병합하는 태그이다.
  공백을 뜻한다.

취업준비하기

서원각과 함께 확실하게 취업 대비하자!

〈 자기소개서 및 면접 〉

▲ 취업영어면접

▲ 자기소개서
Before & After

▲ 여성을 위한
면접핸드북

▲ 서울시 공무원
영어면접

▲ 자신감
공무원면접

〈 기업체 통합본 〉

▲ 공사공단 채용

공사공단 인적성검사
공사공단 고졸채용 인적성검사

▲ 금융권 채용

금융권 인적성검사
금융권 채용 법학/ 경영학
금융경제 상식

▲ 대기업 채용

대기업 채용 인적성검사
대기업 고졸채용 인적성검사
대기업 생산직채용 인적성검사

네이버 카페 검색창에서 '기업과 공사공단'을 검색하셔서 네이버 카페 기업과 공사공단에 가입하시면 각종 시험 정보를 보실 수 있습니다.

서원각
한국사능력검정시험

1단계 한국사능력검정시험(중·고급) [무료동영상강의]
시대·주제별로 모은 실전 연습문제로 기초실력 다지기

2단계 한국사능력검정시험 실력평가모의고사(중·고급) [무료동영상강의]
출제가 예상되는 주요 문제들만을 모은 실전 모의고사로 실력 점검

3단계 기쎈 한국사능력검정시험 30일 벼락치기
30일만에 중요 핵심이론만 공부하여 최종마무리로 합격

1단계
한국사능력검정시험(중·고급)

2단계
한국사능력검정시험
실력평가모의고사(중·고급)

3단계
기쎈 한국사능력검정시험
30일 벼락치기

도도하고, 시원하고, (樂)즐거운 개념서
한국사능력검정시험 중급

이투스동영상 강의 교재 www.historyrang.com
이투스 한국사랑에서 핵심이론을 쏙쏙 골라주는
저자의 강좌 제공

이투스 한국사 대표강사 은동진과 다음 인기 웹툰 작가 Yami가
만났다! 은셰프와 코알랄라가 알려 주는 완벽한 시험 포인트는
QR코드를 통해 무료 제공으로 알아볼 수 있다. 또한 기출문제를
분석하여 시험에 나오는 개념 정리와 출제가 예상되는 핵심
문제를 엄선하였고 지도 및 도표, 사진 등 반드시 알아야 할
사료를 최다 수록하였다.